Student Activities Manual

Mosaicos

Spanish as a World Language

Matilde Olivella de Castells
California State University, Los Angeles

Ricardo Castells
Florida International University

Maria González-Aguilar
Massachusetts Institute of Technology

Lab Manual/Workbook

Juana Amelia Hernández
Hood College

Prentice Hall
Englewood Cliffs, NJ 07632

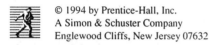 © 1994 by Prentice-Hall, Inc.
A Simon & Schuster Company
Englewood Cliffs, New Jersey 07632

Printed in the United States of America

10 9 8 7 6 5 4 3

ISBN 0-13-064718-7

Prentice Hall International (UK) Limited, *London*
Prentice Hall of Australia Pty. Limited, *Sydney*
Prentice Hall Canada Inc., *Toronto*
Prentice Hall Hispanoamericana,S.A., *Mexico*
Prentice Hall of India Private Limited, *New Delhi*
Prentice Hall of Japan, Inc., *Toyko*
Simon & Schuster Asia Pte. Ltd., *Singapore*
Editora Prentice Hall do Brasil, Ltda., *Rio de Janerio*

CONTENTS

STUDENT ACTIVITIES MANUAL

VIDEO ACTIVITIES

Primer paso

Saludos, despedidas, expresiones de cortesía

A. Saludos. Listen as several people greet each other. First repeat each greeting, then indicate with a check mark in the chart the approximate time it took place.

	1	2	3	4	5
6:00 a.m.-11:30 a.m.					
1:00 a.m.-7:00 p.m					
7:00 p.m.-2:00 a.m.					

B. ¿Sí o no? Listen to two short conversations that take place in a bus station and to the statements that follow them. Indicate whether each statement is true or false by marking the appropriate response.

      Sí   **No**

1. ____   ____

2. ____   ____

      Sí   **No**

1. ____   ____

2. ____   ____

C. Cortesía. You will hear several expressions in Spanish. Look at the drawings and write the number corresponding to the appropriate statement.

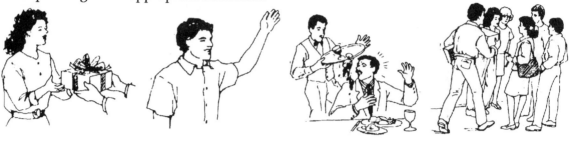

_____   _____   _____   _____

D. Por favor. Listen to the conversations and repeat what each speaker says during the pauses. Then put an X in the appropriate column to indicate whether the speakers are addressing each other formally _(usted)_ or informally _(tú)._

	1	2	3
Tú			
Usted			
Tú/Usted			

E. Expresiones de cortesía. You are planning a trip to Mexico and you want to learn expressions for saying goodbye as well as some polite expressions. Listen and repeat each expression, and then write it next to the appropriate situation below.

1. You say goodbye to someone you will see tomorrow.

_____

2. You are saying goodbye to someone and do not know when you will meet again.

_____

3. You want to request a favor.

_____

4. You want to enter a room.

_____

5. You want to thank someone for a favor.

_____

6. You say goodbye to someone you will meet later today.

_____

7. You need to get someone's attention.

_____

8. A stranger thanks you for directions.

_____

F. **Saludos.** Your friends come over at different times. Write what you would say to greet each one.

Modelo: 11:00 a.m. Buenos días.

1. 9:30 a.m. _____

2. 3:00 p.m. _____

3. 10:00 p.m. _____

4. 12:30 p.m. _____

G. **¿Cómo está(s)?** Circle the best completion for each statement.

1. Buenos días, señor Martínez. ¿Cómo ...
   a) está usted?   b) estás?
2. ¡Hola, Elena! ¿Cómo ...
   a) está usted?   b) estás?
3. Buenas noches, señora Peña. ¿Cómo ...
   a) está usted?   b) estás?
4. ¿Qué tal, Alberto? ¿Cómo ...
   a) está usted?   b) estás?

H. **Situaciones.** What Spanish expression would you use in the following situations? Write the number corresponding to each situation in the left-hand column in the space beside the appropriate expression in the right-hand column.

1. You spilled a cup of coffee on your friend.	___ Por favor.
2. You want your friend to lend you her class notes.	___ De nada.
3. You have received a gift from a friend.	___ Con permiso.
4. A friend tells you he is not feeling well.	___ Perdón.
5. Your mother thanks you for helping her.	___ Gracias.
6. You want to cross through a line in front of the theater.	___ Lo siento.

I. ¿Qué tal? Combine the scrambled phrases below, writing expressions (A) and their corresponding responses (B) in the chart. (There are more items than you will need.)

¡Hola! ¿Cómo estás?	De nada	Muy mal, muy mal	Buenas tardes
Lo siento	Muy bien, ¿y tú?	Buenos días	Hasta mañana
Regular	Adiós	¡Hola!	¿Qué tal?	Hasta luego	Gracias

A	B

J. Conversaciones. Complete the following captions with what you think the people in the drawings below are saying to each other.

1. Sr. Paz: ¿Cómo _____ , Luis?

   Luis: _____ .

Pedro   Felipe

3. Felipe: ¡Hola, Pedro! ¿Qué tal?

   ¿Cómo _____ ?

   Pedro: _____, ¿y tú?

   Felipe: Bastante_____ .

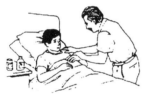

2.   Ada: _____ mañana,

   _____ Pérez.

   Sr. Pérez: _____ , Ana.

4. Ana: Buenos _____, señorita.

   ¿Cómo _____?

   Srta.: Bien, Ana. ¿Y _____?

   Ana: Muy _____, gracias.

K. Más situaciones. Write the expressions you would use in the following contexts.

1. Someone opens the door for you.

_____

2. Your roommate thanks you for helping him/her.

_____

3. You want to get someone's attention.

_____

4. Your friend received a D on an exam.

_____

5. Your friend is leaving and you are going to see her later that day.

_____

6. Your friend is leaving and you won't see her until next fall.

_____

Presentaciones

L. Presentaciones. Listen to the conversations, then mark which two expressions in the chart you hear in each conversation. (Do not select any item more than twice.)

Conversación	1	2	3	4
le presento				
mucho gusto				
me llamo Carmen				
encantada				
te presento				
igualmente				

M. Mucho gusto. You are meeting two classmates for the first time. Respond to each appropriately in the pauses provided.

1. _____

2. _____

N. Más presentaciones. Which reply would you use after each of the following statements or questions? Circle the appropriate response.

1. Me llamo María Sánchez. ¿Y tú?
   a) ¿Cómo se llama usted?   b) Mucho gusto.   c) Me llamo Adela Hernández.

2. Mucho gusto.
   a) Lo siento.   b) Igualmente.   c) Con permiso.

3. Su nombre, por favor.
   a) Marina Camacho.   b) Está muy bien.   c) ¿Cómo se llama usted?

4. Encantada.
   a) ¿Qué tal?   b) Por favor.   c) Igualmente

O. Hasta mañana. During the day different persons may use these expressions when speaking to you. Write your responses.

1. — Hasta mañana.

   — _____

2. — Le presento al Sr. Paz.

   — _____

3. — ¿Cómo estás?

   — _____

4. — Mucho gusto.

   — _____

5. — ¿Cómo te llamas?

   — _____

Identificación y descripción de personas

P. Le presento ... Complete the following sentences using **le presento** or **te presento**.

1. You are introducing two professors

   Profesor Alonso, _____ a la profesora Cabrera.

2. You are introducing Don Julián Méndez to your friend Carmen.

   Carmen, _____ a don Julián Méndez.

3. You are introducing a friend to Sra. García.

   Sra. García, _____ a mi amiga Karina.

4. You are introducing two friends of yours.

   Josefina, _____ a David Castellanos.

Q. **¿Sí o no?** Listen to two friends talking in the campus lounge and to the statements following their conversation. Indicate whether each statement is true or false by marking **sí** or **no**.

       Sí   No
1. ____ ____
2. ____ ____
3. ____ ____

R. **¿Cómo son?** Professor Sánchez is describing some students. Listen and repeat, then fill in each blank with the correct word.

1. Felipe Torres es activo y _____ .

2. Ana Ortiz es_____ y _____ .

3. Martín Gutiérrez es _____ y sentimental.

4. Pepe Chávez es _____ y _____ .

5. Alicia Sarmiento es_____ y _____ .

S. **Preguntas personales.** Your roommate's father asks you three questions. Answer them appropriately.

1. _____

2. _____

3. _____

T. **Cognados.** Write the opposite of each cognate.

1. materialista _____   4. extrovertido/a _____

2. tímido/a _____   5. pasivo/a _____

3. optimista _____   6. fantástico/a _____

U. **Descripción.** Use cognates to describe the following persons. There may be more than one possibility.

1. Es _____   2. Es _____   3. Es _____   4. Es _____

_____   _____   _____   _____

V. No, no. You disagree with everything your friend says. Contradict each of his statements, according to the model.

Modelo: — Tú eres materialista.
— *No, yo no soy materialista, soy idealista.*

1. Tú eres impaciente. _____

_____

2. Juan es impulsivo. _____

_____

3. Julio es incompetente. _____

_____

4. Tú eres pesimista. _____

_____

W. Descripciones. Write a description of each person using as many adjectives as possible from below.

materialista	extrovertido	inteligente	eficiente	generoso	impaciente
sentimental	activo	liberal	optimista	competente	pesimista
	religioso	romántico	moderno	serio	

1. Mi mejor (*best*) amigo/a _____

2. Yo _____

3. El Presidente de los Estados Unidos _____

_____

4. Mi actor favorito/actriz favorita _____

_____

5. Mi profesor(a) _____

6. Mi compañero(a) de cuarto (*roommate*) _____

_____

X. Dictado. Listen carefully to a brief comparison between two friends. The first time, just listen. The second time, write the missing words in the blanks. There will be pauses to give you time to write the words.

_____ Carmen Montes. Yo soy _____ y _____. _____

_____ Mónica es diferente. Ella es introvertida y _____.

Y. ¡A escribir! (*Let's write*) Write a brief paragraph describing a friend in as much detail as you can using what you have learned.

_____

_____

_____

_____

_____

Z. En la clase. You will hear several useful expressions that are frequently said in class. Write the number corresponding to the expression that describes each drawing in the space provided.

___   ___   ___   ___

PRONUNCIACIÓN

Las vocales

A. Escuche y repita. Listen carefully to the explanation of how the Spanish vowels are pronounced. Repeat each of the words after the speaker when asked to do so. Spanish has five simple vowel sounds, represented in writing by the letters, **a, e, i, o,** and **u.** These vowels are tense and short, and for all practical purposes, constant in length. In order to avoid the glide sound of English stressed vowels (as in *no,* or *same*), do not move your tongue, lips, or jaw. Also, avoid the *uh* sound of English unstressed vowels (as in *opera* and *about*).

1. The pronunciation of the Spanish **a** is similar to the English *a* in *father*, but shorter and tenser. Listen carefully and then repeat. Imitate the Spanish pronunciation as closely as possible.

   llama   mañana   banana   Panamá   encantada

2. The pronunciation of Spanish **e** is similar to the English *e* in *they*, but without the glide sound. **Repitan las siguientes palabras.** Repeat the following words.

   sé   nene   este   Sánchez   bastante

3. The pronunciation of the Spanish **i** is similar to the pronunciation of the English *i* in *machine*, but without the glide sound. **Repitan las siguientes palabras.**

   sí   ni   Mimí   Inés   Felipe

4. The pronunciation of the Spanish **o** is similar to the English *o* in *no*, but without the glide sound. **Repitan las siguientes palabras.**

   no   con   Mónica   noches   profesor

5. The pronunciation of the Spanish **u** is similar to the English *u* in *tuna*, but without the glide sound. **Repitan las siguientes palabras.**

   su   tú   mucho   uno   usted

B. **Escriba las vocales.** Listen to these words and fill in the spaces with the correct vowels.

1. m__s__   m__s__   m__s__   m__s __

2. c__rt__   c__rt__   c__rt__   c __rt __

3. p__s__   p__ s__   p__ s__   p__ s__

C. **El alfabeto.** You will hear the Spanish alphabet. Repeat each letter after the speaker.

D. **El mundo hispano.** The speaker will spell the names of several important cities in the Spanish-speaking world. Write them in the spaces provided.

1. __ __ __ __

2. __ __ __ __ __ __ __ __

3. __ __ __ __ __

4. __ __ __ __ __

5. __ __ __ __ __ __

6. __ __ __ __ __ __

E. **Presentaciones.** Listen to the conversation between two friends. Fill in the blanks with the correct vowels.

— ¡H__l__, J__s__f__! T__ pr__s__nt__ __ G__r__rd__.
   __l __s d__ __rg__nt__n a.

— __nc__nt__d__.

Segundo paso

Un salón de clase

 A. Identificación. It's the first day of class and you are trying to identify objects and persons around you. Listen to the tape, look for the object or person in the picture, and write the number corresponding to each one in the space provided.

Modelo: 0.   *una pizarra*

 B. ¿Qué es esto? Listen to the questions and answer by identifying the object in each picture.

Modelo:

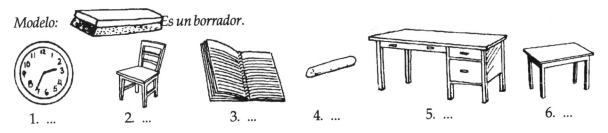

1. ...   2. ...   3. ...   4. ...   5. ...   6. ...

C. Personas y cosas. Indicate which classroom objects belong to each person.

borrador	cuaderno	mesa	libro	escritorio
tiza	pupitre	bolígrafo	regla	pizarra

1. El profesor: _____

2. El/la estudiante: _____

D. ¿Qué es esto? Identify the person or object in each drawing.

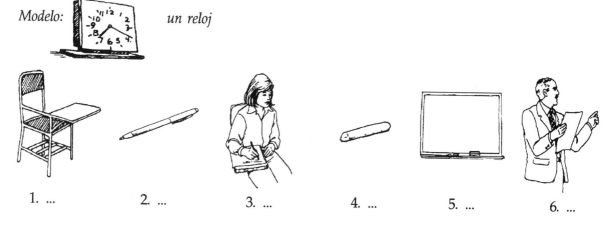

Modelo: un reloj

1. ...   2. ...   3. ...   4. ...   5. ...   6. ...

¿Dónde está?

E. ¿Qué está...? Your instructor is asking questions about the location of several people and objects. Look at the drawing and answer each question.

Modelo: — ¿Qué está al lado de la pizarra?
— La puerta.

F. ¿Dónde está? Look at the drawing again. Your instructor is asking you to locate persons and objects in the room. Answer each question as specifically as possible. Your answer may vary from the one provided as long as your response gives the correct location.

Modelo: — ¿Dónde está la pizarra?
— Está detrás de la profesora.   (Está al lado de la puerta would also be correct.)

G. El director. You are directing a play and you want the actors to be in certain places on the stage. You have made a drawing to guide them. Write down the location of each actor or actress as shown on the drawing.

Modelo: Amanda   *Enfrente de la puerta*

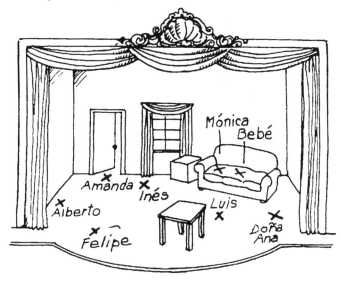

1. Alberto ——————————————————

2. doña Ana ——————————————————

3. Luis ——————————————————

4. bebé ——————————————————

5. Mónica ——————————————————

6. Inés ——————————————————

7. Felipe ——————————————————

H. El salón de clase. Give the locations of the indicated people and objects in your Spanish class using the boxed phrases below. (You may add your classmates' names).

| enfrente de | al lado de | debajo de | sobre | detrás de | entre |

Personas / Cosas: el profesor (la profesora) la ventana el reloj ¿...? ¿... y ...?

1. ——————————————————

2. ——————————————————

3. ——————————————————

4. ——————————————————

5. ——————————————————

Números

🔊 I. **Los números.**Repeat the numbers after the speaker.

🔊 J. **Bingo.**Your Spanish Club is playing bingo. Circle each number you hear on the card.

B	I	N	G	O
5	15	10	7	8
4	12	85	31	14
39	63	27	50	56
43	74	76	87	32
91	29	46	79	62

🔊 K. **Problemas de matemáticas.**You are helping your little cousin practice addition. Listen to each math problem, write the problem and the correct answer, then repeat the problem, according to the model.

Modelo: You see: ___ + ___ = ___
You hear: Dos más dos son ...
You write: 2 + 2 = 4
You say: *Dos más dos son cuatro.*

1. ___ + ___ = ___   4. ___ + ___ = ___   7. ___ + ___ = ___

2. ___ + ___ = ___   5. ___ + ___ = ___   8. ___ + ___ = ___

3. ___ + ___ = ___   6. ___ + ___ = ___   9. ___ + ___ = ___

L. **En la librería.** The bookstore manager is ordering supplies for the semester. Complete the list by writing out the numbers in parentheses.

1. (65) bolígrafos. _____

2. (90) cuadernos. _____

3. (54) casetes. _____

4. (12) diccionarios. _____

M. Obras y cortes. This city map shows the streets (*calles*) and plazas of Madrid undergoing repair (*obras*) and the ones closed to traffic (*cortes*). Give the information requested below. Spell out the numbers.

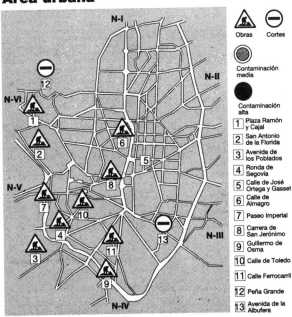

Obras y acabados

1. Número de obras: _____

2. Número de cortes: _____

3. ¿Dónde está la obra uno? _____

4. ¿Dónde está la obra diez? _____

5. ¿Dónde está el corte doce? _____

N. Elecciones. Spain held general elections in 1993. The chart below compares the election results in 1993 and 1989 in Asturias and Baleares. The political parties are: Partido Socialista Obrero Español, PSOE (pronounced *pesoe*), Partido Popular, PP (pronounced *pepé*); Izquierda Unida, IU; and Centro Democrático y Social, CDS (*cedeese*). Answer the questions, spelling out the numbers.

escaños: congressional seats
15,50 (España) = 15.50 (USA)

porcentaje: percentage
diputado(a): congress(wo)man

ASTURIAS:

CENSO: **914.037**
DIPUTADOS: **9** SENADORES: **4**

Censo escrutado: 100%

	1993		1989	
	ESCAÑOS	**%**	**ESCAÑOS**	**%**
PSOE	4	39,08	4	40,81
PP	4	37,56	3	26,69
IU	1	15,50	1	15,68
CDS			1	12,58

DIPUTADOS ELECTOS
PSOE: 1. Luis Martínez Noval. **2.** Marcelo Palacios Alonso. **3.** Álvaro Cuesta Martínez. **4.** José Manuel González García.
PP: 1. Francisco Álvarez-Cascos Fernández. **2.** Juan Luis de la Vallina Velarde. **3.** María Mercedes Fernández González. **4.** Antonio Landeta Álvarez-Valdés.
IU: 1. Manuel García Fonseca.

BALEARES:

CENSO: **556.104**
DIPUTADOS: **7** SENADORES: **5**

1 diputado más

Censo escrutado: 98,14%

	1993		1989	
	ESCAÑOS	**%**	**ESCAÑOS**	**%**
PSOE	3	33,97	3	34,78
PP	4	46,38	3	41,02
IU		5,96		5,14

DIPUTADOS ELECTOS
PSOE: 1. Félix Pons Irazazábal. **2.** Antonio Costa Costa. **3.** Alberto Moragues Gomila.
PP: 1. Francisco Gilet Girart. **2.** María Luisa Cava de Llano y Carrió. **3.** Adolfo Vilafranca Bosch. **4.** Joaquín Cotoner Goyeneche.

1. ¿Cuántos escaños tiene (*has*) el PSOE en Asturias en 1993? _____

2. ¿Y en 1989? _____

3. ¿Qué porcentaje de votos tiene el PP en Baleares en 1993? _____

4. ¿Y en 1989? _____

5. ¿Cuántos escaños tiene el CDS en Asturias en 1993? _____

6. ¿Y en 1989? _____

7. ¿Qué porcentaje tiene IU en Baleares en 1993? _____

8. ¿Tiene IU escaños en Baleares? _____

Números de teléfono y direcciones

 O. Urgente. You are a telephone information operator and receive the following requests for phone numbers. Answer each call by giving the correct number.

Modelo: ¡Aló! Por favor, el teléfono de los bomberos (*firemen*).
Bomberos 2-55-11-00 (*dos cincuenta y cinco once cero cero*)

1. aeropuerto 2-31-60-80
2. hospital general 4-75-67-59
3. operadora internacional 51-88
4. policía 4-82-70-90

P. Preguntas personales. Answer the following questions.

1. ¿Cuál es tu dirección?

_____

2. ¿Cuál es tu número de teléfono?

_____

3. ¿Cuál es la dirección de tus abuelos (*grandparents*)?

_____

4. ¿Cuál es el número de teléfono de tus abuelos?

_____

Días de la semana y meses del año

Q. Las preguntas de Lupe. Listen and repeat the following conversation. Then complete the information in the chart.

Preguntas	Respuestas
¿Cuántos días hay en una semana?	
	Hay veinticuatro.
¿Cuántos días hay en un mes?	

R. **¿Qué día es?** Look at the calendar. You will hear questions asking on what day of the week certain dates fall. Answer each question by naming the appropriate day.

Modelo: — ¿Qué día es el 15?
— Es jueves.

OCTUBRE						
L	**M**	**M**	**J**	**V**	**S**	**D**
			1	2	3	4
5	6	7	8	9	10	11
12	13	14	15	16	17	18
19	20	21	22	23	24	25
26	27	28	29	30	31	

S. **Días de la semana.** Match each statement on the left with the appropriate day of the week.

1. The first day of the weekend.
2. The first day of the week on Hispanic calendars.
3. The last day of the week on Hispanic calendars.
4. Thanksgiving is celebrated on this day.
5. When the 13th falls on this day, some people consider it bad luck.

_____ lunes
_____ martes
_____ miércoles
_____ jueves
_____ viernes
_____ sábado
_____ domingo

T. **Preguntas.** Answer these questions.

1. ¿Qué día es hoy? _____

2. ¿Qué día es mañana? _____

3. ¿Qué días hay clases en la universidad? _____

La hora

 U. ¿Qué hora es? You will hear a time for each watch in your workbook. If the time you hear corresponds to the time shown on the watch, write **sí**; if it doesn't correspond, write **no.**

1. _____   2. _____   3. _____   4. _____   5. _____

 V. La hora del tren. You will hear an employee of the train station announcing the arrival times of trains from several cities in Spain. Draw in the hands corresponding to each arrival time on the clock faces. Don't worry if you don't understand every word.

Modelo: El tren de Madrid llega a las once y media.

1.   2.   3.   4.   5.

W. La hora. Write out the indicated times in Spanish.

Modelos: 2:20 *Son las dos y veinte.*
9:05 a.m. *Son las nueve y cinco de la mañana.*

1. 10:10 _____

2. 12:25 _____

3. 6:35 _____

4. 8:30 a.m. _____

5. 1:15 p.m. _____

6. 3:40 p.m. _____

X. ¿A qué hora es la clase? Look at the class schedule below and answer each question by saying at what time each class meets.

Modelo: — ¿A qué hora es la clase de matemáticas?
— *A las ocho.*

Clase	Hora
matemáticas	8:00
física	9:30
economía	10:15
álgebra	11:20
cálculo	1:00
sociología	2:45

Y. Formulario. You want to save money on long distance calls to your friends overseas. Complete this form for information on how to do so.

AT&T Es Su Conexión Mundial.
Espere La Llamada Ganadora AT&T.

Llene los siguientes datos:

Nombre: _____

Dirección: Calle _____ Apto.# _____

Ciudad _____ Estado _____ Zip _____

Teléfono de su casa __(_____)_____ Mejor hora para llamarle _____

Z. **Una graduación.** You have received this invitation to attend your friend Irene's graduation (*Colación de Grados*) from medical school. Answer the questions. (*Note:* **colación de grados** = **graduación**)

La Junta de Síndicos,
El Presidente y Decano
La Facultad
y la
Clase Graduanda
de la
Escuela de Medicina de Ponce
Tienen el placer de
Invitarle a su
Decimotercera Colación de Grados
que se celebrará el
sábado, 29 de mayo de 1993
a las 10:00 A.M.
en el
Teatro La Perla de Ponce

1. ¿Qué día de la semana es la graduación?

_____

2. ¿Qué día del mes (*month*) es la graduación?

_____

3. ¿A qué hora es la colación de grados?

_____

4. ¿Dónde está el Teatro La Perla?

_____

PRONUNCIACIÓN

Las consonantes p, t, c, q, s, and z

Listen carefully to the explanation of how some of the Spanish consonants are pronounced. In this section you will learn to pronounce some Spanish consonants that are slightly different from their English counterparts. Repeat after the speaker when asked to do so.

The Spanish **p** is pronounced like the English *p*, but it is never accompanied by the puff of air that often follows the English *p*. Listen to the pronunciation of these two words and note the differences.

papá   *papa*

Repitan las siguientes palabras.

Pepe   pino   pan   peso   poco   popular

The Spanish **t** is pronounced by placing the tip of the tongue against the back of the upper teeth and is never followed by a puff of air. The English *t*, in contrast, is pronounced by placing the tip of the tongue against the ridge of the upper gum, and is often followed by a puff of air. **Repitan las siguientes palabras.**

te   tú   tomate   tono   está   optimista

c, q, s, and z The Spanish **c** before a consonant or **a**, **o**, or **u** is pronounced like an English *k*, but without a puff of air. The Spanish combination of the letters **qu** before **e** or **i** is pronounced like an English *k*, but also without a puff of air. **Repitan las siguientes palabras.**

como   café   cuna   típico   qué   quién

Spanish **c** before **e** or **i** is pronounced like English *c* before *e* or *i*. **Repitan las siguientes palabras.**

cena   cita   cesto   once   gracias   cinco

The Spanish **s** and **z** are pronounced like the English *s* in *some*. Because of the influence of English, you may tend to pronounce the Spanish **s** as **z** when it occurs between vowels. This is never done in Spanish. **Repitan las siguientes palabras.**

señora   está   ese   casa   zeta   tiza

1

Los estudiantes y la universidad

A PRIMERA VISTA

Los estudiantes y los cursos

A. Objetos de la clase. Think of the objects and supplies you need for your classes. Then listen to the tape, look for the items mentioned in the picture below and write the number corresponding to each item in the space provided.

Modelo: 0   el escritorio

B. Dos conversaciones. You will hear two brief conversations followed by some related statements. Put an X in the appropriate column to indicate whether each statement is true or false. Don't worry if there are some words you don't understand.

	Conversación 1			Conversación 2			
	1	2	3	1	2	3	4
Sí							
No							

C. En la universidad necesitamos (we need)... Indicate which item best completes each statement by circling the corresponding letter.
1. Hay una grabadora en mi clase de ...
   a) matemáticas b) español c) economía
2. Compro un libro en ...
   a) la biblioteca b) la clase c) la librería
3. Juan estudia ... en la clase de historia.
   a) los mapas b) los diccionarios c) las computadoras
4. David y Ana escuchan los casetes en ...
   a) el laboratorio b) el gimnasio c) la cafetería

D. Los estudios de María y Jorge

1. María Gutiérrez is majoring in business administration. Read the list and circle the classes that she probably needs for her major.

   filosofía   química   álgebra   sicología   cálculo
   economía   estadística   historia   trigonometría   francés

2. Jorge Mena is majoring in social studies. Read the list and circle the classes he will probably take this semester.

   álgebra   historia moderna   economía   biología
   sociología   sicología   geometría   física

3. Now, write down the classes you are taking this year.

   _____   _____   _____

   _____   _____   _____

E. Mario, Carolina y Jim. You have just met these students in the cafeteria. As they tell you about themselves, complete the chart with the information you hear.

Nombre	Clase	¿Cómo es la clase?	¿A qué hora llega?	¿Dónde estudia?
0. Mario	química	fácil	a las nueve	en la biblioteca
1.				
2.				

F. Preguntas personales. You will hear four questions. Answer them in the pauses provided on the tape.

G. ¿Cómo son las clases? Describe the following classes using one of these adjectives: **interesante, fácil, difícil, excelente, popular, aburrido/a.**

Modelo: química. *La clase de química es difícil.*

1. biología _____

2. literatura _____

3. informática _____

4. cálculo _____

5. español _____

6. historia _____

H. Lenguas. Look at the map below. Write the name of the language spoken in each country in the space provided.

1. España _____

2. Portugal _____

3. Francia _____

4. Italia _____

5. Alemania _____

6. Gran Bretaña _____

EXPLICACIÓN Y EXPANSIÓN

Subject pronouns

A. ¿Informal o formal? You will hear four persons to whom you have to speak. Put an X in the appropriate column to indicate which subject pronoun you would use when addressing each one.

	Tú	Usted	Ustedes
1.	____	____	____
2.	____	____	____
3.	____	____	____
4.	____	____	____

B. Pronombres personales. Your instructor is talking to the class. Repeat her statements and mark the subject pronouns she is using.

Pronombres	1	2	3	4	5	6
yo						
tú						
Ud.						
él						
ella						
nosotros						
vosotros						
ellos						

C. ¿Quién? Complete each conversation with the correct subject pronoun.

Modelo: _Yo_ estudio español.

1. María: Ana, _____ hablas español muy bien.

   Ana: Gracias. _____ practico con los chicos de la clase y _____ hablamos mucho.

2. Pedro: Olga y Marta estudian antropología.

   David: No, _____ estudian historia del arte.

   Pedro: ¿Y qué estudias _____, David?

   David: _____ estudio ciencias sociales.

3. Felipe: Amanda trabaja con don Carlos. ¿Y con quién trabaja

   _____, señorita Pérez?

   Alicia: _____ trabajo con la Sra. Domínguez.

Present tense of regular *-ar* verbs

UN PASO ADELANTE

Regular *-ar* Verbs

The verb form listed in dictionaries and in most vocabulary lists is the infinitive. Its equivalent in English is the verb preceded by *to: to speak, to eat*, etc. In Spanish most infinitives end in **-ar** (hablar, practicar). Other infinitives end in **-er** (leer) and in **-ir** (vivir).

D. **¿A qué hora llegan?** The chart below shows the times when various students arrive at the Facultad de Medicina. Say that they arrive at the time shown.

Modelo: Linda 8:00 a.m.   *Linda llega a las ocho.*

a.m.		
1.	Yo	10:00
2.	Paco	9:00
3.	Juan y Alicia	11:00
p.m.		
4.	Pepe y yo	2:30
5.	Tú	3:00

E. **No, no...** Give a negative answer to each question.

Modelo: — ¿Hablan ustedes ruso?
— *No, no hablamos ruso.*

F. Países y lenguas. The following people are planning trips to different countries, so they're studying the language spoken in the places they're going to visit. Write the language they're studying.

Modelo: Alicia Gómez / China
Alicia Gómez estudia chino

1. Ana Sánchez / Portugal _____

2. Don Carlos y tú / Washington _____

3. Pedro y Jorge Mendoza / Berlín _____

4. Yo / Japón _____

5. Alfredo y yo / París _____

G. Más preguntas personales. Answer these questions about yourself and your classmates.

1. ¿Dónde estudias este semestre/trimestre?

_____

2. ¿Trabajas este semestre/trimestre? ¿Dónde?

_____

3. ¿Qué hablan ustedes en la clase de español?

_____

4. ¿Dónde escuchan ustedes los casetes?

_____

5. ¿Cuánto cuesta el libro de español?

_____

Articles and nouns: gender and number

UN PASO ADELANTE

Articles and Nouns: Gender and Number
The terms *masculine* and *feminine* used in a grammatical sense have nothing to do with biological gender. Spanish speakers do not perceive objects as having biological gender. Only when nouns refer to males and females are the terms *masculine* and *feminine* meaningful in a biological sense.

Gender
Most nouns ending in the letters **e, l, n, r,** and **s** are masculine. Since there are some exceptions (e.g., **la tarde, la noche**), it is a good idea to memorize nouns with their articles.
el pupitre   el casete   el papel   el borrador

H. El plural. Listen to these phrases. Then repeat each one giving the plural form of the noun you hear.

Modelo: Compro el libro.
        Compro los libros.

I. **¿Qué artículo?** Complete each conversation with the correct article.

1. **un , una**

   María: ¿Qué necesitas, Josefina?

   Josefina: _____ cuaderno y _____ lápiz.
             ¿Y tú?

   María: _____ grabadora y _____
             bolígrafo.

2. **el, la**

   Julio: ¿A qué hora es _____ clase de
             español?

   Alfredo: A _____ una.

   Julio: ¿Y dónde está _____ profesor?

             Ya es _____ una y diez.

3. **el , la, los, las**

   Marta: ¿Dónde escuchas _____ casetes?

   Antonio: En _____ laboratorio.

   Marta: ¿Por _____ tarde?

   Antonio: Sí, a _____ cuatro o a _____ cinco.

4. **el la los las**

   Pedro: ¿Quién es Julio Álvarez?

   Marina: _____ dependiente de _____ librería.

   Pedro: ¿Qué días trabaja?

   Marina: _____ lunes y _____ miércoles. Él
             trabaja por _____ tardes. _____
             sábados trabaja por _____ mañana.

Present tense of the verb *estar*

J. ¿Dónde están? Look at the campus map and label the unidentified buildings according to the information you hear.

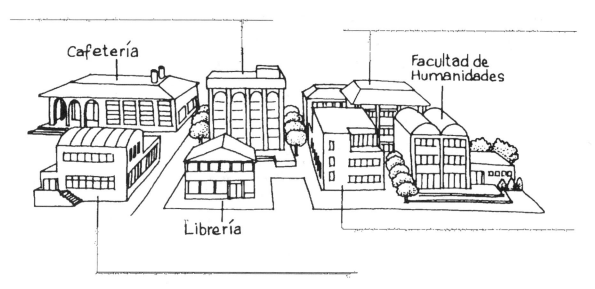

Cafetería

Facultad de Humanidades

Librería

K. ¿Dónde? ¿A qué hora? You are telling the basketball coach where to find you and your friends. Using the chart below, say where each of you is at each indicated time.

Modelo: Juan y María   laboratorio   3:00
        Juan y María están en el laboratorio a las tres.

1. Usted	gimnasio	8:00
2. Rosa	biblioteca	10:30
3. Nosotros	facultad	11:00
4. Ellos	cafetería	1:00
5. Ana y él	clase de física	2:15
6. Yo	mi casa	7:00

L. Diálogos. A new student is requesting information. Write a brief conversation by combining the sentences below.

¿Dónde está el laboratorio de lenguas? • Estoy bien, gracias • Hola, ¿cómo estás?
Está en la Facultad de Humanidades • Está regular • ¿Y dónde está?
En el gimnasio • ¿Cómo está el profesor López?

_____   _____
_____   _____
_____   _____
_____   _____
_____   _____
_____   _____

MOSAICOS

A. La vida estudiantil. You will hear three brief selections followed by some related statements. Put an X in the appropriate column to indicate whether each of the statements is true or false. Don't worry if there are some words you don't understand.

	Sí	No
1. a)	——	——
b)	——	——
c)	——	——

	Sí	No
2. a)	——	——
b)	——	——
c)	——	——
d)	——	——
e)	——	——

	Sí	No
3. a)	——	——
b)	——	——
c)	——	——
d)	——	——
e)	——	——
f)	——	——

B. Poner en orden *(to put in order).* Write a sentence by rearranging the words.

Modelo: Pedro / la / sábado / y / bailan / María / el / discoteca
Pedro y María bailan el sábado en la discoteca.

1. la / por / estudio / biblioteca / en / tarde / la / yo

   _____

2. diccionario/ clase / necesita/ la / María/ un/ para /inglés/ de

   _____

3. universidad / a / llegamos / las / y / nosotras / la / ocho / media / a

   _____

4. trabaja / Sr. Chávez / gimnasio / el / en / el

   _____

C. A escribir. Write a brief paragraph about yourself. Write about the subjects you are taking, the language(s) you speak, the days you attend classes and/or work, when you do your homework, and what some of your instructors and friends are like.

_____

_____

_____

_____

_____

_____

_____

_____

_____

_____

_____

_____

D. **A leer.** You want to take a summer course and come across the following ad. Read the ad and provide the information requested. The abbreviation **Ptas.** refers to pesetas, the monetary unit in Spain. In 1993 the dollar was the equivalent of about 130 pesetas.

UNIVERSIDAD PONTIFICIA DE SALAMANCA

CENTRO SUPERIOR DE ESTUDIOS DE INFORMATICA Y DE INVESTIGACIONES ECONOMICAS Y SOCIALES (CESIES)

PROGRAMAS DE EXTENSION UNIVERSITARIA "VERANO 88"

CURSO DE INFORMATICA PARA NO INFORMATICOS

CLASES EMINENTEMENTE PRACTICAS CON ORDENADOR

DURACION:
36 HORAS, EN GRUPOS REDUCIDOS
HORARIOS de: MAÑANA, TARDE y NOCHE
COMIENZO: 11 DE JULIO
PRECIO DEL CURSO: 18.000 Ptas.
CERTIFICADO ACREDITATIVO DE REALIZACION

1. The course advertised is in ___ .
   a) office management   b) computer science   c) sociology

2. The course is offered at ___ .
   a) a university   b) an office   c) a high school

3. The classes are given ___ .
   a) to large groups   b) to small groups   c) on a one-to-one basis

4. The classes are offered ___ .
   a) only in the morning   b) at night   c) during the day and at night

5. The tuition is ___ .
   a) less than ten thousand pesetas
   b) more than twenty thousand pesetas
   c) between fifteen and twenty thousand pesetas

E. Clases de alemán. You are looking for the right class to study German. Read the following ad and provide the information requested.

GOETHE-INSTITUT
INSTITUTO ALEMÁN
ANUNCIA SUS CURSOS
DE JUNIO
Inscripción:
26 y 27
de Mayo
Horario: 9.00 - 13.00 y 16.30 - 19.30
TODOS
LOS NIVELES,
2 horas diarias

MAÑANAS O TARDES
1 a 30 de junio
27.000 pesetas (+ 1.000 matrícula
alumnos nuevos)
Los participantes tendrán preferencia
en la inscripción de octubre.

c/Zurbarán 21, 28010 Madrid
Tel.: 319.38.15

1. Nombre de la escuela   ————————————————————

2. ¿Dónde está?   ————————————————————

3. Número de teléfono   ————————————————————

4. ¿A qué horas hay clases?   ————————————————————

5. ¿Cuánto cuesta?   ————————————————————

6. Horas de clase por semana   ————————————————————

F. Estudiar en Madrid. You have decided to apply for admission to a summer program in Spain. Complete the form below.

SOLICITUD DE ADMISION EN EL CENTRO DE ESTUDIOS "SAINT LOUIS UNIVERSITY" EN MADRID

Impreso S

La solicitud es para:

.... Sección inglesa
.... Sección española

Año Académico 19............ - 19............

PARTE I
(A rellenar por el solicitante)

Por la presente solicito la admisión en el Centro de Estudios de Saint Louis University en Madrid para el año .... Caso de ser aceptada mi solicitud, me comprometo a acatar la supervisión y autoridad del Director, así como el reglamento interno necesario para la buena administración del Programa. En todo momento me comportaré como un representante responsable de mi colegio y país. Entiendo, asimismo, que la asistencia a todas las clases y a las reuniones generales son obligatorias.

Fecha .... Firma ....
N.º de D. N. I. o pasaporte ....

PARTE II
(A rellenar por el solicitante)

Nombre ( ) Sr. ( ) Srta. ( ) Sra. ....
                     Primer Apellido   Segundo Apellido   Nombre

Domicilio habitual ....
                          Calle y número   Ciudad   D.P.

Teléfono ....

PRONUNCIACIÓN

Enlaces (*Linking*)
Listen carefully to the explanation of Spanish linking. Repeat each of the phrases and sentences after the speaker when asked to do so. Make sure to avoid any pauses between words.

Spanish words are typically linked together in normal speech. If a Spanish word ends in a consonant and the next word begins with a vowel sound, the consonant forms a syllable with the following vowel. Repeat the following sentences, avoiding any pauses between the words. **Repitan las siguientes oraciones.**

Nosotros hablamos español.
Practicamos en la clase.

Ellos estudian español.
Ellas hablan alemán.

If a word ends in **a, e,** or **o** and the next word begins with one of these vowels, but not an identical one, the resulting combination is linked. Repeat the following sentences, avoiding any pauses between the words. **Repitan las siguientes oraciones.**

Ana es optimista. /   Paco está en la clase. /   No habla español. /

If a word ends in a vowel and the next word begins with the same vowel sound, the two vowels are linked in careful speech. In rapid speech, the two vowels are pronounced as one. Repeat the phrases, avoiding any pauses between the words. **Repitan ls siguientes frases.**

una amiga americana /   ocho horas /   estudia alemán /

Now you will hear the same words in rapid speech. Note that the two vowels are pronounced as one. **Escuchen.**

una amiga americana /   ocho horas /   estudia alemán /

When two words are linked by any combination of **a, e,** or **o** with **i** or **u**, the vowels form a diphthong, which is pronounced as one syllable. Repeat th following words, pronouncing the vowel combination as one syllable. **Repitan las siguientes frases.**

mi amigo   la universidad   la historia   habla inglés

2 Los amigos hispanos

A PRIMERA VISTA

 A. Cuatro personas. You will hear a number followed by the description of a person. Write the appropriate number in the space provided below each person's picture.

_____   _____   _____   _____

B. ¿Cómo son estas personas? You will hear descriptions of five persons. Write the appropriate number next to the name of each person.

Persona	País	Descripción
_____ Felipe Barba	México	alto, simpático, tiene bigote
_____ Andrea Cano	Argentina	inteligente, activa, habladora
_____ Andrés Arias	Panamá	gordo, viejo, inteligente
_____ Elías Ponce	Colombia	moreno, trabajador, soltero
_____ Carmen Anaya	Puerto Rico	alta, 20 años, agradable
_____ Irene Álvarez	Perú	joven, bonita, casada
_____ Catalina Rivera	Venezuela	rubia, alegre, 22 años

C. Autodescripción. You will hear a young man and a young woman describe themselves. Fill in the chart as you hear the information.

	Nombre	Nacionalidad	Edad	Descripción	Lugar
Chico					
Chica					

D. ¿Sí o no? You will hear a conversation between friends followed by five statements. In each case, if the statement is true, check *sí*. If it is not true, check *no*.

	Sí	No			Sí	No
1.	___	___		4.	___	___
2.	___	___		5.	___	___
3.	___	___				

E. Asociación. The words in the left column are the opposites of those in the right column. Match them accordingly.

1. baja   ___ antipático

2. simpático   ___ triste

3. débil   ___ tonto

4. alegre   ___ alta

5. listo   ___ fuerte

6. casada   ___ soltera

F. Opuestos. You do not agree with the descriptions of the characters in a book review of a novel you just read. Correct each description using the opposite adjective.

Modelo: Juan no es malo, es *bueno.*

1. Olga no es antipática, es _____.

2. Carlos no es perezoso es _____.

3. Mariluz no es fea, es _____.

4. Ramón no es pobre, es _____.

5. Sebastián no tiene pelo largo, tiene pelo_____.

G. Crucigrama (*crossword puzzle*): **¿Cómo es esta persona?** Solve the following clues to find out more about the person described.

1. No es bajo.

2. Es inteligente.

3. No es viejo.

4. No es gordo.

5. No es rubio.

6. No tiene dinero (*money*).

EXPLICACIÓN Y EXPANSIÓN

A. Una comedia. Listen to the description of a play and the people involved in it. Circle the form of the adjective corresponding to the description.

1. excelente / excelentes
2. simpático / simpática / simpáticos / simpáticas
3. bonito / bonita / bonitos / bonitas
4. joven / jóvenes
5. nervioso / nerviosa / nerviosos / nerviosas
6. contento / contenta / contentos / contentas

B. Información personal. Describe each person using as many adjectives as possible.

Modelo: Mi amigo Juan *es alto, moreno y muy simpático.*

1. Mi mamá _____

2. Mi papá _____

3. Mi mejor (*best*) amigo/a _____

4. Mi profesor/a _____

5. Yo _____

C. ¿De dónde son? Use adjectives of nationality to describe the following people, places, and things.

1. El BMW es un auto _____

2. Lady Diana es una princesa _____

3. Bogotá es una ciudad (*city*) _____

4. El gaucho es un vaquero (*cowboy*) _____

5. *Adiós* es una palabra _____

6. Tokio es una ciudad _____

Present Tense and Some Uses of the Verb *ser*

D. Hora y lugar. What's going on in Puebla? Write down the time and place of each event.

Modelo: You see: la fiesta
You hear: La fiesta es a la una en el parque.
You write: *a la una   en el parque*

	La hora	El lugar
1. el concierto	_____	_____
2. la conferencia (*lecture*)	_____	_____
3. el baile (*dance*)	_____	_____
4. el banquete	_____	_____
5. el concurso	_____	_____

E. ¿De quién es? You notice that your friends left some things behind in the language lab. Write sentences telling to whom each object belongs.

Modelo: ¿el libro? (Marta)   *Es de Marta.*

1. ¿el cuaderno? (José y María) _____

2. ¿los lápices? (Alfonso) _____

3. ¿el bolígrafo? (Lourdes) _____

4. ¿el pupitre? (Rita) _____

5. ¿los casetes? (Ernesto y Ana) _____

F. **¿De quién? ¿De quiénes?** You are studying at a university in a Spanish-speaking country and showing a friend around. Explain what you see, writing the form that correctly completes each sentence.

de	del	de la	de los	de las

1. Los libros son _____ señora Ramírez.

2. El mapa es _____ profesor de historia.

3. Siete _____ estudiantes son mexicanos.

4. Es una clase _____ español.

5. El cuaderno es _____ mi amigo Juan.

6. Los casetes son _____ profesoras _____ español.

Ser and *estar* with Adjectives

UN PASO ADELANTE

More on the Uses of ser and estar with Adjectives

1. Other adjectives that can be used with **ser** to express the norm, and with **estar** to express a change from the norm and/or a change in a person's feelings:

   alegre   **nervioso/a**   **tranquilo/a**   **triste**   **feliz** *(happy)*

2. The adjective **contento/a** *(happy, glad)* is always used with **estar.**

   Ella **está** muy contenta hoy.

G. **Información.** Listen as Professor López asks the class for information about some students. Then write the number of each question below the verb form you would use to answer it.

es	está	son	están

H. ¿Ser o estar? Use the correct form of **ser** or **estar** after determining if the situation describes a norm or a change from the norm.

Situación   *Descripción*

1. Fernando has a winning personality. Everyone likes him.   _____ simpático.

2. Marta is always in a good mood. She is a happy person.   Marta _____ feliz.

3. Today Marta received a D and she is not herself. Marta is sad.   Marta _____ triste.

4. Martín is an awful child. He always misbehaves.   _____ terrible.

5. Anita just got an A on her Psych exam. She's happy.   _____ contenta.

6. Felipe is always a good boy and today is no exception.   _____ un buen chico.

7. "The waitress sure seems happy," said Mr. Pérez.
   "That's the way she is," answered Mr. Barba.   Así _____ ella.

8. In New Mexico it rains very little in summer and the grass is always brown. This year it rained a lot. The grass is green.   La hierba _____ verde.

9. Juan is used to the warm water of Puerto Rican beaches. Today when he jumped into the water in Santa Monica Bay, he shouted: "..."   «¡El agua _____ fría!»

10. Northern California normally gets good rainfall, but this year it didn't.   _____ seco (*seco*).

11. Pippins are good apples. One can recognize them because they are green.   _____ verdes.

12. Everyone agrees about the taste of sugar.   _____ dulce (*sweet*).

I. ¿Ser o estar? Fill in the blanks with the correct form of **ser** or **estar**.

1. Isabel _____ de Cuba.

2. Carlos y Micaela _____ en la clase hoy.

3. ¿Quién _____ esa chica?

4. Pepe y yo _____ muy contentos hoy.

5. Enriqueta y Amanda _____ altas y delgadas.

6. Lucas _____ boliviano, pero _____ en Nueva York con su familia.

7. Felipe _____ triste hoy.

8. La fiesta _____ en la universidad a las 3:00.

9. Los estudiantes _____ en la Facultad de Farmacia.

10. El Sr. Pérez _____ profesor de matemáticas.

UN PASO ADELANTE

Questions and question words

1. Most question words have only one form (**cuándo, cómo**), but some have two (**cuál, cuáles, quién, quiénes**), and one has four (**cuánto, cuánta, cuántos, cuántas**).

2. In an information question, question words generally come first, but are occasionaly preceded by another word.

   ¿Qué hora es?   **¿A qué** hora es la clase?
   ¿Quién es él?   **¿De quién** es el libro?

3. If the question can be answered affirmatively or negatively with **sí** or **no**, do not use a question word. Subjects, if used, normally follow the verb, as in information questions.

   ¿Estudian ustedes español?   Sí, estudiamos español.

4. Another way to ask a question is to place an interrogative tag after a declarative statement.

   Estudias español, **¿verdad?**   *You study Spanish, don't you?*
   Él es mexicano, **¿no?**   *He's Mexican, isn't he?*

J. Entrevista. You are being interviewed by your school newspaper. Answer each question appropriately. If necessary, stop the tape after each question to give your response.

K. Datos sobre Carlos. Complete the chart below with questions and answers based on the description you hear. You may listen to the description as many times as you wish.

Pregunta	Respuesta
¿Cómo se llama el chico?	
	Es norteamericano.
¿Cómo es?	
	En un gimnasio.
¿A qué hora llega al trabajo?	

L. Asociaciones. Match each question in column A with the correct response in column B.

A	B
1. ¿Cómo te llamas?	_____ Inglés y español.
2. ¿De dónde eres?	_____ Calle Sol, número 2.
3. ¿Qué lenguas hablas?	_____ En la cafetería.
4. ¿Dónde trabajas?	_____ María Delgado.
5. ¿Cuál es tu dirección?	_____ Cinco.
6. ¿Cuál es tu número de teléfono?	_____ Es el 799-4091.
7. ¿Por qué estás en California?	_____ De Chile.
8. ¿Cuántas clases estudias?	_____ Estudio en la universidad.

MOSAICOS

A. Un estudiante de intercambio. You will hear two friends talking about Miguel Hernández Colón, an exchange student. As you listen, try to find out his nationality, age, and what kind of person he is. Then mark the correct answers.

1. Miguel es
   — panameño.   — colombiano.   — chileno.
2. Tiene
   — 18 años.   — 22 años.   — 25 años.
3. Es un chico
   — fuerte, pero perezoso.   — alegre y listo.   — callado y trabajador.

B. ¿Quién? ¿Qué? ¿Dónde? You will hear three short conversations. For each one write the names of the persons, what they are doing, and where they are. Play the tape again, if necessary, to check what you have written.

Personas	Actividad	Lugar
Ángela, Ernesto	escuchar	laboratorio

C. Una carta. You are writing to a Mexican pen pal for the first time. Describe yourself, giving your age, nationality, likes and dislikes, what you are studying, and where.

_____

_____

_____

_____

_____

_____

_____

_____

_____

_____

D. A leer. In the ad on the next page, Cristina, a T.V. talk-show hostess popular among Hispanic viewers, is compared to Mona Lisa, the subject of one of the most famous paintings in the world. The expression **se parece a** means *looks like*.

1. **¿Cómo son Cristina y Mona Lisa? Diferencias**
   Complete the chart below.

Cristina	Mona Lisa

2. Cristina y Mona Lisa son similares porque las dos son _____

3. **Programas de Cristina**
   Complete the chart.

Programas	Días	Hora	Canal de TV
Regular			
Edición especial			

¿En Qué Se Parece Cristina A La Mona Lisa?

La Mona Lisa es trigueña, Cristina es rubia.
La Mona Lisa es Europea, Cristina es Latina.
La Mona Lisa es antigua, Cristina es moderna.
¿En qué se parece La Mona Lisa a Cristina?
En que las dos son únicas.

Cristina: Lunes a viernes 4pm/3pm Centro.
Cristina Edición Especial: Lunes 10pm/9pm Centro.

 Univisión

E. **Estudiar en España.** A relative wants to know more about your plans to study abroad. Provide the information she requests by writing sentences based on the ad above.

1. ¿Cómo se llama la escuela? _____

2. ¿Dónde está? _____

3. ¿Cuál es la dirección? _____

4. ¿Cuál es el número de teléfono? _____

5. ¿Qué cursos ofrecen? _____

🎞 PRONUNCIACIÓN

Consonants b, v, and d

Listen carefully to the explanation of how these Spanish consonants are pronounced. Repeat each word after the speaker when asked to do so.

A. **Spanish b and v.** In Spanish, the letters **b** and **v** are pronounced the same. At the beginning of an utterance or after an **m** or **n**, the Spanish **b** and **v** are pronounced like the English **b**. **Repitan las siguientes palabras.**

bien   buenos   bonito   enviar   combate   vaca

In all other positions the Spanish **b** and **v** are pronounced by allowing air to pass between the lips, which are almost closed. This sound does not exist in English. **Repitan las siguientes palabras.**

sabe   Cuba   cabeza   uva   pavo   aviso

The following words contain both pronunciations of **b** and **v** within the same word. **Repitan las siguientes palabras.**

bebe   bebida   vive   bobo   barbero   víbora

B. **Spanish d**. The Spanish **d** has two pronunciations, depending on its position in a word or sentence. At the beginning of a sentence or after **l** or **n**, the Spanish **d** is pronounced by placing the tip of the tongue against the back of the upper teeth. The air flow is interrupted until the tongue is retracted. **Repitan las siguientes palabras.**

don   donde   doña   doctor   día   dinero

In all other positions, the **d** is similar to the pronunciation of the English *th* in the word *father*. **Repitan las siguientes palabras.**

adiós   comida   saludos   usted   médico   lado   verdad

LECCIÓN 3

Actividades y planes

A PRIMERA VISTA

Diversiones populares

A. Diversiones. Listen to two young people describing their leisure activities, and to the statements that follow their description. Repeat each statement and indicate whether it is true or false by marking **sí** or **no**.

	Roberto			Elena		
	1	2	3	4	5	6
Sí						
No						

B. ¿Qué haces? A classmate you just met would like to know your preferences with regard to different activities. Answer his questions according to the model.

Modelo: ¿Tocas la guitarra?
Sí, toco la guitarra or *No, no toco la guitarra.*

C. Agenda de la semana. Look at your neighbor's agenda for the week on the next page. Write about the family's activities according to the model.

Modelo: Lunes / Paco
El lunes Paco toca la guitarra.

1. Lunes/la Sra. Paz _____

2. Martes/Carmita _____

3. Miércoles/el Sr. Paz _____

4. Miércoles/Paco_____

Semana	El Sr. Paz	La Sra. Paz	Carmita	Paco
Lunes	Camina a la oficina	Habla con el director		Toca la guitarra
Martes			Nada en el mar	
Miércoles	Lee un libro	Trabaja en la librería		Toma el sol
Jueves	Practica en el gimnasio		Baila en la discoteca	Practica en el gimnasio
Viernes			Lee un libro	
Sábado	Miran la televisión con unos amigos		Van a la playa, nadan, cantan y escuchan música	
Domingo	La familia come en un restaurante español			

5. Jueves/el Sr. Paz _____

6. Domingo/la familia _____

D. **Actividades de la familia.** Based on the agenda above, ask Carmita about her family's activities for the week. What do they do and when?

Modelo: ¿Quién camina a la oficina?   or
  ¿Cuándo camina el Sr. Paz a la oficina?

1. _____

2. _____

3. _____

4. _____

5. _____

La comida

E. **En un restaurante.** Listen to Marisa and Javier ordering dinner, and to the statements about their conversation with the waitress. For all statements that are true, check **Sí**; for statements that are false, check **No**.

	Sí	No			Sí	No
1.	——	——		4.	——	——
2.	——	——		5.	——	——
3.	——	——		6.	——	——

F. **La merienda.** You are studying in Madrid and normally have a snack in the afternoon at your favorite café. Respond appropriately to the waiter.

G. **En el supermercado.** Listen for the items that different persons plan to buy in the supermarket and write them below.

Modelo: (You hear) Olga necesita espaguetis y tomates.
    (You write) *espaguetis   tomates*

1. Marta: _____   _____

2. Roberto: _____   _____

3. Ana: _____   _____

4. Sra. Martínez: _____   _____

5. Sra. Hernández: _____   _____

6. Las chicas: _____   _____

7. Sr. Padilla: _____   _____

8. Sara: _____   _____

H. **Las comidas.** Match the foods and beverages in the right column with the appropriate meal.

1. desayuno   —— pescado
2. cena   —— tostadas
                  —— jugo de naranja
                  —— papas fritas
                  —— huevos fritos y jamón
                  —— sopa de vegetales
                  —— pollo asado

I.   ¿Qué voy a comer? Decide what you will eat and drink tomorrow, and indicate your choices in the blanks.

	Desayuno	*Almuerzo*	*Cena*
Para comer	_____	_____	_____
	_____	_____	_____
Para beber	_____	_____	_____
	_____	_____	_____

EXPLICACIÓN Y EXPANSIÓN

Present Tense of Regular *-er* and *-ir* Verbs

UN PASO ADELANTE

Common **-er** and **-ir** verbs are: **beber, comer, deber, leer, escribir** (*to write*), and **vivir**.

A.   La dieta de Olga. Olga is on a diet to lose weight. Say whether she should eat or drink each of the following items.

Modelo: *Olga no debe comer pizza.*

1. ...   2. ...   3. ...   4. ...

B.   A comer y beber. You and your friends are at a restaurant. Say what you are having according to the pictures and the cues you hear.

Modelos: Yo   *Yo como pescado y papas fritas.*   Tú   *Tú bebes café.*

1. ...   2. ...   3. ...   4. ...   5. ...

C. ¿Dónde viven? Say where each person lives according to the cues you hear.

Modelo: You hear: Marina / México
You say: *Marina vive en México.*

D. El periódico. People usually read a daily newspaper that is published in the city where they live. Fill in the blanks with the correct form of the verbs **leer** and **vivir.**

Modelo: Juan *vive* en Nueva York. El *lee* el *New York Times.*

1. Usteds _____ en los Angles. Ustedes _____ *Los Angeles Times.*

2. Los estudiantes _____ en México. Ellos _____ *Excélsior.*

3. Tú _____ en Buenos Aires. Tú _____ *La Nación.*

4. Mercedes _____ en Bogotá. Ella _____ *El Tiempo.*

5. Alicia y yo _____ en Madrid. Nosotros _____ el *ABC.*

E. ¿Qué haces? Here's a page from your weekly calendar. Write at least one activity for each day using some of these verbs.

comer	estudiar	hablar por teléfono	conversar
escribir	bailar	leer	practicar
ver	tocar	escuchar música	trabajar
nadar	descansar	beber	caminar

Modelo: domingo
Converso con unos compañeros de la universidad.

Lunes	Viernes
Martes	**Sábado**
Miércoles	**Domingo**
Jueves	**Notas:**

F. ¿Qué hacen los estudiantes? Answer the following questions about your campus and your activities.

1. ¿A qué hora llegan los estudiantes a la cafetería para el desayuno?

   _____

2. ¿Qué comen los estudiantes allí?

   _____

3. ¿Qué beben?

   _____

4. ¿Qué haces (*you do*) en la biblioteca?

   _____

5. ¿Y en una fiesta?

   _____

Present tense of *ir*

 G. Los planes de Mónica. Listen to Mónica's plans for next week. Identify what she is going to do and when by writing the corresponding number under the correct day.

Modelo: 0. Mónica va a ir al cine el domingo.
   (Mark "0" under Sunday the 17th.)

L	M	M	J	V	S	D
11	12	13	14	15	16	17

 H. Mis amigos y yo. Assuming that the pictures below show what you and your friends are going to do, tell what your plans are.

Modelo: esta tarde *Vamos a practicar en el gimnasio esta tarde.*

1. esta noche   2. mañana   3. el miércoles   4. el viernes   5. el sábado 6. el domingo

I. **Asociaciones.** Match what the following people are going to do with the appropriate places.

1. En el café, la Sra. Menéndez   ⎯⎯ van a leer un libro.
2. En el cine, tú   ⎯⎯ va a tomar un refresco.
3. En mi casa, yo   ⎯⎯ vas a ver una película.
4. En la biblioteca, ellos   ⎯⎯ voy a hacer la tarea.
5. En el concierto, Ana y yo   ⎯⎯ vamos a escuchar música clásica.

J. **¿Qué van a hacer?** Write what these people are going to do based on where they are.

Modelo: Antonio y yo estamos en el cine.
                   Vamos a ver una película mexicana.

1. Alicia está en la librería.   ⎯⎯⎯⎯⎯⎯⎯⎯⎯⎯⎯⎯⎯⎯

2. Tú estás en la clase de español.   ⎯⎯⎯⎯⎯⎯⎯⎯⎯⎯⎯⎯⎯⎯

3. Los muchachos están en una fiesta.   ⎯⎯⎯⎯⎯⎯⎯⎯⎯⎯⎯⎯⎯⎯

4. Pedro y yo estamos en un café.   ⎯⎯⎯⎯⎯⎯⎯⎯⎯⎯⎯⎯⎯⎯

5. Yo estoy en mi casa.   ⎯⎯⎯⎯⎯⎯⎯⎯⎯⎯⎯⎯⎯⎯

K. **Los planes del fin de semana.** You and your friends have great plans for the weekend. Write down where you're going to go and what you're going to do according to the information given.

Modelo: sábado por la mañana/ yo / estadio /...
                  El sábado por la mañana yo voy a ir al estadio. Voy a practicar.

1. sábado por la tarde / Juan y yo / cine / ... ⎯⎯⎯⎯⎯⎯⎯⎯⎯⎯⎯

⎯⎯⎯⎯⎯⎯⎯⎯⎯⎯⎯⎯⎯⎯⎯⎯⎯⎯⎯⎯⎯⎯⎯⎯

2. sábado por la noche / yo / fiesta de Esther / ... ⎯⎯⎯⎯⎯⎯⎯⎯⎯

⎯⎯⎯⎯⎯⎯⎯⎯⎯⎯⎯⎯⎯⎯⎯⎯⎯⎯⎯⎯⎯⎯⎯⎯

3. domingo por la mañana / Mariano y yo / playa / ... ⎯⎯⎯⎯⎯⎯⎯

⎯⎯⎯⎯⎯⎯⎯⎯⎯⎯⎯⎯⎯⎯⎯⎯⎯⎯⎯⎯⎯⎯⎯⎯

4. domingo por la tarde / mis amigos y yo / café / ... ⎯⎯⎯⎯⎯⎯⎯

⎯⎯⎯⎯⎯⎯⎯⎯⎯⎯⎯⎯⎯⎯⎯⎯⎯⎯⎯⎯⎯⎯⎯⎯

5. domingo por la noche / yo / casa de Rafael / ... ⎯⎯⎯⎯⎯⎯⎯

⎯⎯⎯⎯⎯⎯⎯⎯⎯⎯⎯⎯⎯⎯⎯⎯⎯⎯⎯⎯⎯⎯⎯⎯

Numbers 100 to 2,000,000

UN PASO ADELANTE

1. Uno becomes **un** before a masculine noun and **una** before a feminine noun.

131 alumnos	ciento treinta y un alumnos
131 alumnas	ciento treinta y una alumnas

2. Use **cien mil** for *one hundred thousand*, but use **ciento** with any number greater than 100,000 up to 199,000.

100.000	cien mil
101.000	ciento un mil
130.000	ciento treinta mil

3. Use **cientos/as** with numbers greater than two hundred thousand.

200.000 libros	doscientos mil libros
350.000 niñas	trescientas cincuenta mil niñas
500.000 mesas	quinientas mil mesas

 L. Identificación. You will only hear one number from each group below. Circle that number.

Modelo: ciento sesenta y tres

	273	163	238

(163) (You would circle number 163 as shown.)

1.	198	287	368	167
2.	104	205	405	504
3.	213	312	603	933
4.	416	624	704	914
5.	100	300	400	1.000

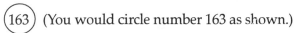 **M. Los números.** Listen to the numbers and repeat each one after the speaker. Then, write the number in Arabic numerals.

Modelo: 336

1. _____   5. _____   8. _____

2. _____   6. _____   9. _____

3. _____   7. _____   10. _____

4. _____

N. ¿Cuál es el número? Circle the Arabic numeral that matches the written number on the left.

1. doscientos treinta	320	230	220
2. cuatrocientos sesenta y cinco	645	575	465
3. ochocientos cuarenta y nueve	849	989	449
4. setecientos doce	612	702	712
5. novecientos setenta y cuatro	564	974	774
6. seiscientos cincuenta y cinco	655	715	665

P. Unidades médicas. You are writing a sociology paper on the new medical facilities opened in Mexico between 1976 and 1981. Based on the information given, complete the chart on page 57 by writing in words how many of each type of facility existed at the beginning and the end of that period.

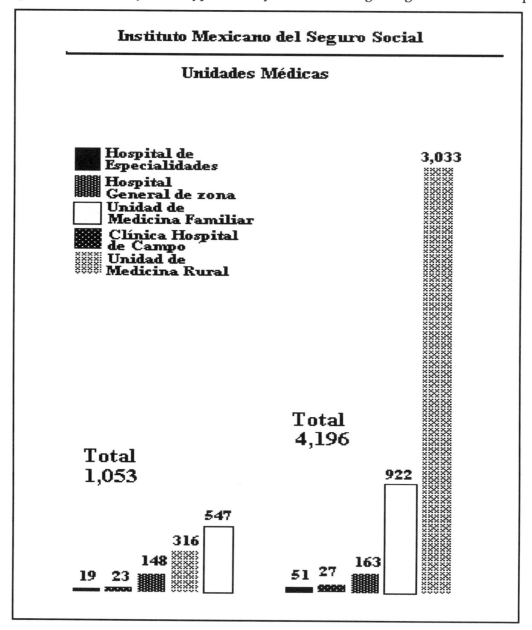

Categoría	1976	1981
Hospital de Especialidades		
Hospital General de Zonas		
Unidad de Medicina Familiar		
Clínica Hospitaliaria de Campo		
Unidad de Medicina Rural		
TOTAL		

MOSAICOS

A. Las vacaciones de Lola y Paco. Lola and Paco are discussing a travel package to Mexico City. Listen to their conversation and complete the chart with questions and answers based on the information you hear.

Preguntas	Respuestas
	Lola y Paco van a México.
¿Dónde está el hotel?	
	Siete días.
¿Cuánto cuesta el viaje?	
	Van a bailar y a escuchar música típica.
¿Qué va a hacer Lola?	
	Van a comer pescado fresco.
¿Qué van a beber Paco y Lola?	

B. Crucigrama: Lugares y actividades

Horizontales:
2. Tú _____ un libro en la clase.
6. José va a _____ a la fiesta de Isabel.
7. Yo _____una hamburguesa con papas fritas.
8. Virginia _____ un diccionario en la librería.
10. La familia va a _____ la televisión a las ocho.
11. Los jóvenes nadan en la _____ .
15. Josefina y Carlos estudian en la_____ .
17. La chica _____canciones cubanas.
18. Nosotros escuchamos música en _____ de María Rosa.
19. Los estudiantes comen y beben en los _____ .
20. Yo _____ en la playa.
21. Voy al _____ a ver una película interesante.
22. Tú _____ al estadio con Raúl, ¿verdad?

Verticales:
1. Mi familia va a _____ en California.
3. Tú _____ los ejercicios en el cuaderno.
4. Víctor nada en el _____ .
5. Tú _____mucho café.
9. Manuelita y yo _____ mucho en la fiesta.
11. Tú _____ en el estadio.
12. Pedro practica en el _____ .
13. Bernardo _____ la película con Luisa.
14. Mi hermana tiene una computadora en la _____ .
15. Maruja _____ un refresco de limón.
16. Nicolás _____ el sol en Acapulco.

C. Una tarjeta postal. You are spending Easter vacation with a friend at a well- known beach resort in Mexico (Cancún, Puerto Vallarta, or Mazatlán). Write a postcard to a Hispanic classmate mentioning a) the name of the hotel where you're staying, b) its location with respect to the beach, and c) your plans for the next two days. Use **Querido/a** (*dear*) + name followed by a colon (e.g., **Querido Ernesto:**) to address your friend and **Un saludo cariñoso de** (*affectionately*) as a closing.

D. El nuevo peso mexicano. The Mexican government issued this announcement to inform the public about the new currency (*nueva unidad monetaria*) that went into use on January 1, 1993. (*Note:* (a) Most verb forms are in the future: **habrá** = *there will be;* **se llamará** = *it will be called;* etc. (b) Two new words: **cuentas** = *accounts;* **manejar** = *manipulate.*) Complete each statement by circling the appropriate letter based on the information given in the announcement.

NUEVO PESO MAS PRACTICO Y MAS SENCILLO

El 1.º de enero de 1993, habrá una nueva unidad monetaria en México, que se llamará nuevo peso y equivaldrá a mil pesos actuales. En consecuencia, a partir del 1.º de enero de 1993, los precios, los salarios, las denominaciones de los billetes y monedas, las cuentas bancarias, las rentas, y, en general, todas las sumas en moneda nacional, se expresarán en nuevos pesos. La conversión de todas esas sumas, de pesos actuales a nuevos pesos, se hará simplemente corriendo el punto decimal a la izquierda tres dígitos. Por ejemplo:

$ 19,720 = 19.720 = N$ 19.72

El nuevo peso se representará con el símbolo "$N" y se dividirá en cien centavos, a los que no habrá que agregarles el calificativo nuevo, pues hoy en día no existen los centavos. Los centavos se representarán con el símbolo "¢".

¿Para qué se crea el nuevo peso? El nuevo peso se crea para facilitar las cuentas en las que interviene el dinero. Al manejar las cantidades más pequeñas se facilitarán las transacciones y los cálculos aritméticos. Además, se podrá dar un mejor uso a los sistemas de cómputo y a los formularios, pues las cantidades en nuevos pesos ocuparán menos espacio.

¿Es cierto que la gente no se volverá ni más rica ni más pobre con la creación del nuevo peso? Sí, es cierto. La creación del nuevo peso no afectará en lo absoluto la situación económica de las personas o de las empresas. El poder adquisitivo de los ingresos y de los ahorros no variará por la conversión de los mismos a nuevos pesos, toda vez que también los precios y las deudas estarán sujetos a igual conversión.

Así, por ejemplo, si alguien gana 600 mil pesos y gasta la mitad de su sueldo en comida, 300 mil pesos; en la nueva unidad ganará 600 nuevos pesos y gastará en comida 300 nuevos pesos, que sigue siendo la mitad de su ingreso.

1. El nuevo peso es el equivalente de...

    a) diez.   b) cien.   c) mil.

2. El símbolo N$ corresponde...
    a) al nuevo peso.   b) a los centavos.   c) al dólar.

3. El objetivo de la conversión es...
    a) facilitar la aritmética.   b) usar las computadoras.   c) practicar los cálculos.

4. La creación del nuevo peso...
    a) afecta los salarios.   b) altera los precios.   c) introduce centavos.

5. Las personas pagan por los productos...
    a) más.   b) menos.   c) igual cantidad.

E. **Un viaje a Cozumel.** Anita and Lorenzo are planning a trip to the island of Cozumel from Mexico City and are interested in the ad from *Mexicana*, the Mexican airline, on the following page. Read the ad and then indicate whether the statements below are true (**cierto**) or false (**falso**) by writing **C** or **F** in the spaces provided.

Palabras claves *(Key words)*
salidas *(departures)*, **avión** *(plane fare)*, **traslado** *(ground transportation)*, **propinas** *(tips)*

1. _____ The offer includes three departure dates.
2. _____ The price covers airfare and hotel accommodations.
3. _____ The flight leaves Mexico at 8:00 P.M.
4. _____ The price for adults and children is the same.
5. _____ The offer will be in effect for a year.
6. _____ Credit cards are accepted for payment.

F. **Detalles.** Answer these questions about the ad in Spanish, writing numerical values in words. Note that the prices given are in new pesos. In your answers, express their value in old pesos (thousands).

1. ¿Dónde está Cozumel? _____

2. ¿Cuánto cuesta el viaje por cinco días en el hotel Casa del Mar?

_____

3. ¿Cuánto cuesta el viaje por ocho días en el hotel Meliá?

_____

4. ¿Cuántos días hay salidas especiales?

_____

5. ¿Cuándo hay una noche gratis *(free)*?

_____

6. ¿A qué hora es el regreso *(return)* desde Cozumel?

_____

INCREIBLE

DEJATE CONQUISTAR POR LOS COLORES DEL CARIBE

SALIDAS ESPECIALES
AGOSTO 20, 23 y 27

ISLA COZUMEL

NOCHE GRATIS

DESDE

$749 MIL

AVION HOTEL Y TRASLADOS POR 4 DIAS

LUNES Y VIERNES

HOTELES	4 DIAS	5 DIAS	8 DIAS
CANTARELL	*749	799	1'049
CASA DEL MAR	849	899	1'199
MARA	849	899	1'199
MESON SAN MIGUEL	849	899	1'199
FIESTA INN	899	979	1'399
PLAYA AZUL	899	979	1'399
CORAL PRINCESS	1'049	1'149	1'499
COZUMELEÑO	1'049	1'149	1'499
LA CEIBA	1'049	1'149	1'499
PLAZA LAS GLORIAS	1'049	1'149	1'499
SOL CABAÑAS	1'049	1'149	1'499
HOLIDAY INN	1'120	1'249	1'639
MELIA	1'120	1'249	1'639
STOUFFER PRESIDENTE	1'195	1'349	1'769

SOLO AEREO: ADULTO $550,000 MENOR $310,000

NOCHE GRATIS SALIDAS: AGOSTO 23 AL 31
AGOSTO 27 AL 31

HORARIO
SALIDA MEXICO - COZUMEL - 15:00 HRS.
REGRESO COZUMEL - MEXICO - 17:30 HRS.
INCLUYE:
- Avión viaje redondo (México-Cozumel-México).
- Alojamiento en hotel seleccionado.
- Traslado Aeropuerto - Hotel.- Aeropuerto.
- Propinas a maleteros y camaristas.

Precios por persona en base hab. doble (Más IVA y TUA)

INICIA JULIO 10 HASTA SEPTIEMBRE 4
ACEPTAMOS SUS TARJETAS DE CREDITO

MEXICANA

LIBERACION
Tels.: 250-22-11 • 255-23-44

OPERADORA MANACAR S.A. DE C.V.
Tels.: 592-51-44 • 705-64-11

Viajes Optimos
Tel.: 325-09-96

Fondo Mixto de Promoción Nacional

PRONUNCIACIÓN

Las consonantes *g, j, r* and *rr*

Listen carefully to the explanation of how these Spanish consonants are pronounced. Repeat each word after the speaker when asked to do so.

A. La g y la j. At the beginning of an utterance of after **n**, the Spanish **g**, when followed by **l, r, a, o,** or **u** is pronounced like English *g* in *garden*. **Repitan las siguientes palabras.**

gata gusto goma gracias globo domingo

In all other positions, the Spanish **g**, when followed by **l, r, a, o,** or **u** is pronounced with no interruption to the airflow, similar to the rapid and relaxed pronunciation of English *g* in *sugar*. **Repitan las siguientes palabras.**

amigo lugar regular desglose agua agrupar

In the combinations **gue** and **gui** the letter **g** is pronounced as above, but the **u** is not pronounced. **Repitan las siguientes palabras.**

guerra guitarra guía Miguel seguir llegue

In Spanish, the pronunciation of the letter **g** in the syllables **ge** and **gi** and letter **j** is very similar to the pronunciation of English *h* in the word *heel*. **Repitan las siguientes palabras.**

general ligero gitano viaje joya jueves

B. La r y la rr. In Spanish, whenever the letter **r** occurs between vowels or after a consonant, its pronunciation is similar to English *d, dd, t* or *tt* in words such as *matter, water,* or *ladder* when pronounced rapidly by an American. **Repitan las siguientes palabras.**

pero señora dinero pared tres otro

The Spanish **r** at the beginning of a word, after **n** or **l**, and **rr** are pronounced by placing the tip of the tongue on the upper ridge of the gum and tapping it several times. This sound does not exist in English. **Repitan las siguientes palabras.**

perro carro rico Roberto Enrique regalo

4 Las familia

A PRIMERA VISTA

A. **La familia de Paloma.** Look at Paloma's family tree. You will hear a number followed by a word identifying the relationship of a person in the family tree to Paloma. Write the number next to that person's name.

Modelo: 0. abuelo
You would write *0* next to the name **don Felipe**.

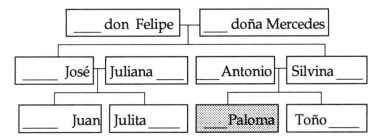

B. **Familiares de mis compañeros.** Repeat each statement after the speaker. Then write the number of relatives mentioned and their relationship to the person named.

Modelo: You hear: Rafael tiene dos hermanos.
You write: *Dos hermanos.*

1. Rosa: _____

2. Elena: _____

3. Rosendo: _____

4. Clarita: _____

5. Carlos: _____

6. Pepe: _____

7. Marina: _____

8. Juan: _____

C. El bautizo. Baptism is a very important celebration in most Spanish and Latin American homes. Listen to the description of the baptism (*el bautizo*) of a new member of the Romero family and to the statements that follow. Indicate whether the statement is true or false by marking the appropriate response in your workbook. Don't worry if you don't understand every word.

	Sí	*No*		*Sí*	*No*
1.	____	____	4.	____	____
2.	____	____	5.	____	____
3.	____	____			

D. Asociaciones. Match the words on the left with the explanations on the right.

1. tío	____	hermano de la esposa
2. abuela	____	hermano de mi padre
3. primos	____	hijos de los hijos
4. cuñado	____	madre de mi madre
5. nietos	____	esposa de un hijo
6. nuera	____	hijos de mis tíos

E. Mi árbol genealógico. Fill in this family tree with the names of your ancestors.

F. La familia de Julito y de Anita. Fill in the blanks expressing the relationships among the people in the family tree on page 65.

Modelo: Don Manuel Chávez es *el esposo* de doña Teresa Gómez.

1. Teresita Chávez es _____ de Jorge Chávez.

2. Julito y Anita son _____.

3. Jorge Chávez es _____ de Julio Castillo.

4. Doña Teresa Gómez de Chávez es _____ de doña Ana Solís de Chávez.

5. Don Juan Solís y doña Ana Peláez de Solís son _____ de Julito y Anita.

6. Julio Castillo es _____ de don Manuel Chávez.

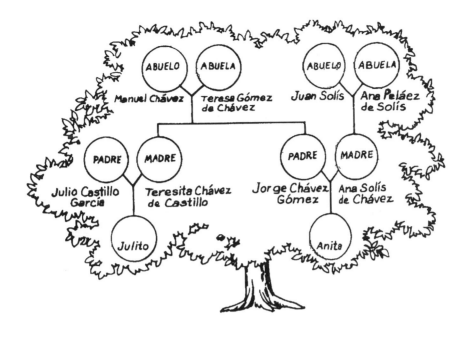

7. Jorge Chávez es ——————————————— de Julito.

8. Doña Ana Solís es ——————————————— de doña Teresa Gómez de Chávez.

G. Mi familia. You are being interviewed about your family. Answer these questions.

1. ¿Su familia es grande o pequeña?

_____

2. ¿Cuántos hermanos tiene usted?

_____

3. ¿Dónde trabaja su padre?

_____

4. ¿Dónde viven sus padres?

_____

5. ¿Cuántos nietos tienen sus abuelos?

_____

H. Los duques de Santángelo. Read this article about a Spanish couple, the Duke and Duchess of Santángelo, who left the city and moved to an old family castle to enjoy life in the country. Then complete this summary with the missing word(s).

> A 25 kilómetros de Lérida, en el castillo de La Rápita, viven los duques de Santangelo. Un joven matrimonio de sencillos agricultores entregados a la vida rural. Él, **Luis Casanova,** licenciado en Ciencias Económicas, se desplazó temporalmente un buen día desde su lugar habitual de residencia en Barcelona a vivir en el castillo familiar debido al precario estado de salud del administrador que se ocupaba de las tierras. *«En principio iba a estar sólo unos meses hasta que encontraran un nuevo administrador* —comenta su esposa, **Mónica de Habsburgo**—, *pero cuando pasó un año decidió quedarse para siempre.»*
>
> **Mónica de Habsburgo** es la segunda de los siete hijos del archiduque **Otto de Habsburgo.** Tiene una hermana gemela, **Micaela,** que vive en Estados Unidos. A sus 37 años reconoce *«sentirse muy feliz con su vida».* El 21 de junio, la pareja celebrará sus trece años de casados. Son padres de tres hijos: **Baltasar,** de 11 años; **Gabriel,** de 9, y **Rafael,** de 6.

Luis Casanova es licenciado en _____.

Está casado con _____. El _____ de

ella es Otto de Habsburgo, que tiene_____ hijos. La _____

Micaela _____ en los Estados Unidos. Luis y Mónica celebran trece años de

_____ el día 21. Ellos tienen tres _____.

I. La familia de Florentino Rodríguez. An exchange student from Uruguay is talking to a group of friends about his family. Complete the chart with the information you hear. (You won't be able to fill in every block.)

Nombre	Parentesco	Edad	Trabajo	¿Cómo es?
	padre	XX		
			en un banco	
Pedro				
				muy lista
		28 años		
			estudiantes	
Juan Díaz				
				tranquila
León				

EXPLICACIÓN Y EXPANSIÓN

Present Tense of *e>ie* and *o>ue* Stem-changing Verbs

A. La hora de empezar. You are in charge of a school radio program. Use the cues to answer your classmate's questions about when the people participating in the program are scheduled to begin.

Modelo: You hear: ¿A qué hora empieza Pepito?
You see: 10:00
You say: *Empieza a las diez.*

1. 11:00   2. 10:30   3. 12:00   4. 1:00   5. 9:00

B. Preferimos Cancún. A group of friends who will spend their vacation in Guadalajara all prefer going to Cancún. Express that preference by completing each of the speaker's statements.

Modelo: El señor Gómez va a ir a Guadalajara.
Pero él prefiere ir a Cancún.

C. ¿Cuántas horas duermen? Using the times given, tell how many hours you and your friends sleep.
Modelo: You see: Mirta / 8
You say: *Mirta duerme ocho horas.*

Juan y Miguel /6   La señora Sánchez / 7   Nosotros / 9   Tú / 10   Yo / 8

D. ¿Qué quieren por su cumpleaños? Write down what the following people want for their birthdays, choosing items from the list or giving your own suggestions.

| un auto | un estéreo | un video | un televisor | una bicicleta |
| una motocicleta | un radio | una computadora | un reloj | una fiesta |

Modelo: Mi madrina *quiere un televisor nuevo.*

1. Mi mejor amigo _____

2. Yo _____

3. Mis hermanas _____

4. Mi profesora _____

5. Mi novio/a _____

6. Tú _____

E. **La buena nutrición.** You and several members of your family are at a restaurant. Write down what each of you will order to eat and drink. Assume that your aunt and uncle are vegetarians, your mother is on a diet, and you are all interested in good nutrition.

Modelo: Mis padres *prefieren comer pescado y beber vino blanco.*

Bebidas: agua, té, café, vino, cerveza, refresco, jugo

1. Mi padre _____

   _____

2. Mis tíos _____

   _____

3. Yo _____

   _____

4. Mi madre _____

   _____

F. **¿Pueden o no pueden?** Write what these people can or can't do. Choose items from the list or make up your own to make your sentences more interesting.

Modelo: caminar   Yo *(no) puedo caminar 2 kilómetros en media hora.*

Actividades			
dormir 12 horas	estudiar en el café	usar la computadora	cuidar perros
comer 2 hamburguesas	pasar las vacaciones	beber refrescos	comprar una casa
	leer dos periódicos		

1. El profesor _____

2. Mi hermana _____

3. Yo _____

4. Tú _____

5. Mi amigo y yo _____

6. Mis padres _____

UN PASO ADELANTE

The verb **pensar** followed by an infinitive means *to plan to.*

¿Adónde **piensas ir** mañana? Where *are you planning to* go tomorrow.

G. **Quiero visitar...** How do you plan to spend your vacation? Write a short paragraph explaining (a) what places you want to visit, (b) what you plan to do, and (c) how long you are going to be away (**estar fuera**).

_____

_____

_____

_____

_____

_____

_____

_____

Special Expressions with *Tener*

 H. Situaciones. Listen to these descriptions of people in various situations. Circle the expression that best completes each description.

1. tiene calor   tiene sueño
2. tiene hambre   tiene cuidado
3. tienen dos años   tienen miedo
4. tiene sed   tiene prisa
5. tiene suerte   tiene frío

 I.   Para el examen de mañana. Tell what these people must do before tomorrow's Spanish test.

Modelo: You see: María Antonieta / escuchar las cintas
             You say: *María Antonieta tiene que escuchar las cintas.*

1. Jorge / ir al laboratorio
2. Nosotros / leer las lecciones
3. Los estudiantes / practicar los diálogos
4. Tú / estudiar el vocabulario
5. Yo / escribir los números

 J.   Preguntas personales. Answer the five questions you will hear appropriately.

K. ¿Qué tienen? Complete these sentences by circling the correct expression with *tener*.

1. María trabaja mucho y duerme muy poco. Por eso siempre...

   a) tiene suerte. b) tiene sueño. c) tiene razón.

2. Jorge juega tenis los sábados por la tarde. Después de jugar, él toma uno o dos refrescos porque...

   a) tiene frío.   b) tiene miedo. c) tiene sed.

3. Albertina y Claudia están a dieta. Sólo toman jugo y té en el desayuno y comen vegetales y frutas en el almuerzo. Son las cinco de la tarde y ellas...

   a) tienen hambre. b) tienen prisa. c) tienen calor.

4. Nosotros jugamos a la lotería y siempre perdemos. Mi hermano dice (*says*) que no...

   a) tenemos cuidado. b) tenemos suerte. c) tenemos razón.

5. Mis primos van a pasar una semana en Acapulco. Van a estar en un hotel nuevo al lado de la playa. Yo no puedo ir con ellos porque hay exámenes, pero...

   a) tengo muchas ganas de ir.   b) tengo veinte años. c) tengo mucho miedo.

L. **¿Qué tienen que hacer?** Write what each person should do in the situations described. Use **tener que** + infinitive in your response.

Modelo: Juan saca unas notas muy bajas en la universidad. Quiere sacar buenas notas, pero él mira mucha televisión, juega golf y va a muchas fiestas los fines de semana.
Juan tiene que estudiar más.

1. Ernesto está un poco gordo y quiere perder peso (*weight*). Él come una hamburguesa y papas fritas en el almuerzo y por la tarde toma un helado de chocolate. Ernesto no corre ni hace ejercicio. Él prefiere conversar con sus amigos.

   _____

2. Helen es una muchacha norteamericana que tiene unos parientes en Buenos Aires. Ella piensa ir a Buenos Aires en sus vacaciones y pasar dos semanas con sus parientes. Es el primer viaje de Helen a la Argentina.

   _____

3. Hay una competencia muy importante la semana próxima. Por las tardes los atletas van al estadio de la universidad.

   _____

4. Amparo tiene un estéreo nuevo para discos compactos. Los discos que ella tiene son viejos. Sus amigos van a ir esta tarde a su casa para escuchar música.

   _____

M. **El intérprete.** You are interpreting for some of your friends, who are talking to two Salvadorean students visiting your school. Translate what you and your friends want to say using the appropriate expressions with *tener*.

1. John is always very lucky.

   _____

2. The professor's not old; he's only 50 years old.

   _____

3. We're always very careful on the freeway (*autopista*).

   _____

4. It's one in the afternoon and the professors are in a hurry.

   _____

5. Why are you hungry? It's only 10:00 A.M.

   _____

6. Who is hot and thirsty?

_____

7. I feel like going to the movies.

_____

8. Aren't you afraid at night?

_____

Possessive adjectives

N. ¿Cuál es el adjetivo? Listen as the speaker reads some statements and then write the possessive adjective you heard.

Modelo: You hear: Mis padres son de los Estados Unidos.
You write: *mis*

1. _____   3. _____   5. _____

2. _____   4. _____   6. _____

O. ¿De quién es? Answer a friend's questions about people's possessions negatively, using possessive adjectives.

Modelo: ¿Es el auto de Ángel?
No, no es su auto.

P. Una conversación. Complete the conversation using possessive adjectives.

Rodolfo: Paquita, ¿quieres estudiar para _____ examen de historia?

Paquita: No, no necesito estudiar más. _____ examen es fácil. Prefiero ir al

cine. Hay una película con _____ estrellas favoritas.

Rodolfo: ¿Quiénes son _____ estrellas favoritas?

Paquita: Andy García y Michael Douglas.

Rodolfo: Sí, _____ películas son muy interesantes.

Q. Cosas favoritas. What are your friend's favorite items in each category? Use **su** or **sus** in your answers.

Modelo: libro   Su libro favorito es *Megatrends*.

1. programas de televisión _____

_____

2. amigo/a _____

_____

3. películas

_____

4. canciones

_____

5. cantante (*singer*)

_____

R. Cinco jóvenes. Complete these passages. Use the appropriate possessive adjectives corresponding to the names in boldface.

1. **Roberto** vive con _____ padres en la ciudad de México. De lunes a viernes él trabaja con

_____ tío Miguel por las mañanas y por las tardes estudia en la universidad. Marisa, la

novia de Miguel, vive en Cuernavaca y los fines de semana Roberto va a casa de _____

futuros suegros para visitar a _____ novia. Él piensa terminar _____ estudios el año

próximo y trabajar en Cuernavaca. El tío está muy contento con el trabajo de _____

sobrino y cree que _____ futuro está en la ciudad de México y no en Cuernavaca.

2. **Mi hermana y yo** pensamos visitar Guadalajara el mes próximo. _____ primas

viven allá y nosotros podemos estar en su apartamento. Nosotros queremos ir en auto, pero

_____ auto es muy viejo. _____ padres creen que no vamos a

tener problemas, pues en Guadalajara hay mecánicos excelentes.

3. **Diego y Alfredo** viven en Los Ángeles. _____ familia es mexicana y ellos hablan

español con _____ padres, tíos y primos; pero Diego y Alfredo quieren vivir un tiempo

en un país hispano. _____ abuelos viven en Mérida, la capital de Yucatán. Ellos van a

hablar por teléfono con _____ abuelos para ver si pueden visitar Yucatán y estar en

_____ casa durante dos meses.

S. **Un día difícil.** Pancho is trying to get ready for school but his mother needs his help. Listen to their conversation and to the statements that follow. If the statement is true, check **Sí**. If the statement is false, check **No.**

	Sí	*No*			*Sí*	*No*
1.	____	____		4.	____	____
2.	____	____		5.	____	____
3.	____	____				

T. **Yo también.** Your mother wants you to help out more at home and is pointing out the chores that your brothers and sisters do. Tell her that you also do these chores.

Modelo: Ellos sacan al perro.
Yo saco al perro también.

U. **La semana.** What activities do you associate with the days of the week? Use the verbs indicated in your answers.

1. El domingo / salir _____

2. El miércoles / hacer _____

3. El jueves / poner _____

4. El sábado / preferir _____

5. El viernes / querer _____

V. **Danilo, los atletas y yo.** Complete these paragraphs with the correct form of the verbs *hacer, poner,* and *salir.*

En la casa

Danilo _____ de casa a las 7:30 de la mañana. _____ el radio del coche en su estación favorita y va a la universidad. Llega allí temprano, a las 8:30, y _____ su tarea en la biblioteca.

En la universidad

Por la mañana los atletas van temprano al gimnasio, donde _____ ejercicio. Ahí _____ su ropa (*clothes*) en el armario. Luego _____ a la pista (*track*) del estadio.

En el laboratorio

Yo _____de la casa a las 7:00 de la mañana y llego a la universidad a las 7:30. Después voy a la clase de biología y _____ los experimentos en el laboratorio. Cuando termino, _____ la tarea en el escritorio del profesor.

MOSAICOS

A. Planes para Francisco. Listen to Francisco's and his uncle's plans, and to the statements that follow. Indicate whether each statement is true or false by checking the appropriate response. Don't worry if you don't understand every word.

	Sí	*No*			*Sí*	*No*
1.	_____	_____		4.	_____	_____
2.	_____	_____		5.	_____	_____
3.	_____	_____				

B. ¿Qué quieren? Pedrito and his sister Elenita are discussing their family's plans for the weekend. Complete the chart with the information you hear about each family member's preferences.

¿Quién?	¿Qué quiere?
	Él quiere ir a la playa.
Pedrito	
Elenita	
	Quiere tomar el sol y...
Los abuelos	

C. Yo. Write to the exchange student from Peru who will be your roommate next year. Describe yourself using some of these verbs and any others you wish. (*Note:* Be sure to conjugate the verb.)

llamarse	tocar	preferir	habla	trabajar	poner
tener años	estar	poder	estudiar	ir	salir
ser	vivir	querer	empezar	hacer ejercicio	correr

_____

_____

_____

_____

_____

_____

_____

_____

D. La Tercera Edad. The term **la tercera edad** (literally "third age") is used in Spain to refer to *senior citizens*. First read this selection for its general meaning. Then read it again and answer the questions.

A través del Programa de **VACACIONES TERCERA EDAD** se proporciona a las personas mayores una estancia en lugares de interés turístico y de clima cálido a precios reducidos.

Los objetivos de este programa son los siguientes:

• Contribuir al bienestar de la Tercera Edad haciendo posible que las personas mayores conozcan nuevos lugares y enriquezcan su tiempo de ocio.

• Mantener y crear empleo en el sector turístico, potenciando los niveles de ocupación hotelera en épocas de menor actividad

¿Quiénes pueden participar en el programa?
Usted podrá participar en este programa si ha cumplido 65 años, sea o no pensionista de la Seguridad Social, o si disfruta de una pensión de jubilación, aunque no alcance esa edad. Podrá además ir acompañado de un familiar o amigo para el que no se establece límite de edad.

Los menús para el desayuno, comida y cena se elaboran teniendo en consideración las necesidades alimenticias de las personas mayores y se preparan en condiciones de calidad, abundancia y calorías apropiadas. Las comidas se sirven acompañadas de vino o agua mineral.

1. ¿Cómo se llama el programa?

_____

2. ¿A qué lugares van de vacaciones las personas mayores?

_____

3. ¿Qué quiere crear este programa para estimular la economía?

_____

4. ¿Cuántos años deben tener las personas mayores que desean participar en el programa?

_____

5. ¿Quién puede ir de vacaciones con la persona de la tercera edad?

_____

6. ¿Cuántas comidas ofrece el programa cada día?

_____

7. ¿En qué condiciones preparan las comidas?

_____

8. ¿Qué beben las personas mayores con las comidas?

_____

E. Obituario. Read this obituary published in the Spanish newspaper **El País** and give the information requested about the deceased.

N ECROLÓGICAS

Héctor Lavóe, cantante de salsa

El cantante puertorriqueño Héctor Lavóe falleció el 29 de junio en el hospital Saint Clear, de Nueva York, a consecuencia de una larga enfermedad. No se han precisado más detalles de la muerte de uno de los músicos claves de la salsa, que se hizo famoso con la orquesta de Willie Colón hasta que, en 1988, se lanzó al vacío desde el noveno piso del hotel Regency en Puerto Rico. Sobrevivió, pero fue el principio del fin. Estaba retirado desde hace unos años. Se le sabía muy enfermo, se hablaba de su dependencia de las drogas e incluso se rumoreaba sobre un intento de suicidio. Sin embargo, nadie parecía querer enfrascarse en detalles sórdidos. Y es que la de Héctor Lavóe era una de las grandes voces que Puerto Rico ha dado al mundo.

Héctor Lavóe había nacido en la ciudad de Ponce, cuna de grandes músicos. Dicen que aprendió los rudimentos musicales caribeños con su padre, antes de emigrar a los Estados Unidos, a los 16 años. A principios de la década de los 70, las orquestas de Larry Harlow y Willie Colón estaban entre las favoritas del público latino de Nueva York. Sus respectivos cantantes, Ismael Miranda y Héctor Lavóe.

Como solista, grabó varios discos: La voz (1974), De ti depende (1976) y Comedia (1978). Lavóe era ya el cantante de la salsa neoyorquina, pero en plena gloria comenzó a descuidarse por completo. Resultaba harto improbable que llegase puntual a sus actuaciones y su afición por ciertas sustancias prohibidas le pasaba factura. El desbarajuste existencial le llevó a retirarse momentáneamente en 1977. Se asegura que estuvo internado en una clínica mental de Madrid y el mito acabó por derrumbarse. Regresó para grabar Comedia, donde interpretaba El cantante, escrita por Rubén Blades.

[Durante su actuación del 29 de junio en Sevilla, Willie Colón rindió un emocionado homenaje a Lavóe. Con lágrimas en los ojos, pidió un minuto de silencio y recordó a Lavóe como «ese hombre que nos enseñó lo que era la salsa».]

Nombre: ———————————————

Profesión: ———————————————

Nacionalidad: ———————————————

Orquesta: ———————————————

Familiar con quien aprendió (*learned*): ———————————————

Edad cuando llegó (*arrived*) a los Estados Unidos: ———————————————

PRONUNCIACIÓN

Las consonantes *l, m, n,* and *ñ*

Listen carefully to the explanation of these Spanish sounds. Repeat each word after the speaker when asked to do so. Then write the sentences you hear.

La *l*. At the beginning of a syllable, Spanish l and English *l* are very similar. At the end of a syllable, the Spanish l has the same pronunciation, while English *l* is quite different. Compare the pronunciation of *l* in the following words: **Lucas,** *Lucas*; **hotel,** *hotel*. Now listen and repeat. **Repitan las siguientes palabras.**

lápiz   libro   mal   papel   el   español   alto

La *m* y la *n*. Spanish and English **m** are pronounced the same. **Repitan las palabras siguientes.**

mamá   malo   amable   moreno   mesa   mexicano

At the beginning of a syllable, the Spanish and English **n** are pronounced the same. At the end of a syllable, however, Spanish **n** may vary according to the consonant that follows it. Before **p, b** and **v,** the Spanish **n** is pronounced like **m;** before **q, g , k , j,** and before **ca, co,** and **cu,** Spanish **n** is pronounced like *ng*.

noche   un bolígrafo   un viejo   un periódico   un japonés   inglés   un casete
un cohete   encuesta

La *ñ*. The Spanish **ñ** is similar to the pronunciation of *ni* in the English word *onion* or *ny* in *canyon*. **Repitan las siguientes palabras.**

español   señora   mañana   pequeño   tamaño

Listen carefully to the following sentences. Then listen again and write what you hear. There will be a pause to give you time to write each sentence. Listen a third time to check your work.

5 La casa y los muebles

A PRIMERA VISTA

En casa

A. La casa de la familia Hurtado. Listen to the description of the Hurtado family's house and to the statements that follow. Indicate whether each statement is true or false by marking the appropriate response. Don't worry if you don't understand every word.

	Sí	*No*		*Sí*	*No*
1.	——	——	4.	——	——
2.	——	——	5.	——	——
3.	——	——	6.	——	——

B. ¿En qué parte de la casa están? Listen as the speaker names various pieces of furniture and appliances. Say in what room of the house each is normally found.
Modelo: el horno
El horno está en la cocina.

C. El apartamento de Ana María. Ana María Salazar is moving into the apartment shown below. Looking at the layout, listen to the description and write the name of each piece of furniture or appliance mentioned in the space provided next to the appropriate room. You may listen to the tape more than once.

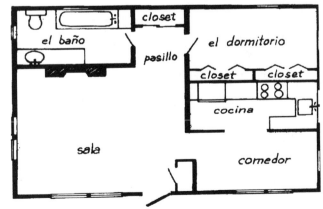

D. ¿Dónde los pongo? You are helping a friend move into a new apartment. Match the furniture, fixtures, and appliances with the appropriate part of the house.

Parte de la casa

1. la sala
2. el comedor
3. la cocina
4. el dormitorio
5. el baño
6. la terraza

Muebles y electrodomésticos

___ la cama
___ el sofá
___ la butaca
___ el microondas
___ el lavabo
___ la cómoda
___ la mesa de noche
___ la barbacoa
___ el refrigerador
___ el espejo

E. Crucigrama. Solve the crossword puzzle using words referring to parts of the house, furniture, or appliances based on these clues.

1. Podemos escuchar programas gracias a este aparato eléctrico.
2. Preparamos la comida en esta parte de la casa.
3. Aquí hay plantas y los niños pueden jugar y correr.
4. Mueble donde nos acostamos (*lie down*) para dormir.
5. Electrodoméstico que mantiene frías las comidas.
6. Silla grande y cómoda que tiene brazos (*arms*).
7. Las personas comen en esta parte formal de la casa.
8. Vemos y escuchamos programas gracias a este aparato eléctrico.
9. Decoración que ponemos en las ventanas.
10. Mueble donde pueden sentarse (*sit down*) dos o tres personas.

F. Mi amigo quiere un apartamento. A friend is looking for an apartment (*piso*, in Spain) and asks your opinion about the ones advertised below. State your preference and three reasons for it.

LA OCASION DEL AÑO

Jardín de los Madroños

- 3 Dormitorios, 2 baños desde 23.900.000 Pts. (+ IVA)
- 4 Dormitorios, 2 baños desde 24.900.000 Pts. (+ IVA)

Piscina y jardines privados.
Urbanización cerrada dentro de Madrid. Entrada mínima y 10 años de financiación.
Llave en mano.

VISITE PISO PILOTO

INFORMACION Y VENTA EN LA PROPIA URBANIZACION (A LA ALTURA DE EMBAJADORES, 225) Y EN EL TELEF.: 527 79 20

Calvet-Madrazo
★ ★ ★ ★ ★

OPORTUNIDAD EN VENTA

- Apartamentos lujo a estrenar
- 2 habitaciones. Terraza
- Cocina con todos los electrodomésticos
- Aire acondicionado
- Excelentes acabados

Tel. 419.62.26

Yo _____

_____

_____

G. ¿De qué color son? Complete each sentence with the logical color adjective from the box, making any necessary changes.

anaranjado	verde	azul	rojo	morado	blanco
amarillo	rosado	negro	gris		

1. La casa del Presidente de los Estados

   Unidos es _____ .

2. Las ratas son _____ .

3. La noche es _____ .

4. Un dólar es _____ .

5. Las rosas son _____ ,

   _____ y _____ .

6. Una naranja es _____ .

7. Los tomates son _____ .

8. El autobús de la escuela es

   _____ .

9. El mar es _____ .

10. El vino es _____ ,

    _____ o _____ .

H. Un matrimonio moderno. Listen as Amanda and Tomás discuss their chores while preparing dinner. Then listen to the statements that follow and indicate in the chart who is doing each chore mentioned.

	1	2	3	4	5	6
Amanda						
Tomás						

I. ¿Qué hacen Sandra y Felipe el sábado? Sandra lives in an apartment, and Felipe lives in a dorm. Listen as a friend describes what they do on Saturday. Complete the chart with the information you hear.

ACTIVIDADES			
Hora	**Sandra**	**Felipe**
8:00 a.m.		
9:30 a.m.		
10:30 a.m.		
3:00 p.m.		
5:30 p.m.		
Noche		

J. Preguntas personales. Answer your sociology instructor's questions about which members of your family do these chores in your home.

Modelo: ¿Quién barre la casa?
  Mi hermano barre la casa.

K. ¿Qué debe hacer usted? Read each situation and then mark the three most appropriate reactions to it.

1. Usted tiene un viaje muy importante mañana y quiere llevar cierta ropa. Cuando va al armario a buscar la ropa, ve que está sucia (*dirty*). Usted debe...
   a) hacer la ropa.   d) lavar la ropa.
   b) comprar la ropa.   e) secar la ropa.
   c) planchar la ropa.   f) doblar la ropa.

2. Usted quiere vender su condominio. Hoy va a venir un agente y su condominio está muy sucio. Usted debe...

a) usar el microondas.

b) sacar la basura.

c) cocinar la cena.

d) poner la mesa.

e) pasar la aspiradora.

f) limpiar los muebles.

3. Usted y unos amigos van a cocinar y tener un almuerzo muy informal en el jardín de su casa esta tarde. Usted debe...

a) barrer la terraza.

b) limpiar la barbacoa.

c) preparar la cena.

d) colgar la ropa fuera.

e) sacar los platos.

f) hacer la cama.

L. **Esta noche tenemos una fiesta.** Your roommate and you are having friends over tonight. Your apartment is a little messy, but you have to go out. Write your roommate a note telling him/her not to worry (*no te preocupes*) and what chores you will do when you return.

_____

_____

_____

_____

_____

_____

_____

_____

_____

_____

M. **Mi padre por la mañana.** Observe your father's morning routine and number these items in the sequence in which he performs them.

____ se lava los dientes

____ se levanta

____ se peina

____ se sienta a desayunar

____ se afeita

____ se despierta

____ se seca

____ se baña

EXPLICACIÓN Y EXPANSIÓN

Preterit Tense of Regular Verbs

A. Vacaciones en la playa. A friend is telling you about a decision her relatives made while on vacation in South America. Listen to the story and to the statements that follow. Indicate whethre each statement is true or false by marking **Sí** or **No** below.

	Sí	No			Sí	No
1.	___	___		5.	___	___
2.	___	___		6.	___	___
3.	___	___		7.	___	___
4.	___	___		8.	___	___

B. Ayer... You will hear statements about what various people are going to do. Contradict each statement, explaining that they did it yesterday.

Modelo: Manola y Asunción van a comprar un refrigerador hoy.
          No, compraron un refrigerador ayer.

C. El detective. You are a detective who must watch a suspect and report his whereabouts. Looking at the list below, tell what the suspect did yesterday morning and early in the afternoon.

Modelo: hablar por teléfono a las siete
          Habló por teléfono a las siete.

1. desayunar a las ocho
2. salir de su casa después
3. visitar a su hija a las diez
4. jugar con su nieto
5. almorzar con su hija
6. volver a su casa a las dos

D. ¿Qué hacen estas personas? Circle the most logical completion for each situation.

1. En el restaurante "La Concha", Sara y Mauro...
   a) vieron un programa de televisión.
   b) se despertaron a las siete.
   c) pagaron 10.000 pesetas por una cena deliciosa.

2. Después de un día de mucha actividad, Manuel...
   a) volvió a su cuarto en el hotel para descansar.
   b) desayunó con sus padres en una cafetería.
   c) corrió en el estadio.

3. Antes de (*before*) llegar a la ciudad, yo...
   a) limpié los cuartos.
   b) estudié el mapa con mucho cuidado.
   c) tendí la ropa en el jardín.

4. En la playa, nosotros...
   a) lavamos la fruta y los vegetales.
   b) nadamos con unos amigos.
   c) cultivamos vegetales.

5. Anoche tú saliste para...
   a) ir a una actividad cultural.
   b) poner la mesa.
   c) almorzar con tus compañeros.

6. Ayer, en la librería, ustedes...
   a) tomaron unos refrescos.
   b) compraron unos cuadernos y lápices.
   c) corrieron y jugaron con el dependiente.

E. **Una tarde en Santander.** You and some friends were in Santander, a city on the Northern coast of Spain, last month. Using the cues given below and the preterit, write about what you did.

Modelo: yo / caminar por la calle Pedrueca
   Yo caminé por la calle Pedrueca.

1. Mis amigos / comer en el restaurante "La Sardina".

   _____

2. Tú / bailar hasta la una de la mañana en "La Competencia".

   _____

3. Alicia y Carmen / comprar un jabón en la tienda (*store*) Mafor.

   _____

4. Diego / beber un refresco en "El Bar del Puerto".

   _____

5. Tú y yo / ver el Festival Internacional de Santander.

   _____

6. Tú / nadar en la playa "El Sardinero".

   _____

F. **Una fiesta .** Write a postcard to a friend telling what you did at a party last week. Combine elements from the chart below, and add other phrases of your own.

Personas	Actividades	Lugar, objeto, hora
Yo	preparar	toda la noche
Rosario y yo	llegar	un arroz con pollo
Elena y Raúl	bailar	a la una
Pablo y yo	beber	los platos
Magdalena	lavar	a las ocho
Nosotros	volver a casa	vino blanco

Direct Object Nouns and Pronouns

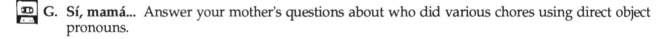

UN PASO ADELANTE

1. A direct object noun or pronoun receives the action of the verb. In Spanish direct object nouns follow the **verb**.

Pepe seca **los platos.**

2. Use direct object pronouns to avoid repeating a previously mentioned direct object noun. Note that direct object pronouns precede the verb.

— ¿Lavaste **la ropa**?
— Sí, **la lavé.**

G. **Sí, mamá...** Answer your mother's questions about who did various chores using direct object pronouns.

Modelo: ¿José lavó el auto?
Sí, mamá, José lo lavó.

H. **Los problemas de Carlos .** Carlos received low grades this semester. Answer his father's questions in the negative using direct object pronouns.
Modelo: ¿Estudia Carlos las lecciones?
No, no las estudia.

I. **Preguntas personales .** A new friend is inquiring about your activities. Answer using direct object pronouns.

Modelo: ¿Estudias español?
Sí, lo estudio.

J. **¿Qué van a hacer?** Answer the following questions about your activities with your friends using direct object pronouns.

Modelo: ¿Van a escribir la lección?
Sí, vamos a escribirla. o *No, no vamos a escribirla.*

K. **Los regalos (*gifts*).** You are planning your Christmas shopping to take advantage of a big sale. Referring to the items in the box and using the corresponding direct object pronoun, write what these people on your list don't have but need.

Modelo: un saxofón
(yo) *No tengo un saxofón, pero lo necesito.*

una computadora	un microondas	una aspiradora
una guitarra	ropa muy elegante	unos discos de jazz
un estéreo	un auto nuevo	dos butacas

1. (yo) _____

2. (tú) _____

3. (Darío) _____

4. (tu madre) _____

5. (tú y yo) _____

6. (los abuelos) _____

L. **¿Con *a* o sin *a*?** Fill in the blanks using the personal **a** when necessary. Remember that **a + el** contract to **al**.

1. Hoy van a entrevistar ___ varios artistas españoles en la televisión. Nosotros queremos ver ___ programa para escuchar ___ Miguel Bosé.

2. Alfredo está en la biblioteca. Él busca (*looks for*) ___ Pepe Sandoval, un compañero de clase, porque tienen ___ un examen de economía mañana y van a estudiar juntos. Por fin (*finally*) ve ___ Pepe enfrente de un montón (*pile*) de libros y periódicos, pero Pepe no lee los periódicos ni consulta los libros. Él sólo mira ___ dos famosas jugadoras de tenis que están en otra mesa.

3. La señora Silvestre quiere mucho ___ su perro Rico. Rico es un perro viejo, pero muy bueno. Cuida la casa y también cuida ___ los niños de la familia. Todas las tardes después que llega de la oficina, el señor Silvestre saca ___ perro. Cuando Rico ve ___ señor Sandoval, corre y salta (*jumps*) porque sabe que va a salir.

M. ¿Sí o no? Tell whether or not you are going to do these activities, using direct object pronouns.

Modelo: planchar la ropa
Voy a plancharla o *No voy a plancharla* o *La voy a planchar* o *No la voy a planchar.*

1. lavar el auto _____

2. llamar a los amigos _____

3. bañar al gato _____

4. comprar los casetes _____

5. mirar la televisión _____

6. visitar a mis primas _____

N. La telenovela. Complete this dialog for a soap opera script with the appropriate object pronouns.

Pablo: — Virginia, ¿____ quieres mucho?

Virginia: — Sí, Pablo, ____ quiero.

Pablo: — Pero ayer no ____ llamaste.

Virginia: — Es que salí con mamá. ¿Tú ____ comprendes? Ella tenía prisa.

Pablo: — Sí, Virginia, ____ comprendo.

Reflexive Verbs and Pronouns

UN PASO ADELANTE

The pronoun **se** attached to the end of an infinitive shows that the verb is reflexive.

lavar   to wash   lavarse   to wash oneself

O. Por la mañana. Looking at the times given, tell when each person gets up.

Modelo: Juan // 7:00
Juan se levanta a las siete.

1. Alicia / 7:30   4. Mi padre / 6:00
2. Juan y Pedro / 8:00   5. Nosotros / 9:00
3. Yo / 9:00

P. Mi hermano y yo. A friend is telling you what he does at a summer resort. Tell your friend that you and your family do the same things.

Modelo: Yo me levanto a las siete.
Nosotros también nos levantamos a las siete.

Q. Preguntas personales Answer the questions on the tape about what you did this morning with complete sentences.

R. El día de Maribel Complete these sentences about some of Maribel's daily activities by circling the most appropriate completion.

1. Son las siete de la mañana, suena el despertador (*the alarm clock rings*) y Maribel...
   a) se acuesta.   b) se despierta.   c) se duerme.
2. Ella apaga (*turns off*) el despertador y va al baño para...
   a) ponerse la piyama.   b) lavarse los dientes.   c) acostarse.
3. Después de bañarse, Maribel...
   a) se seca.   b) se quita la piyama.   c) se lava.
4. Antes de ir a desayunar, ella...
   a) se quita los zapatos.   b) se acuesta y se duerme.   c) se pone la ropa y se peina.
5. Maribel está en la universidad por la mañana. Por la tarde, estudia con su amiga Luz María. Por la noche vuelve a su casa para cenar con sus padres. Después de ver televisión, ella va a su cuarto y lee un rato (*a while*), pero tiene mucho sueño. Va al baño, se lava y después...
   a) se sienta.   b) se acuesta   c) se afeita

S. En La Romana. You and a friend are spending a week in La Romana, a resort in the Dominican Republic. Answer these questions about your stay.

1. ¿A qué hora se van para la playa? _____

2. ¿Está el hotel cerca o lejos de la playa? _____

3. ¿Se ponen ustedes ropa informal para estar en el hotel? _____

   _____

4. ¿Se acuestan muy tarde por la noche? _____

   _____

MOSAICOS

A. **El día del viaje** *(trip)*. Isabel and Fernando are leaving tonight to spend two weeks in Panamá. Listen to their conversation and to the statements that follow. Indicate whether each statement is true or false by marking the appropriate response. Don't worry if you don't understand every word.

	Sí	*No*		*Sí*	*No*
1.	____	____	5.	____	____
2.	____	____	6.	____	____
3.	____	____	7.	____	____
4.	____	____			

B. **El horario de un soldado.** Armando Aparicio, a soldier in the Army, is on a very tight schedule. Assuming that he has only an hour to complete the following activities, describe his morning routine.

Modelo: despertarse
Se despierta a las seis.

1. levantarse _____

2. afeitarse _____

3. lavarse los dientes _____

4. bañarse _____

5. ponerse el uniforme _____

_____

6. tender la cama _____

7. desayunar _____

8. salir _____

C. **Vacaciones en México.** You are spending a few days in Mexico City at a friend's home. Write a short note to a classmate describing a typical day, using the following verbs or others of your choice.

desayunar	visitar	comer	leer	comprar	salir
caminar	acostarse	levantarse	ver	bañarse	beber

_____

_____

_____

D. ¿Necesita dinero? This ad encourages people to apply for a loan (*préstamo*). Read it carefully and then complete each statement, based on the information in the ad.

¿QUE DESEA?

Un coche descapotable. Un ordenador. Un piano de cola. Un cuadro.
Una segunda luna de miel. Los estudios del mayor en Inglaterra…

En el Banco de Madrid le damos hasta 3 millones por lo que en estos momentos está usted pensando.

Y además, puede elegir la forma de pago que más le convenga para devolver el préstamo concedido. Desde un mínimo de un año a un máximo de cinco, en cómodos plazos mensuales. Y sin necesidad de más requisitos que su firma a la hora de solicitarlo.

No lo piense más. Deje volar la imaginación y venga a contarnos sus sueños.

En el Banco de Madrid valen mucho dinero.

CREDITO PERSONAL DEL BANCO DE MADRID

1. Cuando usted necesita dinero, puede ir al _____.

2. Usted puede solicitar crédito para comprar _____, _____

   _____ o _____.

3. El crédito puede ser un máximo de tres _____ de pesetas.

4. Usted puede pagar en un _____ o, como máximo, en _____.

5. El único (*only*) requisito es _____ cuando solicita el préstamo.

E. La Infanta Elena en Buenos Aires. Read the report by the Spanish news agency **EFE** on Princess Elena's trip to Argentina and answer these questions.

Infanta Elena de visita en Buenos Aires

BUENOS AIRES, (EFE).- La Infanta Elena, hija de los reyes de España, llegó a Buenos Aires para una visita de tres días, en la que será recibida por el presidente argentino, Carlos Menem, y recorrerá la Expotecnia '93, la exhibición internacional de su país.

La Infanta Elena de Borbón viajó a la capital argentina en un vuelo de Iberia.

Desde el aeropuerto internacional de Ezeiza, la hija del Rey Juan Carlos I se dirigió al Hotel Alvear de Buenos Aires, donde se hospedará durante su estancia en esta ciudad, que se prolongará hasta el próximo miércoles.

Su actividad comenzó el lunes, con una visita al Hospital Español, donde recorrerá las salas de traumatología y rayos láser y se reunirá con miembros de la comunidad española de este país.

Acompañada por el secretario de Estado de Comercio de España, Miguel Angel Feito, la Infanta se trasladó al mediodía a la Residencia Oficial de Olivos para celebrar un encuentro con el presidente Menem, quien la recibió en compañía de su hija, Zulemita.

Junto a Menem, Elena de Borbón asistirá por la tarde a la Expotecnia '93, donde unas 170 empresas de los doce sectores más representativos de la industria española lanzan una ofensiva para exportar al mercado argentino.

La exposición, organizada por el Instituto Español del Comercio Exterior (ICEX), fue inaugurada el pasado miércoles en el Recinto Ferial del barrio porteño de Palermo y estará abierta hasta el próximo 8 de julio.

La muestra se realiza en dos pabellones de 7.500 metros cuadrados de superficie, con un coste calculado en siete u ocho millones de dólares.

La Infanta Elena ofreció el lunes, por la noche, una recepción en la Embajada de España a la que asistieron personalidades de la política, las ciencias y el deporte de Argentina.

Este martes, la hija de los Reyes de España realizará un paseo por el Delta del río Paraná y por la noche asistirá a un espectáculo de tango en un prestigioso salón del centro de Buenos Aires.

La visita de la Infanta Elena finalizará en la tarde del miércoles, cuando, junto a su comitiva, emprenderá el viaje de regreso a España.

Elena de Borbón estuvo el año pasado en Argentina, con ocasión de su participación en una competición de hípica.

1. ¿Quiénes son los padres de la Infanta Elena?

_____

2. ¿Cuánto tiempo va a estar la Infanta en Buenos Aires?

_____

3. ¿Quién es el presidente de Argentina?

_____

4. ¿Qué es la Expotenia'93?

_____

5. ¿En qué hotel está la Infanta?

_____

6. ¿Qué lugar visitó la Infanta?

_____

7. ¿Quién la acompañó en su visita a la Residencia Oficial del Presidente?

_____

8. ¿Cómo se llama la hija del Presidente de Argentina?

_____

9. ¿Cuándo ofreció la Infanta Elena una recepción?

_____

10. ¿Dónde ofreció ella la recepción?

_____

PRONUNCIACIÓN

Las consonantes *ll*, *y*, and *x*

Listen carefully to the explanation of these Spanish sounds. Repeat each word after the speaker when asked to do so.

A. La *ll* y la *y*

In most parts of the Spanish-speaking countries, **y** and **ll** are pronounced like theEnglish *y* in the word *yoke*, but with more friction. At the end of a word, **y** sounds very similar to the Spanish **i**, but if the next word begins with a vowel, **y** is pronounced like the English *y* in *yoke*. **Repitan las siguientes palabras.**

yo   llamo   ella   estoy   muy bien   muy alto

B. La *x*

Before a consonant, the Spanish **x** is pronounced in Spanish like *s* or *ks*. **Repitan las siguientes palabras.**

experiencia   explicación   experimento   texto   extensión

Between vowels, **x** is pronounced like the *ks* or Spanish **gs**. It is never pronounced like the English *x*. **Repitan las siguientes palabras.**

examen   sexo   existir   exacto   éxito

LECCIÓN

6

El tiempo y los deportes

A PRIMERA VISTA

Las estaciones y el tiempo

A. El tiempo. Listen to these two descriptions of college students' vacation plans and to the statements that follow each description. Indicate whether the statements are true or false by marking the appropriate responses. Don't worry if you don't understand every word.

	Sí	*No*		*Sí*	*No*
1.	___	___	1.	___	___
2.	___	___	2.	___	___
3.	___	___	3.	___	___
4.	___	___	4.	___	___

B. Pronóstico del tiempo. On a shortwave radio, you hear the following weather forecasts from different parts of the world. Indicate in the chart which sport(s) people could play in each place according to the weather report for their area.

Deportes	1	2	3	4	5	6
béisbol						
ciclismo						
esquí						
buceo						
básquetbol						
fútbol						

C. Las estaciones. Circle the most logical completion for each sentence.

1. En el invierno muchas personas van a las montañas para...

   a) nadar.   b) esquiar.   c) jugar al tenis.

2. En el otoño en San Francisco hace...

   a) calor.   b) fresco.   c) mucho frío.

3. En el verano nosotros nadamos en...
   a) el mar.   b) la nieve.   c) el viento.

4. En Nueva York hace mucho frío en...
   a) la primavera.   b) el verano.   c) el invierno.

5. Hace mal tiempo cuando...
   a) hace sol.   b) está muy claro.   c) llueve mucho.

D. **Asociaciones.** Match each drawing with the most accurate description.

1. _____   2. _____   3. _____

4. _____   5. _____   6. _____

a) Llueve mucho.   c) Está nublado.   e) Hace mucho calor.
b) Hace viento.   d) Hace muy buen tiempo.   f) Aquí hace mucho frío en invierno.

E. **Vacaciones en Europa.** You work at a travel agency. What would you advise a young couple about the weather they can expect on their upcoming vacation, based on the map below?

A. Irlanda   D. Francia   F. Grecia
B. Baleares   E. Pirineos   G. Gibraltar
C. Madrid

☀ Sol	☁ Tormenta	↙ Viento
☁ Cubierto	☁ Granizo	— Mar llana
☁ Variable	✳ Nieve	～ Marejadilla
☁ Chabasco	═ Neblina	～ Marejada
☂ Lluvia	▬ Niebla	～ Mar gruesa
Frente frío	Frente cálido	Frente ocluido

1. ¿Qué tiempo hace en Madrid? _____

2. ¿Dónde podemos esquiar? _____

3. ¿En qué país hace sol? _____

4. ¿Dónde hace buen tiempo? _____

5. ¿Por qué no podemos nadar en las Baleares? _____

EXPLICACIÓN Y EXPANSIÓN

Present Progressive

A.   Ana está hablando con su tía. While you are at your friend Ana's home, her aunt calls. Listen to Ana's side of the conversation and indicate what each person mentioned is doing by matching each numbered item in the left-hand column with the appropriate activity on the right.

Persona	*Actividad*
1. La madre	—— está conversando con un amigo
2. El abuelo	—— está mirándolo en la sala
3. Elena	—— está lavando los platos
4. La abuela	—— está estudiando para un examen
5. El padre	—— está durmiendo en su cuarto
6. Ana	—— está sacando la basura
7. Raúl	—— está leyendo un libro

B.   Asociaciones. Match each situation on the left with the most appropriate action on the right.

Situación	*Acción*
1. Federico quiere hablar con su novia.	—— Están esquiando.
2. Marcia quiere alquilar un apartamento.	—— Está leyendo el periódico.
3. La chica tiene mucha sed.	—— Está bebiendo agua.
4. El jugador cree que el árbitro está equivocado.	—— Está llamando por teléfono
5. Nuestro equipo va a ganar el partido.	—— Están discutiendo.
6. Hay mucha nieve en las montañas.	—— Los aficionados están aplaudiendo.

C.   Pero hoy no...   People tend to be creatures of habit who do the same things at the same time. But today is different. Explain in Spanish that today these people aren't doing what they normally do.

Modelo: Los jugadores siempre practican por las tardes.
Pero hoy no están practicando.

D. ¿Qué están haciendo? Based on where the following students are, choose phrases from the box to explain what they are doing right now.

Modelo: Julio y María están en la clase de inglés.
Están escribiendo una composición.

leer el libro	comprar un diccionario	comer hamburguesas
ver el partido	escribir una composición	estudiar álgebra
hablar español	esquiar con sus amigos	dormir
cantar y bailar	escuchar un concierto	jugar tenis

1. Yo estoy en la librería. —————————————

2. Nosotros estamos en casa. —————————————

3. Son las dos de la mañana y Raquel está en su cuarto. —————————

—————————————————————————————

4. Estela y Ricardo están en la universidad. ———————————

—————————————————————————————

5. Enrique y yo estamos en la clase de español. ————————————

—————————————————————————————

6. Mis amigos están en el "Metropolitan Music Hall". ————————————

—————————————————————————————

7. Tú estás en la biblioteca. —————————————

8. Ana y Susana están en un restaurante pequeño. ————————————

—————————————————————————————

9. (Original) —————————————————————

—————————————————————————————

10. (Original) ————————————————————

—————————————————————————————

E. **Tareas domésticas.** Give the persons illustrated below a name, tell what room they are in, and explain what they are doing.

Modelo: Angela está en su cuarto. *Ella está doblando la ropa.*

1. _____

2. _____

3. _____

4. _____

5. _____

Demonstrative Adjectives and Pronouns

F. **¿Cerca o lejos?** According to the statements you hear, indicate with an X in the appropriate row of the chart whether the objects and persons mentioned are next to the speaker (**al lado**), a short distance from the speaker (**cerca**), or relatively far from the speaker (**lejos**).

Modelo: You hear: Ese estadio es grande.
          (You would put an X in the row labeled **cerca**.)

	1	2	3	4	5	6
al lado						
cerca						
lejos						

G. **Un amigo me pregunta.** Answer a friend's questions using the cues below and the appropriate form of **este,** according to the model.

Modelo: You hear: ¿Qué prefieres?
You see: 0. libro
You say: *Prefiero este libro.*
1. lápices   2. aspiradora   3. partido   4. fotos   5. chimenea

H. **¿En qué lugar?** You are helping out a friend who is new to the area. Answer his questions using the correct form of **ese** and the cues provided.

Modelo: You hear: ¿Dónde vive Alfredo?
You see: 0. edificio
You say: *En ese edificio.*
1. oficina   2. café   3. librería   4. armarios   5. estadio

I. **Quiero aquélla.** Answer a friend's questions about your preferences using the correct form of **aquél.**

Modelo: ¿Quieres esta computadora o ésa?
          Quiero aquélla.

J. **En la librería.** You and your friend are looking at various items in a bookstore. Write the appropriate demonstrative adjective according to each context in the spaces provided.
Modelo: Usted está al lado de un libro de arte y dice:
          — *Este* libro es muy interesante.

1. Usted ve un reloj en la pared. Usted va adonde está el dependiente y le pregunta:

    — ¿Cuánto cuesta _____ reloj?

2. El dependiente tiene una guitarra en la mano. Usted le pregunta:

    — ¿Cuánto cuesta _____ guitarra?

3. Su amigo le muestra (*shows*) unos casetes de música española y le dice:

    — _____ casetes cuestan cinco dólares.

4. Usted ve unas películas al lado de donde está su amiga y usted le dice:

    — Y _____ películas también cuestan cinco dólares.

K. **¿Qué es esto?** You see various things in a Puerto Rican store and you want to find out what they are. Complete the following conversation with the salesman (*vendedor*) using **esto, eso** or **aquello.**

Usted: ¿Qué es _____ que tiene en la mesa?

Vendedor: ¿_____? Es un güiro, un instrumento musical muy popular aquí.

Usted: ¿Y _____ que está allá?

Vendedor: _____ es un vejigantes, una máscara (*mask*) de las fiestas de Loíza.

Saber and Conocer

L. Buscando trabajo. Your friend Ernesto is applying for a summer job. Listen to his conversation with a prospective employer, and mark the verb that best completes each statement in the chart based on what you hear.

conoce	sabe	
		a varios estudiantes que trabajan en la oficina.
		usar computadoras.
		que tiene que trabajar 30 horas a la semana.
		español, inglés y francés.
		al profesor González.

M. Conozco a Miguel Zorrilla. Use *saber* or *conocer* and the cues you hear to tell what you know about a new Chilean student.

Modelo: Miguel Zorrilla.
Conozco a Miguel Zorrilla.
dónde vive.
Sé dónde vive.

N. ¿Saber o conocer? Complete each Spanish sentence with the correct form of **saber** or **conocer**.

1. Your friend is having car problems and is looking for *El taller del auto*. You know where it is, so you say:

— Yo _____ dónde está *El taller del auto*.

2. You tell your cousin that Yolanda knows how to ski and is a very good skier :

— Yolanda _____ esquiar muy bien.

3. Your classmate wants to meet Alberto Santa Cruz. You know Alberto, so you say:

— Yo lo _____ Ven a mi casa esta noche y allí lo vas a _____ .

4. You are talking to a friend about a hotel in his hometown with which he is not familiar. He says:

— Yo no _____ ese hotel.

5. You tell a classmate about your best friends, who are excellent cooks. You say:

— Ellos _____ cocinar muy bien.

6. Your friend likes to go to the movies and enjoys good acting. While you are discussing a movie, she asks:

— ¿_____ quiénes son los actores?

O. Una conversación. Complete this conversation with the correct form of *saber* or *conocer*.

Beatriz: ¿_____ a ese muchacho?

Laura: Sí, se llama Humberto Salazar y es muy amigo de mi hermano. ¿Por qué?

Beatriz:	Es muy guapo y ...
Laura:	Lo quieres _____, ¿verdad?
Beatriz:	Sí, ¿_____ qué estudia?
Laura:	_____ que estudia ciencias económicas y creo que vive cerca de nosotros, pero no estoy segura. Quien lo _____ muy bien es mi hermano.
Beatriz:	Mira, viene para donde estamos.
Laura:	Magnífico, así lo puedes _____.

P. ¿Cuál es el problema? Read and explain the following situations, using **saber** or **conocer**.

Modelo: María y Juan tienen unos invitados a comer en su casa, pero el arroz no está bien cocinado y el pollo no tiene sal. Deciden ir a comer fuera.
María y Juan no saben cocinar.

1. Pedro (un mexicano) y Kurt (un alemán) están en el mismo taxi, pero no conversan.

   _____

2. En la fiesta todos los estudiantes están bailando, excepto Humberto, que está solo.

   _____

3. Un hombre toca a la puerta de la casa de Mariví. Ella mira por la ventana, pero no abre la puerta.

   _____

4. John Foster entra en un bar de Guanajuato, una ciudad de México. Él pide agua y algo de comer, pero no lo entienden.

   _____

Present Tense of Stem Changing -*ir* Verbs (*e --> i*).

Q. Sirven fajitas. Listen to this conversation and to the questions that follow. Circle the best answer based on what you hear.

1. a) en la cocina b) en un restaurante c) en una escuela.
2. a) su hermano b) su padre c) un amigo
3. a) arroz con pollo b) tacos c) fajitas
4. a) enchiladas b) tacos c) fajitas
5. a) vino blanco b) cerveza c) agua

R. La fiesta del Club de Español. You are organizing a party for the Spanish Club. Using the cues you hear, tell what each of these people is getting for the party.

Modelo: María / el estéreo
María consigue el estéreo.

S. ¿Qué piden? You and a group of friends are at a *restaurante*. Complete each each sentence using the appropriate form of *pedir* and an item from the box.

italiano   mexicano   francés   de servicio rápido   chino

1. Mis amigas _____ arroz frito en un restaurante _____ .

2. Yo _____ salmón en un restaurante _____ .

3. Tú _____ tacos en un restaurante _____ .

4. Nosotros _____ espaguetis en un restaurante _____ .

5. Felipe _____ una hamburguesa en un restaurante _____ .

T. ¿Qué dicen? Using the correct form of the verb **decir,** write what the people in the drawings are saying.

Modelo: Roberto *dice* que *hace frío.*

1. Las chicas_____que_____   3. Ignacio _____ que _____

_____   _____

2. Nosotros _____ que _____   4. Yo _____que_____

_____   _____

U. Qué hace usted? Explain what you do in the following situations.

Modelo: ¿Qué hace usted cuando quiere escribir y no tiene con qué escribir?
Usted: *Consigo un lápiz.*

¿Qué hace usted cuando...

1. mira un programa muy cómico en la televisión?

   _____

2. está en un restaurante y tiene mucha hambre?

   _____

3. ve una flecha (*arrow*) que indica el lugar que busca?

   _____

4. quiere ir a un partido de fútbol?

   _____

MOSAICOS

A. Una reunión familiar. Your neighbors, the Arizas, are busy getting ready for a family reunion. Listen to what they are doing and to the statements that follow. Then indicate whether each statement is true or false by putting an X in the appropriate column.

	1	2	3	4	5	6	7
Sí							
No							

B. El partido de básquetbol. Your friends Jorge and Alfredo are excited about going to an important football game. Listen to the story and complete the paragraph based on what you hear.

Esta tarde _____ y hay un partido de fútbol muy importante.

Jorge _____ ir al partido, pero no tiene _____ , así que _____

_____ en la televisión. Adolfo, un compañero de clase, ___ llama desde ___

_____ y _____ que quiere invitarlo porque _____

dos entradas. Jorge _____ que es una gran oportunidad, así que _____

inmediatamente para _____ temprano.

C. **El tiempo donde vivo.** A Peruvian student who is coming to stay with your family has written to you asking about the weather in your area. Answer his questions in writing as explicitly as possible.

¿Qué tiempo hace en el verano?   ¿Cuándo hace frío?   ¿Cuándo llueve o nieva?

_____

_____

_____

_____

_____

_____

D. **¡A nadar!** Your friend wants information about swimming lessons for his son. Read this ad and write the information requested in Spanish. Knowing these words may help you understand the ad.

cubierta *covered*   **desde** *from*   **edad** *age*

¡En sólo 15 días!

Aprenda a nadar

En la piscina cubierta más confortable
Profesor particular para cada alumno
Especialidad niños desde 4 años de edad

ESCUELA DE NATACION

ATENAS

VICTOR DE LA SERNA, 37 - Tels. 457 85 85-86
(Prolong. Príncipe de Vergara) autobus 52 a la misma puerta

1. time needed for learning _____

2. number of students per instructor _____

3. minimum age _____

4. public transportation available _____

E. Media España bajo la nieve. Read this article from the front page of the Spanish newspaper *ABC* on March 1, 1993. Then indicate whether the statements on the following page are true or false by circling **C (cierto)** or **F (falso)**.

MEDIA ESPAÑA BAJO LA NIEVE

Después de un invierno con tiempo seco y temperaturas suaves, el frío y la nieve azotan desde hace tres días buena parte de España. El temporal, que es especialmente intenso en la mitad norte, donde ha dejado cientos de pueblos aislados y numerosos puertos y carreteras cerrados al tráfico o con cadenas, se extiende también al centro de la Península y a gran parte de las regiones mediterráneas. Para hoy no se esperan cambios significativos en la climatología y seguirán las heladas, la nieve y los fuertes vientos sobre la Península. En la imagen, un vecino de Alsasua (Navarra) retira la nieve, que alcanzó un metro de altura, para entrar en su casa. (Información en páginas anteriores)

¿Cierto o falso?

1. C F   Éste es un problema del invierno.
2. C F   Hace mal tiempo.
3. C F   Nieva durante una semana.
4. C F   Hay muchas carreteras cerradas.
5. C F   La nieve va a seguir.
6. C F   No va a hacer viento.
7. C F   En la foto hay un metro de nieve.
8. C F   En la foto, un señor limpia enfrente de su casa.

PRONUNCIACIÓN

Stress and the Written Accent

Word stress is meaningful in both English and Spanish. In both languages all words generally have one stressed syllable. In some instances, a change in stress signals a change in meaning. For example, the English words *permit* and *present* may be stressed on either syllable. When the first syllable is stressed, these words are nouns. When the second syllable is stressed, they are verbs.

Noun
permit
present

Verb
permit
present

Now listen to the following sentence that uses both pronunciations of the word *permit*.

Without a parking permit, the police will not permit you to park here.

The differences in meaning due to stress are more common in Spanish than in English. One effect is to change the tense of a verb. Stress is indicated with a written accent.

Present: **hablo**   *Past:* **habló**

Now listen to the following sentence that uses both pronunciations.

Yo **hablo** hoy; él **habló** ayer.

Repitan las siguientes palabras.

hablo habló   estudio estudió   tomo tomó   necesito necesitó   practico practicó   canto cantó

If you know how to pronounce a word, you can determine if it needs a written accent by applying a few simple rules. Similarly, if you read a word and know these rules, the presence or absence of a written accent will tell you where to place the stress. In this lesson and in Lessons 7 and 8 you will learn the rules for accentuation.

Rule 1: Interrogative and exclamatory words have a written accent mark on the vowel of the stressed syllable. For example, in the interrogative word **cómo,** a written accent is needed over the stressed **o** of the first syllable.

Dictado: Listen and then write the following interrogative words.

1. _____   2. _____   3. _____   4. _____   5. _____   6. _____

Rule 2: A written accent is also placed on one-syllable words to distinguish them from words with the same spelling but different meanings. For example, the word **el** meaning *the* has no written accent, but the word **él** meaning *he* does.

Dictado: Listen to the following sentences. Fill in the blanks with the correct word. **¿Listos? Empecemos.**

1. _____ trabaja con _____ padre.

2. Creo que _____ tiene _____ libro.

3. ¿Cómo _____ llamas?

4. _____ siempre tomas _____.

5. _____, yo vivo en esa calle.

6. _____ tiene dinero, podemos ir al cine.

Rule 3: All words that are stressed on the third syllable from the end of the word must have a written accent.

física   sábado   simpático   gramática   matemáticas

Say each of the following words aloud, stressing the third-from-the-last syllable. Note that each word has a written accent. You will hear a confirmation after you say each word. **¿Listos? Empecemos.**

artículo   bolígrafo   número   informática   párrafo   antipático   cómodo   película   teléfono   cronómetro

7

La ropa y las tiendas

A PRIMERA VISTA

La ropa

 A. **¿Qué ropa compran?** Listen to four descriptions of people buying clothes in a department store and circle the letters corresponding to the articles of clothing each person bought.

1.   (a)   (b)   (c)   (d)

2.   (a)   (b)   (c)   (d)

3.   (a)   (b)   (c)   (d)

4.　　(a)　　　　　　　　(b)　　　　　　　　(c)　　　　　　　　(d)

B. ¿Qué ropa llevan? As you listen to these descriptions of three people, check off the items each person is wearing.

1. Roberto
   — suéter　　　　　— camisa　　　　　— traje de baño
   — traje　　　　　　— abrigo　　　　　— zapatos oscuros
   — corbata roja　　— corbata de rayas

2. Sandra
   — blusa　　　　　— camisa　　　　　— camiseta
   — traje　　　　　　— falda　　　　　　— traje de baño
   — botas　　　　　— sandalias　　　　— zapatos tenis

3. Susana
   — falda　　　　　　— vestido　　　　　— camiseta
   — blusa　　　　　— chaqueta　　　　— abrigo
   — sombrero　　　　— medias　　　　　— zapatos

C. Ropa para las vacaciones. The speaker is helping you decide what to buy for a vacation in the mountains. Answer her questions according to each picture and the cue.

Modelo: — ¿Qué necesitas por si hace frío?
　　　　　　— *Necesito un suéter.*

D. Una conversación por teléfono. Listen to this conversation and to the statements that follow. Check **Sí** for each statement that is true, and **No** for each statement that is false.

　　　Sí　No
1. —— ——
2. —— ——
3. —— ——
4. —— ——
5. —— ——

E. **Asociaciones.** Match the articles of clothing that normally go together.

1. medias
2. blusa
3. abrigo
4. zapatos tenis
5. camisa

_____ corbata
_____ bufanda
_____ falda
_____ zapatos
_____ sudadera

F. **¿Cuánto cuestan?** Identify the price of each item of clothing.

Modelo: las medias
   Las medias cuestan $4.29.

1. la corbata _____

2. los calcetines _____

3. el suéter _____

4. el sombrero _____

5. la falda _____

6. la camisa _____

7. el traje de baño _____

8. el impermeable _____

G. La ropa y los lugares. What clothing would each person wear to the places named.

Modelo: Alicia / Disneylandia
Lleva zapatos tenis, pantalones cortos y una camiseta.

1. Carlos y María / la playa

    _____

2. Mi amigo / una fiesta

    _____

3. Yo / un concierto

    _____

4. Los estudiantes / la clase de español

    _____

H. En el almacén. What would you say to the salesperson in a store in each situation?

1. You are trying on a pair of shoes but they are too big.
    a) Me quedan bien.
    b) Me quedan grandes.
    c) Son muy cómodos.
2. You bought a pair of jeans yesterday and you haven't worn them because you are not satisfied with the material.
    a) Me quedan muy bien.
    b) Quisiera cambiarlos.
    c) Me gustan mucho.
3. You would like to try on a suit.
    a) Quisiera cambiar este traje.
    b) Quisiera probarme este traje.
    c) Quisiera comprar este traje.
4. You are looking for a long skirt.
    a) Estoy buscando una falda corta.
    b) Necesito una camisa y una falda azul.
    c) Busco una falda larga.
5. You want to pay cash.
    a) Voy a pagar con un cheque.
    b) Voy a usar una tarjeta de crédito.
    c) Voy a pagar en efectivo.

EXPLICACIÓN Y EXPANSIÓN

Indirect Object Nouns and Pronouns

A. Los regalos de Navidad. Ernesto is going to buy Christmas gifts for his brothers and some of his friends. Complete the chart with the information you hear.

Persona	Regalo	Lugar donde compra
		una librería
	las entradas	
Ester		
		una tienda

B. Las preguntas de mi amigo. Your friend doubts that you would do certain things. Answer his questions in the affirmative using indirect object pronouns.

Modelo: ¿Escribir una carta? ¿Al Presidente?
　　　　　Sí, le escribo una carta al Presidente.

C. ¿A quién le va a comprar un regalo? Your friend Marta is going to buy clothes for her friends and family. Using the cues you hear, say what she is going to buy for each person.

Modelo: José y Pepe / una camisa
　　　　　Marta les va a comprar una camisa a José y Pepe.

D. Ayudando a una amiga. Your friend Magdalena is not feeling well. Tell another friend that you are doing these chores for her.

Modelo: lavar la ropa
　　　　　Yo le lavo la ropa.

1. barrer la casa _____

2. tender la ropa _____

3. preparar la comida _____

4. limpiar los muebles _____

5. pasar la aspiradora _____

E. **El cumpleaños de Rosita.** You are in charge of organizing Rosita's birthday party. Check with your friends to make sure that each is responsible for a chore.

Modelo: ¿Me vas a lavar los platos?
Sí, te voy a lavar los platos.

1. ¿Me vas a servir los refrescos?

_____

2. ¿Nos vas a preparar las papas fritas y el queso?

_____

3. ¿Le vas a comprar el regalo a Rosita?

_____

4. ¿Les vas a pedir los casetes a Lina y Pepe?

_____

5. ¿Me vas a escribir las invitaciones?

_____

The Verb *dar*

 F. **Les doy la tarea.** You are handing back the homework to your classmates. Repeat the first sentence after the speaker. Then change it as necessary according to the cues.

Modelo: Yo le doy la tarea a María.
Pepe y Luisa
Yo les doy la tarea a Pepe y Luisa.

G. **Accesorios.** Using the cues provided, answer a friend's questions about what you are giving to different people.

Modelo: ¿Qué le das a tu abuelo?
guantes
Le doy unos guantes.

H. Un programa de televisión. You are the costume manager for a TV program. What clothing would you give these actors for their roles?

Modelo: un ejecutivo
   Le doy un traje azul, una camisa blanca, una corbata roja y unos zapatos negros.

1. una cantante (*singer*) de rock

   _____

2. unos jugadores de baloncesto

   _____

3. un árbitro

   _____

4. unos estudiantes

   _____

5. un camarero

   _____

The Verb *gustar*

UN PASO ADELANTE

1. For emphasis or to clarify the person to whom the indirect object pronoun refers, use **a** + noun or pronoun.

   A Marina le gusta el abrigo.   **A ella** le gusta esa tienda.

2. To say that you like one thing better than another, use **gustar más**.

   ¿Te gusta más el vestido azul o el vestido verde?
   Me gusta más el vestido azul.

3. To express what you would like to do, use **me gustaría** + infinitive.

   Me gustaría ir de compras hoy.

I. En una tienda. Listen to this conversation in a department store and to the five statements that follow it. Indicate whether each statement is true or false by checking **Sí** or **No**, respectively.

Sí   No

1. ____   ____
2. ____   ____
3. ____   ____
4. ____   ____
5. ____   ____

J. ¿Qué le gusta? Find out whether the person you have just met at a party likes or dislikes the following things.

Modelo: la música moderna
          ¿Te gusta la música moderna?

K. A Arturo le encantan los deportes. Tell a new acquaintance how much your friend Arturo loves all kinds of sports and games. Listen to the model sentence and to how it changes. Then repeat the first sentence and change it as necessary according to the cues.

Modelo: A Arturo le encanta esquiar.
          los partidos de fútbol
          A Arturo le encantan los partidos de fútbol.

L. Me gusta o no me gusta. Tell your new friend what you like and dislike.

Modelo: la ropa informal
          Me gusta la ropa informal. (o No me gusta la ropa informal.)

1. la playa   _____

2. el fútbol   _____

3. las hamburguesas   _____

4. los pantalones de vaquero _____

M. A ellos y a mí. Complete the following survey giving your preferences and those of your classmates.

1. ¿Qué te gusta más, ir al cine o mirar televisión?

_____

¿Y a tus compañeros/as?

_____

2. ¿Qué te gustan más, las películas cómicas o las dramáticas?

_____

¿Y a tus compañeros/as?

_____

3. ¿Qué te interesa más, visitar México o Argentina?

_____

¿Y a tus compañeros/as?

_____

Preterit of *ir* and *ser*

N. El abuelo. Your grandfather is reminiscing about a trip he made to Cuba as a young man. Complete the chart with the missing words according to what you hear.

El abuelo _____ Cuba en el año _____. Él _____ a La Habana, la capital de

Cuba, para pasar unas _____ con la familia de ____ _____

cubano. El abuelo _____ muchos lugares históricos. Él y su amigo_____ a una

_____ en un club y después _____ a ver el Malecón, una avenida que

_____ enfrente del _____. El abuelo piensa que ese viaje _____ extraordinario.

O. ¿Adónde fueron? You have a dinner party at your home. A friend arrives early and finds that you are the only one at home. Tell your friend where your family members went according to the cues.

Modelo: Mi madre / comprar lechuga
Mi madre fue a comprar lechuga.

Preterit tense of Stem-changing *-ir* Verbs (e ⟶ i) (o ⟶ ◆)

UN PASO ADELANTE

1. Verbs that change the stem vowel from **e** to **i** in the **usted, él, ella** form and the **ustedes, ellos, ellas** form in the preterit are: **pedir, reír, seguir, servir,** and **vestirse.**

2. The verb **morir** (*to die*) changes the stem vowel from **o** to **u** in the **usted, él, ella** form and the **ustedes, ellos, ellas** form of the preterit.

P. **El examen de español.** Use the cues to tell what the students in Spanish 100 did yesterday to prepare for today's test.

Modelo: pedir unos casetes
Pidieron unos casetes.

Q. **Pero hoy no.** Use the cues to explain that the people named did something different today from what they normally do.

Modelo: Pedro siempre pide pollo frito.
espagueti
Pero hoy pidió espagueti.

R. **¿Qué pidieron?** The following people requested certain gifts for their birthdays but received other gifts instead. Write what each person requested and what the other party actually gave. Be sure to use the correct pronoun (**me, nos, le,** or **les**) for each name in boldface.

Modelo: **Yo** / pedir / abrigo / mi padre / regalar / suéter
*Yo pedí un abrigo, pero mi padre **me** regaló un suéter.*

1. **Carolina** / pedir / vaqueros / su madre / dar / falda.

_____

2. **Los niños** / pedir / juguetes (*toys*)/ sus padres / dan / ropa.

_____

3. **Juan y yo** / pedir / discos / nuestra hermana / regalar/ camisa.

_____

4. **Mi madre** / pedir / una pulsera / yo / dar / un collar.

_____

S. **Los amigos.** Using the information in the chart on page 117 and the preterit, tell what these people did last Saturday at the indicated times.

Modelo: Por la mañana Jorge *se bañó a las siete y después tomó un café y leyó el periódico.*

Por la mañana Alejandra y Susana _____

_____

Por la tarde Jorge _____

_____

Por la tarde las muchachas_____

_____

	Jorge	Alejandra y Susana
Por la mañana	Bañarse a las 7:00	Dormir hasta las 9:00
	Tomar un café	Desayunar cereal frío
	Leer el periódico	Beber una taza de té
Por la tarde	Preferir estudiar en la biblioteca	Ir de compras
	Volver a casa a las 5:00	Almorzar en el centro
Por la noche	Salir a cenar	Pedir pizza a un restaurante
	Mirar un programa de televisión	Bañarse a las 9:00
		Leer una novela

Por la noche Jorge —————————————————————————

——————————————————————————————————————

Por la noche las chicas ————————————————————

——————————————————————————————————————

MOSAICOS

A. Tres celebraciones. As you listen to these three brief conversations about an anniversary, a birthday, and a christening, write in the chart what the gift will be for each occasion and who the gift is for.

	aniversario	bautizo	cumpleaños
regalo			
para			

B. Susana Agustín. Listen as Susana Agustín, a first-year Colombian student, tells what she likes and dislikes. Indicate her preferences by putting an **X** in the appropriate column.

	Le gusta(n)	No le gusta(n)
los estudios		
la química		
la biología		
conversar con los amigos		
hablar de política		
mirar la televisión		
la música popular		
la música clásica		
la música rock		
bailar		

C. Entrevista. Using the following questions, interview a classmate about his or her first year at college. Then write a short paragraph summarizing the information you obtained.

1. ¿Conociste a muchos estudiantes?
2. ¿Cuántas clases tomaste?
3. ¿Qué clases te gustaron más? ¿Cuáles no te gustaron?
5. ¿Leíste mucho en tus clases?
6. ¿Fuiste buen/a estudiante?
7. ¿Te dormiste en una clase alguna vez?
8. ¿Cuál fue tu experiencia más memorable?

_____

_____

_____

_____

_____

_____

_____

_____

_____

D. ¿Cierto o falso? Read the following ad and then indicate whether each statement is true or false.

```
╔══════════════════════════════╗
║  PROMODA                      ║
║  PARA LA MUJER ELEGANTE       ║
║  HA RECIBIDO                   ║
║  SU NUEVA COLECCION DE         ║
║  PRIMAVERA-VERANO             ║
║  Gran surtido en tallas grandes║
║  Vestidos, faldas, blusas, conjuntos ║
║  Centro comercial Madrid-2. La Vaguada ║
║  Local 102 B, planta baja. 730 93 04   ║
╚══════════════════════════════╝
```

	Cierto	Falso	
1.	———	———	Promoda vende ropa de mujer.
2.	———	———	Los vestidos de la nueva colección son para los meses de mucho frío.
3.	———	———	En esta tienda sólo venden tallas pequeñas.
4.	———	———	Promoda está en un centro comercial.
5.	———	———	Promoda está en el primer piso.

E. Empresaria y diseñadora. Read this article about a woman designer and business executive, and then answer the questions.

Vocabulario nuevo
marca brand **lanzar** bring out **flores** flowers

Una mujer decidida

Cuando **Maribel García** llegó hace un año a Nueva York sus ideas eran claras: quería introducir en el mercado estadounidense su propia marca de ropa, avalada por Diseños Andresa, S.A., empresa de su propiedad radicada en México, su país de origen. Consciente del valor que para la mujer hispana tiene la moda y con el propósito de romper con los estereotipos con que se suele identificar a México, Maribel García ha sabido conjugar su sensibilidad como diseñadora y sus dotes empresariales para lanzar un tipo de ropa que busca el equilibrio entre la elegancia y la sensualidad femenina. "La mujer hispana tiene menos miedo a sentirse mujer", afirma Maribel. Por eso su colección para esta próxima primavera, titulada *Fiesta del Sol,* se inspira en las coloridas flores de papel típicas de México, e incorpora los mejores tejidos importados para ofrecer una moda cómoda, elegante y apta para la mujer segura y decidida como ella misma.●

1. ¿Cuándo llegó Maribel a Nueva York? _____

2. ¿Cómo se llama su empresa? _____

3. ¿De dónde es Maribel García? _____

4. ¿Qué es importante para la mujer hispana, según Maribel? _____

_____

5. ¿Qué sabe combinar Maribel en su ropa? _____

_____

6. ¿Cómo se llama su colección de primavera? _____

7. ¿Cuál es la inspiración de su colección de primavera? _____

_____

8. ¿Cómo es la ropa de Maribel? _____

_____

F. **Por la noche .** Read the ad for evening accessories on page 121 and complete the following activities.

Vocabulario nuevo
pedrerías *precious stones*

Cierto o falso
Based on the information in the ad, indicate whether each statement is true (**cierto**) or false (**falso**) by writing **C** or **F** in the spaces provided.

1. ___ Hay accesorios muy variados.
2. ___ Los accesorios no son importantes.
3. ___ Un collar de perlas puede cambiar la impresión de un vestido.
4. ___ Los aretes no transforman la imagen de una chica.
5. ___ Debemos llevar los accesorios necesarios para cada ocasión.

Para completar
Choose the best completion based on the information in the ad.
1. Los accesorios son...
   a) grandes.　　　b) sugestivos.　　　c) insignificantes.
2. Según el anuncio es bueno usar...
   a) reloj.　　　b) billetera.　　　c) aretes.
3. Para trabajar en la oficina una chica puede ponerse...
   a) zapatos altos.　　　b) vaqueros.　　　c) zapatos con pedrerías.
4. En el anuncio vemos dos...
   a) cinturones　　　b) bolsas　　　c) anillos
5. Las chicas deben usar collares de perlas y los zapatos con adorno por la...
   a) mañana.　　　b) tarde.　　　c) noche.

Son variados, sugestivos y capaces de adoptar los papeles más diversos. Con frecuencia se definen como complementos, pero todas sabemos que pueden convertirse en protagonistas exclusivos de todo nuestro atuendo. Son los accesorios. Y en esta época más que en ninguna otra, ellos se incorporan a nuestras necesidades de forma especial. El más sencillo de nuestros vestidos se puede

MAGIA DE LUZ EN LA NOCHE ★

transformar automáticamente al agregar un par de hermosos aretes de pedrería o un collar de perlas gigantes.

Pero esta transformación conlleva sus riesgos. Para no fracasar debemos delimitar el nivel festivo de la ocasión. Si se trata de una celebración en la oficina el cambio deberá ser tan sutil como acentuar nuestro labial con un tono más atrevido, cambiar de aretes o ponernos unos zapatos más altos. Si nos invitan a una hogareña posada, hay que recordar que el ambiente suele ser informal y si vamos cargadas de pedrería podemos sentirnos fuera de lugar. Sin embargo, con las fiestas de nuevo año puedes echar a volar tu imaginación y tus gustos. Saca las bolsas de satén y aprovecha los salones a media luz para que tú puedas brillar con luz propia gracias a tus aretes, collares, zapatos con adornos y maquillaje luminoso.

PRONUNCIACIÓN

Stress and the Written Accent (*Continuation*)

Listen carefully to the explanation of stress and the written accent mark. Repeat each word after the speaker when asked to do so.

Rule 4: Words stressed on the next-to-last syllable do not have a written accent if they end in **n, s,** or a vowel. They do have a written accent if they end in any other letter. **Repitan las siguientes palabras.**

examen   casas   padre   hermana   sobrino   cocina

Read the following words that stress the next-to-last syllable. Note that they do not have a written accent because they end in an **n, s,** or a vowel. You will hear a confirmation after you have read each word. **¿Listos? Empecemos.**

1. butaca
2. lavabo
3. garaje
4. batidora
5. lejos
6. tareas
7. espejos
8. dientes
9. alquilan
10. hacen

Remember that words that are stressed on the next-to-last syllable have a written accent if they do not end in **n, s,** or a vowel. **Repitan las siguientes palabras.**

lápiz   útil   débil   mártir   Félix   carácter

Read the following words stressing the next-to-last syllable. Note that all these words have a written accent because they do not end in **n, s,** or a vowel and they are stressed on the next-to-last syllable. You will hear a confirmation after reading each word. **¿Listos? Empecemos.**

1. fácil
2. suéter
3. álbum
4. Bolívar
5. sándwich
6. portátil
7. Velázquez
8. difícil

Rule 5: Words that are stressed on the last syllable have an accent mark if they end in **n, s,** or a vowel. They do not have an accent mark if they end in any other letter. **Repitan las siguientes palabras.**

están   estás   está   inglés   alemán   autobús

Read the following words. Note that these words have a written accent because they end in **n, s,** or a vowel and are stressed on the last syllable. You will hear a confirmation after you have read each word. **¿Listos? Empecemos.**

1. francés
2. portugués
3. café
4. jabón
5. bebé
6. esquí
7. atún
8. perdón

Remember that these words do not have a written accent in the plural form because the stress falls on the next-to-last syllable. **Repitan las siguientes palabras.**

japonés   japoneses   alemán   alemanes   autobús   autobuses   jabón   jabones

Remember that words that are stressed on the last syllable do not have a written accent if they end in any letter except **n, s,** or a vowel. **Repitan las siguientes palabras.**

hablar   verdad   español   feliz   borrador

Read the following words that are stressed on the last syllable. Note that they do not have a written accent. You will hear a confirmation after you have read each word. **¿Listos? Empecemos.**

1. vegetal
2. pared
3. alquilar
4. azul
5. borrador
6. terminar
7. papel
8. universidad

8 El trabajo

A PRIMERA VISTA

Las profesiones

🔲 **A.** **¿Cuál profesional necesito?** As you listen to these descriptions of various situations, circle the name of the professional best prepared to resolve each problem.

1. bombero   cajero   mecánico
2. piloto   arquitecto   astronauta
3. plomero   peluquero   bombero
4. psicóloga   obrera   recepcionista
5. ingeniero   médico   secretario
6. abogada   ama de casa   actriz

🔲 **B.** **Mi trabajo.** You will hear several people talking about their jobs. Identify their professions by writing the corresponding number next to the appropriate profession.

_____ veterinario/a   _____ actor/actriz

_____ cajero/a   _____ piloto

_____ cocinero/a   _____ enfermero/a

🔲 **C.** **Las profesiones.** Listen to the following job descriptions and write the names of the professions that best match them.

1. _____

2. _____

3. _____

4. _____

D. Asociaciones. Match each profession with the appropriate workplace.

1. cajero   —— un aeropuerto
2. mecánico   —— un garaje
3. enfermero   —— un banco
4. piloto   —— una tienda
5. vendedor   —— un hospital
6. secretario   —— una oficina

E. ¿Quién es? Write the name of the professional or tradesperson that matches each job description.

1. Trabaja en las escuelas con problemas sicológicos y de comprensión humana.

      ———————————————————————

2. Un médico que se especializa en problemas mentales. ———————————————

3. Busca a los criminales. ———————————————

4. Limpia la casa, cocina y lava y plancha la ropa. ———————————————

5. Prepara la comida en un restaurante. ———————————————

6. Trabaja en películas o en la tele. ———————————————

7. Trabaja con la NASA y viaja por el espacio. ———————————————

8. Contesta las llamadas por teléfono y recibe a las personas en una oficina.

      ———————————————————————

F. ¿Qué profesional necesito? Decide what professional you need in the following situations.

Situaciones	*Persona que necesito*
1. Usted se despierta y ve que hay un fuego en la casa de enfrente.	——————————
2. Hay mucha agua en el piso de su cuarto y del baño.	——————————
3. Su pelo está muy largo y no tiene forma.	——————————
4. El motor de su auto no funciona bien.	——————————
5. Su perro está muy triste y no quiere comer.	——————————
6. Usted tiene problemas con los dientes.	——————————

G. Entrevista sobre su trabajo (real o imaginario). A local reporter (*periodista*) is interviewing you and has asked you to answer these questions in writing.

Periodista: ¿Dónde trabaja usted?

Usted: ———————————————————————————————————

Periodista: ¿A qué hora llega al trabajo?

Usted: _____

Periodista: ¿A qué hora sale del trabajo?

Usted: _____

Periodista: ¿Cuántas personas trabajan allí?

Usted: _____

Periodista: ¿Qué hace en su trabajo?

Usted: _____

EXPLICACIÓN Y EXPANSIÓN

Se + Verb

A. Buscando trabajo. Listen to this telephone conversation and to the statements that follow. Indicate whether each statement is true or false by checking **Sí** or **No**.

	Sí	*No*
1.	_____	_____
2.	_____	_____
3.	_____	_____
4.	_____	_____
5.	_____	_____

B. ¿Dónde? Certain activities normally occur in specific places. As you listen to each description of an activity, write its number in the space provided next to the correct place.

_____ banco   _____ biblioteca   _____ café

_____ caja   _____ cocina   _____ estadio

C. ¿Qué se necesita? Say that the following things are needed for an important student meeting you are organizing.

Modelo: un micrófono
Se necesita un micrófono.

D. Completar. Circle the correct completion for each sentence.

1. ... cajeros con experiencia.
   a) Se necesita b) Se necesitan
2. En esas tiendas ... español.
   a) se habla   b) se hablan

3. Aquí ... bicicletas.
   a) se alquila   b) se alquilan
4. ... apartamentos de dos habitaciones y dos baños.
   a) Se vende   b) Se venden
5. ... muy bien en este lugar.
   a) Se vive   b) Se viven

E. **¿Qué se hace?** Write what is normally done in the following places.

Modelo: En una librería *se compran libros.*

1. En la cocina _____

2. En el estadio _____

3. En la terraza _____

4. En una tienda _____

5. En el cine _____

6. En la playa _____

F. **Los anuncios.** You are an intern at the newspaper *La Razón* in Bolivia. Write a heading for each of these ads using **se.**

Modelo:

| CICO LTDA, alquilamos casa 3 dormi-torios, garaje, teléfono, escritorio, jardín, tanque de agua $us 1.200 Achumani 370151-374383 |

Se alquila una casa.

1.
SEÑORA RESPONSABLE
Ofrece sus servicios para vender terreno, casas, etc. T.325414

_____

_____

2.
CICO LTDA, vende oficina 52 mts. alfombrada, dividida en 2 ambientes $us21.000 Av. Camacho. Telf.370151-374383

_____

_____

3.
TECNICOS REPARAN
Refrigeradores - Freezers - Conservadoras - Cocinas - Lavarropas Secadoras - Calefones. Tel. 358643

_____

_____

4.

COMPUTADORA
De ocasión se vende computadora compatible IBM marca Acer 500 plus con disco duro de 20 Mg, monitor monocromático. Ref. Teléfono 794610

_____

_____

5.

COTA COTA
Vendo casa a estrenar en Cota Cota 3 dormitorios, 3 baños, living con terraza dependencias, jardín, garaje, tanque de agua, precio 75.000 $us con financiamiento. Ref.796604

_____

_____

6.

LAVAMOS ALFOMBRAS
Plomeros, pintores, garantizados. Telf. 390799- 797112 llámenos sin compromiso

_____

_____

G. Necesito trabajar. You are looking for a summer job. Choose three of these ads for consideration and complete the chart.

PROMOTOR de ventas representante en el rubro "Impresos" (artes gráficas). Ref. 340062

ATENCIÓN, "Mónica Camacho" directora del Ballet Summa-Artis requiere bailarinas con experiencia en clásico, moderno o folklórico. Telf. 784270

MENSAJERO se necesita que viva cercanías Sopocachi. Ref. Sanchez Lima 2206 Esq. F. Guachalla Hs. oficina

SECRETARIO(A) se necesita buena formación y presencia para atención público. Ref. Sanchez Lima 2206 Esq. F. Guachalla, mezzanine Hs. oficina

SE PRECISA administrador(a) con título, experiencia mínima 5 años, certificados de trabajo. Ref. 390619-392045

ESTILISTA peinadora se necesita con urgencia para nuevo salón. Telf. 377669

Vocabulario nuevo
mensajero messenger   **administrador** manager   **título** degree

Trabajo	Salario	Requisitos	Experiencia
administrador	?	título	cinco años

H. En mi casa. You are describing your family's habits in a general way to a friend. Write a paragraph using the impersonal form of the expressions from the box and any others you wish to add.

poner la televisión	almorzar	sacar la basura
ir al mercado	llamar al médico	lavar el auto
limpiar la casa	ver una película	
comprar el periódico	celebrar (fiestas)	

En mi casa se almuerza a las ... _____

_____

_____

_____

_____

_____

Formal Commands

I. Buscando trabajo. A friend is advising you what you should and shouldn't do during an upcoming job interview. If the advice is appropriate check **Sí**; if it is not, check **No**.

	Sí	*No*
1.	_____	_____
2.	_____	_____
3.	_____	_____
4.	_____	_____
5.	_____	_____
6.	_____	_____

J. En la oficina del Sr. Macía. Your friend Pedro is always very impulsive. Listen to his conversation with the manager of a company and to the statements that follow. Indicate whether each statement is true or false by checking **Sí** or **No**.

	Sí	*No*
1.	_____	_____
2.	_____	_____
3.	_____	_____
4.	_____	_____
5.	_____	_____

K. **En un restaurante.** You own a small restaurant and are training a young man to assist the waiter and help out in the kitchen. Looking at the list below, tell the new employee what to do.

Modelo: limpiar las mesas
Limpie las mesas.

1. lavar los platos
2. secar los platos
3. poner la mesa
4. servir el agua
5. quitar los platos.

L. **En un almacén.** You are in charge of the training program for salespeople at a department store. Look at the list of things a good salesperson does to improve sales and customer relations, and tell the new salespeople to do them.

Modelo: ayudar a los clientes
Ayuden a los clientes.

1. ser amable con los clientes
2. contestar sus preguntas
3. mostrarles la ropa que tenemos
4. buscar las tallas que piden los clientes
5. decirles cómo les queda la ropa

M. **¡Muy negativo!** Answer your secretary's questions with negative commands and the appropriate pronouns.

Modelo: ¿Cierro la puerta?
No, no la cierre.

N. **El médico.** You are a medical doctor. One of your patients has a bad cold and is asking you all kinds of questions. Answer them affirmatively using pronouns.

Modelo: ¿Puedo tomar aspirinas?
Sí, tómelas.

O. **¿Qué es lógico?** Read the following situations and circle the most logical command to respond to each.

1. Usted es un/a arquitecto que tiene que enviar un proyecto a casa de un cliente. Usted habla con el dibujante (*draftsman*) que está haciéndolo y le dice:
   a) Termine hoy. b) Compre la casa. c) No venga mañana.
2. Juan está en un desierto y tiene mucha sed. Ve a un hombre y le dice:
   a) Déme su camisa. b) Déme agua. c) Déme dinero.
3. Los hijos de su hermano están en la sala de su casa. Usted tiene unos objetos antiguos (*antique*) muy caros y los niños están corriendo en la sala. Usted les dice:
   a) Tomen el helado aquí. b) Cierren la puerta. c) No jueguen aquí.
4. Usted va a entrevistar a una persona que quiere trabajar en su compañía. Usted lo saluda y le dice:
   a) Abra la ventana. b) Siéntese, por favor. c) No trabaje más.

P. **¿Qué hago?** During a meeting your assistant asks you these questions. Answer them using affirmative commands.

Modelo: ¿Abro la puerta?
Sí, ábrala.

1. ¿Cierro la ventana?

_____

2. ¿Escribo los nombres de las personas?

_____

3. ¿Me siento aquí?

_____

4. ¿Les sirvo café?

_____

Q. **No corran en la casa .**You are taking care of your neighbor's children. Tell them not to do these things.

Modelo: Ellos tocan la estufa.
No toquen la estufa.

1. Ellos bañan al perro.

_____

2. Ellos salen a la calle.

_____

3. Ellos se acuestan en el sofá.

_____

4. Ellos juegan con la computadora.

_____

R. **Consejos .**You are a doctor giving advice to a patient who has had a heart attack. Using commands and these cues, prepare a list of things the patient should and should not do.

1. dormir / ocho / horas

_____

2. almorzar / fruta / vegetales

_____

3. jugar / con / nietos

_____

4. caminar / hacer ejercicio

_____

5. seguir / dieta / todos / días

_____

S. **Por favor...** While you and your family are on vacation, someone is going to housesit for you. Your mother asks you to write a note telling the housesitter to: (a) open the windows in the morning; (b) buy the newspaper; (c) walk the dog; (d) take the garbage out; (e) close the doors and windows at night.

_____

_____

_____

_____

_____

_____

_____

MOSAICOS

A. **Mis padres.** Listen as Lisa, a young woman from California, describes herself, her family, and her plans for the future. Then complete the chart based on the information you hear.

Persona	Profesión	Le gusta

B. Un anuncio. You are an officer manager who needs a secretary. Write an ad for the job giving the information you deem necessary.

[blank box]

C. Derechos constitucionales. This statement about constitutional rights (**derechos**) and duties (**deberes**) commonly appears at the beginning of the help-wanted section in Spanish newspapers. Read the statement, and then indicate whether each statement below is true or false by marking **Sí** or **No**.

TRABAJO
OFERTAS

El artículo 35 de la Constitución española establece que todos los ciudadanos tienen el deber de trabajar y el derecho al trabajo, a la promoción a través del mismo y a una remuneración suficiente, sin que en ningún caso pueda hacerse discriminación por razones de sexo. El artículo 42 de la Ley Básica del Empleo señala que es principio fundamental de la política de colocación la igualdad de oportunidades, sin distinciones basadas en raza, sexo, opinión política u origen social. Las directivas del Consejo de la Comunidad Económica Europea establecen por su parte la puesta en práctica en los Estados miembros del principio de igualdad del trato de hombres y mujeres en lo que se refiere al acceso al empleo, incluidas la promoción, formación profesional y condiciones de trabajo.

Sí   *No*

_____ _____ El artículo 35 de la Constitución da a los españoles el derecho al trabajo.

_____ _____ La Constitución no habla del derecho a recibir sueldo.

_____ _____ En España las empresas (*corporations*) no pueden discriminar a las mujeres.

_____ _____ Las opiniones políticas pueden determinar la eliminación de una persona para un trabajo.

_____ _____ En España y en toda la Comunidad Europea hay derechos específicos relacionados con el trabajo.

D. Buscando trabajo. Read these ads and give the information requested regarding each one.

Vocabulario útil
hoja de vida *resumé*   **devengado** *earned*   **salario = sueldo**
capacitación *training*

Secretaria Ejecutiva
Importante empresa editorial solicita secretaria ejecutiva, con experiencia mínima de 4 años con conocimientos en procesador de palabras. Indispensable excelentes relaciones interpersonales y presentación.
Interesadas enviar hoja de vida al Anunciador 44 EL TIEMPO con foto reciente y último salario devengado.

Fill in the blanks based on the information provided in the ad.

Puesto _____

Experiencia   sí _____   no _____

Información que se debe enviar:

1. _____

2. _____

3. _____

Se debe enviar a _____

Indicate whether the statements about the information given in the following ad are true (**cierto**) or false (**falso**) by writing **C** or **F** in the spaces provided.

SE SOLICITA PERSONAL
JOVENES DE AMBOS SEXOS
REQUISITOS:
• Facilidad de palabra
• Buena presentación
• Disposición para curso de capacitación
• No requiere tiempo completo.
INTERESADOS LLAMAR AL TEL. 3-23-44, CON EL PROFR. CARBAJAL.
Horario de 9 a 13 hrs. y de 4:00 a 6:00 p.m.

1. _____ Los puestos son sólo para hombres.
2. _____ Necesitan personas con mucha experiencia y años de trabajo.

3. _____ Las personas interesadas deben saber expresarse bien.
4. _____ Es necesario trabajar tiempo completo.
5. _____ Las personas interesadas van a recibir un entrenamiento.
6. _____ Los interesados pueden llamar por la mañana y por la tarde.

Fill in the blanks based on the information provided in the following ad.

Tienda de muebles, objetos de regalo y
decoración necesita
VENDEDORA
Soltera, menos de cuarenta años, con experiencia
e informes, buena presencia, preferible conocimiento
idiomas. Enviar currículum vitae con fotografía a
VALLENTI, S. A., Velázquez, 81. 28006 Madrid

Fill in the blanks with the information provided in the ad.

Puesto _____

Edad _____

Estado civil _____

Saber otros idiomas ___ indispensable ___ preferible

Información que se debe enviar

1. _____

2. _____

Se debe enviar a _____

🔊 PRONUNCIACIÓN

Stress and the Written Accent (Continuation)

The combination of unstressed **u** or **i** with another vowel forms a diphthong which is pronounced as one syllable. **Repitan las siguientes palabras.**

baile   fiesta   bueno   bebiendo   sirviendo   aficionado

When a written accent is needed because of the rules of accentuation, it is placed over the other vowel, not over the **i** or **u**. **Repitan las siguientes palabras.**

Dios   adiós   bien   también   seis   dieciséis

As you read the following words, make sure that you pronounce the diphthong as one syllable. You will hear a confirmation after you have read each word. **¿Listos? Empecemos.**

1. aplaudir	3. contrario	5. viento	7. guapo	9. decisión
2. emocionado	4. nieve	6. escuela	8. canción	10. béisbol

When the **i** or **u** is stressed, the vowels form two syllables, and no diphthong results. A written accent is required over the the **í** or **ú**. **Repitan las siguientes palabras.**

cafetería   país   frío   Raúl   reírse   día

As you read the following words, make sure that you pronounce each vowel separately. You will hear a confirmation after you have read each word.

1. economía   2. geología   3. librería   4. tío   5. reúne   6. baúl

The combinations **iu** and **ui** form diphthongs, with the stress on the second vowel.

ciudad   cuidado   jesuita

9

Los ejercicios y la naturaleza

A PRIMERA VISTA

Los ejercicios

 A. Identificación. You will hear the speaker identify various parts of the body by numbers followed by their names in Spanish. Locate each part of the body mentioned in the drawing below and write its corresponding number in the space provided.

Modelo: 0. la cabeza

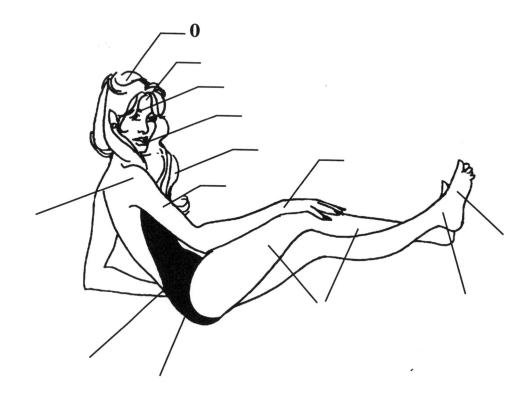

B. **¿Qué parte del cuerpo?** In the space provided, write the name of the part of the body that best completes each sentence.

Modelo: You hear: Para escribir en la computadora usamos...
You write: *los dedos*

1. _____   4. _____

2. _____   5. _____

3. _____   6. _____

C. **Actividades.** You will hear four descriptions of people's activities. Answer the questions that follow each description by circling the best response. Knowing the word **duele** (*hurts*) may help you better understand the descriptions.

I. 1. a) Juega volibol.　　b) Nada.　　　　　c) Corre.
　　2. a) Los hombros.　　b) Los tobillos.　　c) Las muñecas.

II. 1. a) Tenis.　　　　　b) Fútbol.　　　　c) Béisbol.
　　2. a) La rodilla.　　　b) El cuello.　　　c) El codo.

III. 1. a) Bebidas alcohólicas.　b) Leche.　　　c) Líquidos muy fríos.
　　2. a) A un plomero.　　b) A un dentista.　c) A un obrero.

IV. 1. a) Corre en la universidad.　b) Lee mucho.　c) Trabaja para una revista.
　　2. a) Un dentista.　　　b) Un psiquiatra.　c) Un médico de los ojos.

D. **El cuerpo humano.** While studying for an anatomy class, you decide to classify parts of the body into three categories: head, trunk, and extremities. Complete the chart with the words in the box.

cintura	nariz	hombro	brazo	pie
rodilla	pierna	ceja	mano	muñeca
cadera	cuello	tobillo	boca	ojo
oreja	dedo	pelo	frente	espalda

Cabeza	Tronco	Extremidades

E. **¿Qué es?** Read each statement and then write the part of the body it describes.

1. Sostiene (*holds*) la cabeza. _____

2. Conecta la mano con el brazo. _____

3. Es una articulación (*joint*) en el brazo. _____

4. Es una articulación en la pierna. _____

5. Podemos ver con estos órganos. _____

F. **Usa la lógica.** Complete the following sentences in a logical manner with names of body parts.

1. Cuando vas a la playa debes usar crema protectora en la cara y especialmente en la

_____ .

2. Manolo no lleva camisetas de manga corta porque tiene los _____ muy delgados.

3. Muy pronto las peluquerías van a tener productos que hacen crecer (*grow*) el _____ .

4. Cuando las personas tienen accidentes automovilísticos una de las partes del cuerpo que más

se lastiman (*hurt*) es el _____ .

5. Los jugadores de basquetbol casi siempre tienen problemas con las_____ .

6. Para correr y caminar usamos las _____ .

La naturaleza

G. **Un ecologista.** Listen as a professor explains what he and his family do to preserve the environment. Then circle the best completion to each sentence below based on what you heard.

1. El profesor cree que es importante...
   a) proteger la naturaleza.   b) bañarse en el río.   c) caminar por la calle.
2. El profesor va a la oficina en...
   a) un transporte público.   b) auto   c) bicicleta.
3. Él no se baña con...
   a) agua muy fría.   b) agua muy caliente.   c) jabón.
4. Su esposa piensa como él y por eso...
   a) lava la ropa con agua caliente.   b) seca la ropa al sol.
   c) baña a los hijos con agua fría.
5. La familia pasa las vacaciones en ...
   a) la playa.   b) la ciudad para visitar museos.
   c) un parque nacional.

H. Parques nacionales. Read this ad promoting the national parks in the Canary Islands. Then complete each sentence with the correct word.

En nuestros parques la atracción principal es la naturaleza.

Sentir la respiración de la tierra bajo nuestros pies es posible en Tenerife. En el Parque Nacional de las Cañadas del Teide. Allí aún están latentes las huellas de pasadas erupciones volcánicas.

Adentrarse en un bosque tan denso que limita la visión. Con barrancos de centenares de metros de desnivel. Es una aventura posible en el Parque Nacional de Garajonay, en La Gomera. Entrar en el túnel del tiempo y aparecer hace millones de años, es un sueño que se puede hacer realidad en el Parque Nacional de Timanfaya, en Lanzarote. Es un paisaje lunar.

Y dejarse llevar por el frescor de las aguas que brotan de fuentes y que corren con libertad por barrancos y barranquetas. Hasta despeñarse por espectaculares cascadas. Es una ilusión real en La Palma, en el Parque Nacional de Taburiente. Todo es imponente en Canarias.

Descubre sus parques. En ellos la atracción principal es la naturaleza.

canarias
NATURALEZA CALIDA

1. La atracción principal de los parques de Canarias es _____ .

2. Bajo los pies se siente respirar _____ .

3. En el anuncio se habla de _____ parques.

4. En el Parque Nacional de las Cañadas del Teide hay huellas de _____
   _____ volcánicas.

5. En el Parque Nacional de Garajonay hay un _____ muy denso.

6. El Parque Nacional de Timanfaya tiene un paisaje _____ .

7. Hay mucha agua (fuentes, cascadas) en _____
   _____ .

EXPLICACIÓN Y EXPANSIÓN

Informal Commands

A. Órdenes. Listen to a gym instructor's commands and number the appropriate drawing for each.

___   ___   ___   ___   ___

   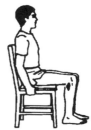 

___   ___   ___   ___   ___

B. Unos buenos consejos. An executive suffering from stress is going to a lake resort for some relaxation. Playing the part of his friend and using **tú** commands, advise him to do these things in order to relax.

Modelo: levantarse temprano
Levántate temprano.

1. comer frutas
2. caminar por las mañanas
3. almorzar con otras personas
4. jugar al golf
5. leer buenos libros
6. conversar con amigos en los cafés
7. acostarse temprano
8. dormir ocho horas

C. En la clase de gimnasia. You are in charge of an exercise class. Tell the people in your class not to do these things.

Modelo: Alicia está moviendo los pies.
No muevas los pies.

D. Ejercicios. Answer the following questions asked by the participants in your aerobics class. Use affirmative or negative commands and the cues provided.

Modelos: ¿Hago los ejercicios ahora?
Sí, hazlos.
¿Doblo la rodilla?
No, no la dobles.

1. Sí, ...   2. No, ...   3. Sí, ...   4. Sí, ...   5. No, ...

E. El ejercicio. You must explain to someone just starting to exercise regularly what to do. Choose the best response for each item.

1. El lugar
    a) Ve a la biblioteca.   b) Ve al gimnasio.   c) Ve al baño.
2. Antes de hacer ejercicio
    a) Come bastante.   b) Nada en la piscina.
    c) Haz movimientos de calentamiento.
3. Los ejercicios
    a) Haz ejercicios difíciles la primera vez.   b) Haz ejercicios intensos.
    c) Haz cada movimiento diez veces por lo menos.
4. El tiempo
    a) No practiques demasiado la primera vez.   b) Haz los ejercicios rápido.
    c) Lleva tu reloj para ver la hora.
5. Para evitar accidentes
    a) Habla durante los ejercicios.   b) Practica movimientos fáciles al principio.
    c) No practiques con un/a compañero/a.

F. Diego y el médico. For each description, write what the doctor has told Diego to do.

Modelo: Diego se quita la camisa.
Quítate la camisa.

1. Diego tiene la boca abierta. _____

2. Diego se sienta en la cama. _____

3. Diego se acuesta en la cama. _____

4. Diego dobla la rodilla. _____

5. Diego se levanta. _____

6. Diego se pone la camisa. _____

7. Diego toma unas pastillas (*pills*). _____

8. Diego bebe agua. _____

G. La primera cita (*date*). Tonight is your best friend's first date with a new love interest. Use four affirmative and four negative commands to tell your friend what to do and what not to do to make their first date a success.

Modelos: *Habla de cosas interesantes.*
        No llegues tarde.

Lo que debe hacer

1. _____

2. _____

3. _____

4. _____

Lo que no debe hacer

1. _____

2. _____

3. _____

4. _____

Comparisons of Inequality

H. Cristina y Rodrigo. You will hear statements comparing Cristina and Rodrigo as they appear in the drawings below. For each statement that is true, check **Sí**; for each statement that is false, check **No**.

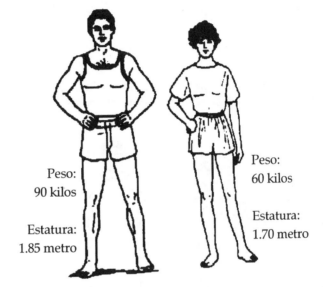

Peso:
90 kilos

Estatura:
1.85 metro

Peso:
60 kilos

Estatura:
1.70 metro

	Sí	No
1.	___	___
2.	___	___
3.	___	___
4.	___	___
5.	___	___
6.	___	___

I. Comparaciones. You will hear a comparison of two baseball players. Based on what you hear, complete the chart and the sentences that follow it. The description contains some cognates such as **experiencia, ágil,** and **batear** that should be easily understandable.

Jugadores	Edad	Experiencia	Peso

1. Andrés tiene ___ años y Roberto, ___ años. Andrés es _____que Roberto.

2. Andrés tiene _____ experiencia _____ Roberto.

3. Andrés es _____ ágil_____Ernesto.

4. Ernesto pesa _____ _____ Andrés.

5. Como jugador, Andrés es _____ que Ernesto.

J. ¿Cómo son? The chart below contains information about two students. Respond in complete sentences to the questions you will hear, using this information to compare the students.

Modelo: ¿Quién es más bajo?
Marcia es más baja que Rafael.

Marcia Mendiola	Rafael Portuondo
20 años	22 años
1,65 m.	1,90 m.
50 kilos	85 kilos
muy inteligente	inteligente
alegre	serio

K. Dos chicos diferentes. Look at the drawing below and listen to the statements comparing the two students shown. For each statement that is true, check **Sí**; for each statement that is false, check **No**.

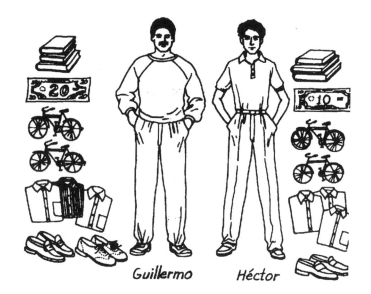

Guillermo   Héctor

       Sí   No
1. _____ _____
2. _____ _____
3. _____ _____
4. _____ _____
5. _____ _____
6. _____ _____
7. _____ _____
8. _____ _____

L. **Otras personas y yo.** Compare yourself to others by completing the following statements. Use *más* or *menos* and identify the other person(s).

Modelo: Yo soy *más* atlético/a que *mi hermano.*

1. Hago _____ ejercicio que _____ .

2. Soy _____ fuerte que _____ .

3. Participo en _____ deportes que _____ .

4. Soy _____ saludable que _____ .

5. Me gustan _____ los ejercicios aeróbicos que _____ .

6. Como _____ vegetales y fruta que _____ .

M. **Las cosas importantes en la vida.** Compare six pairs of items from the box in order of their importance to you.

Modelo: las notas/las fiestas
Las notas son más importantes que las fiestas.

el dinero	los autos	la televisión	el trabajo
la carrera	los amigos	el/la novio/a	la música
el ejercicio	la computadora	las clases	el cine
los deportes	la comida	la familia	la salud

1. _____

2. _____

3. _____

4. _____

5. _____

6. _____

N. **Más o menos.** Complete these sentences correctly.

1. Yo mido _____ 1 metro 70.

2. Nancy López pesa _____ 50 kilos.

3. Los jugadores famosos ganan _____ un millón de dólares.

4. Yo gano _____ mil dólares al mes.

5. La ciudad de México tiene _____ quince millones de habitantes.

O. Mi familia, mis amigos y yo. Compare yourself to family members or friends. Use **más/menos, mayor/menor, mejor/peor** and words from the box below in your comparisons.

libros	discos	amigos	relojes	aretes
casa	zapatos	bailar	nadar	hablar español

1. _____

2. _____

3. _____

4. _____

5. _____

6. _____

7. _____

8. _____

Comparisons of Equality

P. Más comparaciones. Answer the questions on the tape by comparing the people in the drawing.

Modelo: ¿Quién es tan alto como Arturo?
Carlos es tan alto como Arturo.

Q. Sus posesiones. Answer the questions on the tape by comparing these people's possessions based on the information in the chart.

Modelo: ¿Quién tiene tantos televisores como el Sr. Mendiola?
La Srta. Valdés tiene tantos televisores como el Sr. Mendiola.

	Sr. Mendiola	**Sra. Sabater**	**Srta. Valdés**
casas	1	2	1
autos	1	2	2
televisores	2	5	2
pesetas	50.000	9.000.000	50.000

R. Aspectos de la vida deportiva. Complete the following statements with your best answer.

1. El fútbol es tan popular como _____.

2. Los jugadores de béisbol son tan grandes como los jugadores de _____.

3. Hacer ejercicos aeróbicos es tan difícil como jugar _____.

4. Un jugador de básquetbol gana tanto dinero como _____.

5. Un jugador de fútbol practica tanto como _____.

S. Comparaciones con los atletas, actores, etc. Complete these statements using **tan, tantos/as,** or **tanto/a** to compare yourself with athletes, actors, and other famous people.

1. No soy _____ grande como _____.

2. Sé que tengo_____ habilidad como _____.

3. No gano _____ dinero como _____.

4. Mis manos son_____ grandes como las manos de _____.

5. Tiro (*I throw*) la pelota de béisbol _____ lejos como _____.

6. Soy _____ alto/a como un/a jugador/a de _____.

T. Comparación de atletas. Compare the athletes in the drawing below. Use the words suggested or others of your choice.

Modelos: *El jugador de tenis es tan popular como el jugador de básquetbol.*
Un jugador de fútbol gana tanto dinero como un jugador de béisbol.

Adjetivos	Nombres
fuerte	habilidad
activo	anillos
terrible	dinero
alto	amigos
rápido	partidos
agresivo	casas
grande	autos
interesante	aficionados
simpático	raquetas
inteligente	kilos
popular	
gordo	

1. _____

2. _____

3. _____

4. _____

5. _____

6. _____

7. _____

8. _____

U. Opiniones sobre los ejercicios, los deportes y los atletas. Answer in complete sentences.

1. ¿Qué ejercicios son tan buenos para la salud como el fútbol?

_____

2. ¿En qué deporte se gana tanto dinero como en el tenis?

_____

3. ¿Qué atleta es tan popular en su deporte como Sugar Ray Leonard en el boxeo?

_____

4. ¿Qué es mejor, hacer ejercicios aeróbicos o caminar?

_____

5. ¿En qué deporte se necesita tanta habilidad como en el básquetbol?

_____

Some Irregular Preterits

V. El Sr. Pérez habla con una colega. Listen to this conversation between Mr. Pérez and a business partner. Then circle the best answer to each question you hear.

1. a) En la universidad. b) En una oficina. c) En la clase.
2. a) Tuvo que llamar a los estudiantes. b) Tuvo que dirigir una discusión.
   c) Tuvo que ir al banco.
3. a) Enseñar. b) Estudiar. c) Discutir con el Sr. Pérez.
4. a) La economía de Japón. b) Problemas económicos norteamericanos.
   c) El comercio con México.

W. En casa. Your mother is upset because everything is out of place. Answer her questions following the model and using the cues below.

Modelo: ¿Dónde puso tu padre la billetera?
la mesa de noche
La puso en la mesa de noche.

1. la sala   3. el comedor   5. su cuarto
2. el escritorio   4. el garaje

X. Preguntas personales. You will hear three questions about your last vacation. Answer the questions by telling either what you actually did or what you would have done during your ideal vacation.

Y. Descubriendo Chile. Fill in the blanks with the appropriate preterit form of each verb.

estar	tener	poder	poner	conocer
ir	saber	visitar	ver	

Nuestra familia fue a Chile en 1993. Nosotros _____ en avión y _____

quince días allí. En la región de los lagos _____ la ciudad de Puerto Montt. Fue algo

muy especial. El primer día _____ el centro comercial, las playas de Pelluco y el mercado de mariscos. No _____ tiempo de ver todo, pero por lo menos _____

los lugares más importantes. Por la noche _____ que el balneario (*resort*) de Frutillar

estaba (*was*) cerca. Por la mañana salimos para Frutillar y cuando llegamos nos _____

el traje de baño y pasamos una tarde maravillosa. Al día siguiente salimos para los lagos, pero

no _____ ver el volcán Osorno porque estaba muy nublado.

Z. Un día en Santiago de Chile. Tell some friends back home about your schedule for one day in Santiago using the preterit.

Vocabulario nuevo
hipódromo *race track*   **Palacio de Bellas Artes = museo**   **fundar** *to found*

Antes de salir del hotel me _____unos zapatos cómodos para ver   (poner)

la ciudad. Después _____ al hipódromo y al Palacio de Bellas Artes.   (ir)

_____ allí tres horas y _____   (estar) / (poder)

ver casi todo el Palacio de Bellas Artes. Después _____ el   (tomar)

autobús para ir a la Universidad de Chile y al cerro Santa Lucía donde

Pedro de Valdivia_____ la ciudad. _____ que volver   (fundar) / (tener)

al hotel a las seis de la tarde para reunirme con unos amigos.

MOSAICOS

A. El calentamiento y los ejercicios. Listen carefully to your physical education instructor's lecture on warm-up exercises. Then listen to the five follow-up questions and possible answers and circle the letter corresponding to the most appropriate answer you hear.

1. a   b   c
2. a   b   c
3. a   b   c
4. a   b   c
5. a   b   c

B. El ejercicio y la ecología. Listen to this radio commentary and then complete the statements below based on the information you heard.

1. Este comentario trata de _____

2. Ahora tenemos mucho interés en _____ y proteger _____.

3. Algunas personas ———————— por la mañana.

4. Otras personas ———————— después del trabajo.

5. Hay personas que prefieren usar su hora de almuerzo para ———————————————————

————————————— .

6. Las familias van a ————————— en los ————————— para ————————————

7. Hay muchas personas que ————————— o van en ———————————————————

————————— a la oficina para ———————————————————

C. Un matrimonio joven. Enriqueta and Pablo are young professionals. Listen to what happened to them last weekend and complete the chart based on what you heard.

Personas	Profesión	Problema	Solución
Enriqueta			
Pablo			
Dra. Sánchez			

D. El primer año en la universidad. Your friend Leticia is getting ready to go away for her first year at the university. Advise her about what she should and shouldn't do. Use the verbs in the box and any others you wish in your sentences.

Modelo: salir
No salgas sola de noche.

estudiar	llegar	levantarse	comer	tener	dormir
vivir	gastar	escribir	llamar	ir	

1. ————————————————————————————————————

2. ————————————————————————————————————

3. ————————————————————————————————————

4. ————————————————————————————————————

5. ————————————————————————————————————

E. **Un viaje de estudio.** Use these questions to interview a classmate. Then write a brief paragraph summarizing the information you obtained.

1. ¿Cuándo hiciste tu último viaje de estudio?
2. ¿Adónde fuiste?
3. ¿Cuánto tiempo estuviste allí?
4. ¿Tuviste oportunidades de viajar un poco?
5. ¿Pudiste visitar otros lugares? ¿Cuáles?

_____

_____

_____

_____

_____

_____

_____

_____

G. Read this article from the Spanish magazine *Clara* and answer the questions below. You do not need to know every word to understand the article's message.

Vocabulario
fuerza strength

1. ¿Para qué son estos ejercicios? _____

2. ¿Qué se puede conseguir con estos ejercicios? _____

3. ¿En qué estación del año se puede esquiar? _____

4. ¿Cuántos minutos se necesitan para hacer estos ejercicios? _____

5. ¿Cuántas veces se deben repetir los ejercicios? _____

6. ¿Qué partes del cuerpo se mencionan en el artículo? _____

7. ¿Cuál es el ejercicio más difícil? ¿Por qué? _____

_____

8. ¿Cuál ejercicio usa los codos? _____

9. ¿Cuál ejercicio cambia la posición de las piernas? _____

En forma

Prepárate para esquiar

Consigue fuerza y flexibilidad

Seas o no aficionada al esquí te proponemos unos ejercicios con los que conseguirás aumentar tu flexibilidad, fuerza y resistencia dedicando menos de 15 minutos al día.

2 Con el cuerpo y las rodillas dobladas, apoya los codos en las rodillas, tal y como muestra la foto.

1 De pie, con las piernas juntas, levanta los brazos a la altura de los hombros. Mientras, eleva los pies y flexiona las piernas hasta quedar casi en cuclillas. Cuando alcances esta posición, dobla las manos hacia arriba, en ángulo recto. Permanece en esta posición el mayor tiempo posible.

E squiar requiere agilidad, flexibilidad, fuerza, rapidez y resistencia, características que puedes desarrollar con los ejercicios que te proponemos. El ritmo y la elasticidad que se consiguen son igual de útiles para los que esperan las primeras nieves como para los que no les gusta deslizarse por las blancas pendientes.

Repetición de los ejercicios

Depende de la forma física en que se encuentra cada persona. Si tu intención es prepararte para la temporada de esquí repite los movimientos un mínimo de 10 veces. Si lo que quieres es practicar esta tabla como una variante de ejercicio diario puedes ir aumentando el número de repeticiones progresivamente desde 5 hasta la cantidad que te permita tu cuerpo pero sin querer batir récords el primer día.

3 De pie, con las piernas ligeramente separadas, lleva el cuerpo hacia delante hasta quedar apoyada en las manos, con la piernas y la espalda bien estiradas. Una vez en esta posición levanta y baja los talones 10 veces.

4 De pie, con las manos apoyadas en la cintura, dobla la pierna derecha mientras estiras lateralmente la izquierda. Todo el peso del cuerpo debe descansar sobre el lado derecho. Repite cambiando la posición de las piernas.

Interstampa

5 Con las piernas unidas y los brazos detrás de la espalda, dobla el tronco hacia delante con la cabeza cerca de las rodillas y rota lentamente el busto hacia la derecha mientras la cabeza se vuelve hacia el otro lado. Repite lentamente 4 veces.

H. Los Juegos Bolivarianos. The participants in these games are athletes from the countries liberated by Simón Bolívar during the South American War of Independence: Venezuela, Colombia, Panamá, Ecuador, Perú, and Bolivia. This article from a Bolivian newspaper celebrates the gold medals won by Bolivian athletes.

Vocabulario
subir to go up   **vencedores** winners   **preseas doradas** golden jewels (gold medals)

ORO PARA BOLIVIA

Bolivia consiguió por fin medallas de Oro en los XII Juegos Deportivos Bolivarianos, a través del racquetbol y el tenis.

Por primera vez en esta versión de los Juegos, los atletas bolivianos tuvieron la oportunidad de subir a lo alto del podio de vencedores para recibir sus preseas doradas.

En racquetbol, los equipos masculino y femenino dieron esa satisfacción. Gonzalo Amaya ganó al venezolano Eduardo Fernández por 2 a 0, mientras que en damas,

María Fernanda Romero superó fácilmente a Liliana Casasfranco, también por 2 a 0.

En tenis, nuestra compatriota Sandra Kellemberger obtuvo Oro al imponerse a Mónica Revolledo de Perú por 2 a 1.

Sandra Kellemberger logró un triunfo espectacular sobre la peruana Mónica Revolledo, en la disciplina de tenis, lo que significó una medalla de Oro, en el marco de los XII Juegos Deportivos Bolivarianos. El tenis femenino se vio afectado por la poca cantidad de participantes.

1. ¿Cuántas medallas de oro (*gold*) ganó Bolivia? _____

2. ¿En qué deportes consiguió Bolivia medallas de oro?

_____

3. ¿Qué oportunidad tuvieron los jugadores de Bolivia?

_____

4. ¿A quién le ganó Gonzalo Amaya? _____

5. ¿De dónde es Eduardo Fernández? _____

6. ¿Cuál es el deporte de Sandra Kellemberger? _____

7. ¿Con quién jugó Sandra Kellemberger? _____

10 La comida

A PRIMERA VISTA

Preparativos para una cena

 A. En el supermercado. Listen as this shopper in a supermarket reads her shopping list. Then look at the drawings below. If the item depicted is on the list, put a check mark in the space provided next to it.

 _____  _____  _____  _____

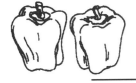 _____  _____  _____  _____

B. De compras. You and a friend are having company for dinner tonight. Listen to your friend's ideas and to the statements that follow. Indicate whether each statement is true or false by marking the appropriate response.

	_Sí_	_No_
1.	_____	_____
2.	_____	_____
3.	_____	_____
4.	_____	_____
5.	_____	_____
6.	_____	_____

C. Una cena especial. Mr. and Mrs. Méndez are having guests for dinner. You will hear a brief description of their preparations for the dinner party followed by some statements. Indicate whether each statement is true or false by marking the appropriate response. Don't worry if you don't understand every word.

	Sí	No
1.	___	___
2.	___	___
3.	___	___
4.	___	___
5.	___	___

D. Identificación. You are helping to set the table for a special dinner. Look at the drawing below and listen to the directions on what to do. For each item you are to place you will hear a number followed by the item's name in Spanish. Find each object mentioned in the drawing and then write its corresponding number in the space provided.

Modelo: *Debes poner (0) el plato.*
(You would identify the plate and write the number **0** in the space provided.)

E. Asociaciones. Match the descriptions on the left with the words on the right.

1. Se usa para hacer hamburguesas.
2. Popeye es fuerte porque come este vegetal verde.
3. Se necesita esta fruta para hacer vino
4. A Bugs Bunny le gusta mucho.
5. Se pone en la mesa con la sal.
6. Se usa mucho en ensaladas.

___ espinaca
___ pimienta
___ uva
___ carne molida
___ aguacate
___ zanahoria

F. **El invitado es un amigo vegetariano.** Check off the items below that you could serve your vegetarian friend for dinner.

1. ____ carne con papas
2. ____ espaguetis con aceite y ajo
3. ____ arroz con pollo
4. ____ sopa de vegetales
5. ____ ensalada de lechuga y tomate
6. ____ ensalada de papas

G. **Una excursión divertida.** You and some classmates are organizing a picnic for the weekend. Write sentences telling what each of you will contribute, using the items and verbs from the box.

hamburguesas	pan	ropa	cocinar
ensalada	árboles	helados	traer
libros	frutas	comprar	preparar
refrescos	paella		

1. _____
2. _____
3. _____
4. _____
5. _____
6. _____
7. _____
8. _____

EXPLICACIÓN Y EXPANSIÓN

The Present Subjunctive

UN PASO ADELANTE

Some forms of the verbs **dar** and **estar** require written accent marks in the present subjunctive.

dar: dé, des, dé, demos deis, den
estar: esté, estés, esté, estemos, estéis, estén

A. **Una invitación a cenar.** Listen to Petra's conversation with her mother about tonight's dinner party and to the statements that follow. Indicate whether each statements is true or false by checking **Sí** or **No**.

	Sí	*No*
1.	____	____
2.	____	____
3.	____	____
4.	____	____
5.	____	____
6.	____	____

The Subjunctive Used to Express Wishes and Hopes

B. **Preparando un gazpacho.** Antonio Suárez, an exchange student from Spain, wants to prepare gazpacho, a cold soup from the region of Andalucía, for his classmates. Some of them have promised to bring the necessary ingredients. Tell what Antonio wants each person named to bring according to the cues provided.

Modelo: Josefina / pepinos (*cucumbers*)
Quiere que Josefina traiga pepinos.

C. **La colaboración es importante.** Your friends are going to help you with a fund-raising campaign. Tell each person named what you expect them to do according to the cues.

Modelo: Irma / llamar a las personas en la lista
Espero que Irma llame a las personas en la lista.

D. **No saben cocinar.** Complete this conversation between Alfonso and his sister Julia about a dinner party that he and his wife Sofía are having. Use the appropriate forms of the verbs in parentheses.

Julia	¿Dices que es la primera vez que van a hacer arroz con pollo? ¡Y con	
	invitados! Espero que no _____ problemas.	(tener)
Alfonso	Sí, yo espero que todo _____ bien, pero tú sabes que mi mujer no	(salir)
	_____ bien y yo mucho menos.	(cocinar)
Julia	Mamá dice que _____ mucha cebolla y ajo. Además, seguro que	(usar)
	ella va a llegar temprano para ayudar a Sofía.	
Alfonso	Me alegro que _____ temprano. Sofía quiere que los Anderson	(llegar)
	_____ un buen arroz con pollo.	(comer)
Julia	Mira, Alfonso, no te preocupes. Tú le pides que _____ a	(ayudar)
	Sofía y ella va a estar encantada. Así se siente útil.	

Alfonso   Me alegro que tú _____ así.   (pensar)

Julia   Llámala y te aseguro que está aquí en quince minutos.

Alfonso   Ahora lo voy a hacer.

E. **Notas para los jugadores .**You are the manager of a team and you leave brief notes to five of your players telling each one what he should do.

Modelo: Quiero / practicar
         Quiero que practiques dos horas esta tarde.

1. Espero / dormir _____

2. Prefiero / hacer ejercicio _____

3. Quiero / comer _____

4. Necesito / venir _____

5. Espero / traer _____

F. **Esperamos que todo les guste.** You and some classmates are preparing a lunch for the Spanish Club. Complete the following sentences about the students you have invited using **que** and a logical ending.

Modelo: Esperamos *que les gusten estos platos.*

1. Deseamos _____

2. Sabemos _____

3. Preferimos _____

4. Les pedimos _____

G. **Un viaje a México.** Complete these statements about trip to Mexico you and a group of friends will take during the semester break. Use the infinitive, indicative, or subjunctive form of the verbs in the box.

hablar	ser	costar	comprar
hacer	practicar	visitar	salir

1. El profesor quiere que (nosotros) _____ español en México.

2. Yo espero _____ las pirámides aztecas.

3. Nosotros sabemos que las enchiladas _____ muy buenas.

4. Mi madre desea que (yo) le _____ una bolsa.

5. Josefa prefiere _____ a las diez de la mañana.

6. Carlos y Pepe dicen que la cerveza no _____ mucho.

7. El profesor prohíbe que (nosotros) _____ inglés.

8. ¡Ojalá que _____ buen tiempo!

H. **La disciplina es conveniente.** You are in charge of student housing at a school in Ecuador. Write what activities you allow students to do and what activities you prohibit. Also indicate any conditions such as where they are allowed or prohibited. Use the list below or your own ideas.

Modelo: bañarse
Les permito que se bañen en la piscina de dos a seis.
hacer ejercicio
*Les prohíbo que hagan ejercicio en los **dormitorios.***

| comer | fumar (*to smoke*) | tomar bebidas alcohólicas |
| tener fiestas | hacer ruido (*noise*) | poner la televisión |

1. _____

2. _____

3. _____

4. _____

5. _____

6. _____

The Subjunctive with Verbs and Expressions of Doubt

I. **Marta y Alberto conversan.** Listen to this conversation between two friends and to the incomplete statements that follow. Circle the answer that best completes each statement. Don't worry if you don't understand every word.

1. a) un restaurante.   b) casa de Alberto.
   c) la cafetería de la universidad.
2. a) franceses.   b) hispanoamericanos.   c) alemanes.
3. a) un pescado del Caribe.   b) un plato mexicano.   c) un plato colombiano.
4. a) no tiene ganas de comer.   b) no tiene tiempo.   c) hace mucho calor.

J. **En un restaurante.** Ana Celia and Margarita are in a restaurant. Listen to their conversation and to the statements that follow it. Indicate whether each statement is true or false by checking **Sí** or **No**.

	Sí	No
1.	___	___
2.	___	___
3.	___	___
4.	___	___
5.	___	___

K. **Siempre hay dudas.** Ignacio is bragging about what he plans to do during a trip he is taking. Express your doubts about each of his claims.

Modelo: Yo conozco al Presidente.
Dudo que conozca al Presidente.

L. **No, no lo creo.** Express your disbelief about these generalizations, which appear in a paper one of your classmates has written.

Modelo: Todos los brasileños juegan muy bien al fútbol.
Yo no creo que todos los brasileños jueguen muy bien al fútbol.

1. Todos los argentinos comen carne dos veces al día.

_____

2. Todos los niños de los Estados Unidos ven mucha televisión.

_____

3. Todos los japoneses trabajan para Toyota.

_____

4. Todos los mexicanos cantan y tocan la guitarra.

_____

5. Todos los cubanos bailan la salsa muy bien.

_____

M. Una carta de Carmen. Your new pen pal Carmen writes to you expressing her opinions about certain Spanish cities. Complete her descriptions using the correct forms of the verbs in parentheses. Knowing the meanings of the following words may help you better understand the descriptions.

Vocabulario		
extranjero foreigner	**riqueza** wealth	**costumbre** custom
caballo horse	**inolvidable** unforgettable	

Me llamo Carmen Rivas Salas y vivo en Málaga, una ciudad de

Andalucía, en el sur de España. Muchos extranjeros creen que la ciudad

más interesante de España _____ Madrid, pero yo dudo que Madrid   (ser)

_____ tantas cosas interesantes como las ciudades del sur. Quizás los   (tener)

turistas_____ más museos en la capital, pero estoy segura de   (encontrar)

que ellos _____ ver ciudades más bonitas en Andalucía. Yo quiero que   (poder)

ustedes _____ a Andalucía para ver la riqueza de la cultura árabe en   (ir)

España. No creo que _____ otro palacio como la Alhambra de   (existir)

Granada en el resto de Europa. Pienso que Sevilla _____ los parques y   (tener)

monumentos más bonitos de España, y me alegro que todavía _____   (existir)

la costumbre de pasear en coches de caballos para ver la ciudad. Espero

que tú _____ a Andalucía algún día porque sé que _____ a   (venir) / (ir)

pasar unas vacaciones inolvidables.

N. Mi opinión. Give your opinions on the following topics. Begin your sentences with one of these expressions: **(no) creo, dudo, tal vez, quizá(s)**.

Modelo: Es necesario estudiar todos los días.
       Creo que es necesario estudiar todos los días.
       o
       No creo que sea necesario estudiar todos los días.

1. Las películas de hoy tienen demasiada violencia.

   _____

2. Hay que complementar los estudios con el arte, los deportes y los pasatiempos.

   _____

   _____

3. Es importante enseñarles a los niños el peligro (*danger*) de las drogas.

_____

4. Hay que dedicar más dinero para descubrir una cura para el cáncer.

_____

The Present Subjunctive with Verbs of Emotion

O. Una comida cubana. Listen to this conversation between two friends and to the questions that follow. Answer the questions by circling the appropriate response. Don't worry if you don't understand every word.

1. a) En un restaurante.   b) En casa de Rafael.   c) En la playa.
2. a) Quiere que su familia conozca a David.   b) Quiere que sus hermanas cocinen.
    c) Quiere que su novia conozca a David.
3. a) Le gusta comprar ropa.   b) Le gusta cocinar.
    c) Le gusta que David pruebe un plato diferente.
3. a) Un plato cubano.   b) Una cerveza.   c) Ropa que van a regalar.

P. Opiniones de mi madre. You are at Estela's home and hear this conversation between her and her mother. Fill in the blanks using the infinitive, subjunctive, or indicative forms of the verbs in the box.

terminar	bailar	pensar	salir
estar	tener	ser	ir

— Mamá, José quiere que _____ a la discoteca con él el sábado.

— ¡Qué bueno, Estela! Me alegro que _____ con él y no con Rolando.

— ¿Por qué, mamá? Rolando es un chico muy bueno.

— Sí, sí, yo sé que _____ un chico bueno y reponsable, pero tú eres mayor que él.

— ¡Ay, mamá, estás muy anticuada (*old fashioned*)! Además, por el momento, me encanta _____

soltera.

— ¡Perfecto! Me gusta que _____ tus estudios antes de casarte.

— Sí, mamá, no te preocupes. Siento que tú y papá no _____ más paciencia

y _____ tanto en mi futuro.

— Bien, Estela. ¡Ojalá que _____ mucho con José esta noche!

Q. **En las montañas.** You have invited a friend to spend a week with your family in the mountains. Tell your friend what your father likes and dislikes about what you and your friends normally do.

Modelo: le/molestar/fumar
Le molesta que fumemos.

1. le/gustar/caminar/mucho

_____

2. temer/hablar/desconocidos (*strangers*)

_____

3. le/encantar/cantar/y/bailar/con/familia

_____

4. le/molestar/hacer/muchas llamadas/teléfono

_____

5. alegrarse/preparar/cena cubana

_____

MOSAICOS

A. **La cena de esta noche.** Listen as your friend's mother talks about her neighbors, the Villamar family. Then indicate whether the statements that follow are true of false.

       Sí   *No*

1. _____ _____
2. _____ _____
3. _____ _____
4. _____ _____

B. **El cumpleaños de Rosita.** Rosita's grandmother is planning a dinner party to celebrate Rosita's birthday. Listen to their conversation and then complete these statements based on what you heard.

1. La abuela de Rosita va a preparar _____

2. Ella quiere que Rosita _____

3. Rosita no cree que Pepe y María _____

4. La abuela cree que Carlos y Ester _____

5. Carlos y Ester piensan _____

6. Ester desea _____

7. La madre de Rosita va a hacer _____

C. **Una receta** (*recipe*). When writing recipes in Spanish you may use commands (e.g., **cocine** or **cocina el arroz**), infinitives (**cocinar el arroz**), or a **se** + verb construction (**se cocina el arroz**), but you must be consistent in your choice. Write your favorite recipe in Spanish. You may need some of the following words.

Vocabulario		
freír (i) to fry	**cortar** to cut	**hervir (ie)** to boil

_____

_____

_____

_____

_____

_____

_____

_____

_____

_____

_____

_____

D. **La carta de Jazmín.** Jazmín, a Cuban-American student, wrote this letter to her cousin in Caracas. Play the part of the cousin and answer it.

Querida/o prima/o:

No sabes cuánto siento que no puedas venir a visitarnos en agosto, pero no te imaginas la sorpresa que te tengo. Papá me deja ir a Venezuela a pasar unos días con ustedes. Todavía no lo puedo creer. Espero que esta noticia te alegre tanto como a mí. Dime en qué mes del verano les conviene más mi viaje.

Prefiero que no les digas a mis amigos que yo voy, pues quiero darles la sorpresa, pero a Arturo sí quiero que lo llames y le digas cuándo llego. Espero que no tenga novia.

Tengo tantas ganas de verlos que estoy contando los días. Además quiero hacer muchas cosas en Caracas, como ir a la playa, conocer las nuevas estaciones del metro (todo el mundo dice que son bellísimas), pero más que nada quiero estar con ustedes.

Perdona la letra, pero estoy escribiendo muy rápido. Ya es casi la hora de mi clase de química y no quiero llegar tarde.

Hasta muy pronto. Te quiere tu prima

Jazmín

In your answer you should mention at least the following:
a) how happy you are about her trip, b) the month that would be better for you, and c) some of the activities you are planning for her stay.

_____

_____

_____

_____

_____

_____

_____

_____

_____

_____

E. **Crema de espinacas.** Here are a traditional and a microwave recipe for a spinach dish. Read the article and the recipes and then indicate whether the statements below are true or false.

Vocabulario		
adornar to garnish	**escurrir** drain	**sazonar** to season
cocer = cocinar	**sartén** frying pan	**salar** = poner sal
cacerola pan	**hornear** bake	**dar vueltas (remover)** to stir
hierro iron	**congeladas** frozen	**desarrollo** development
sabor flavor	**cocción** cooking	**tallos y raíces** stems and roots

Ingredientes para 6 personas
2 kg. de espinacas frescas
25 g. de mantequilla
2 cucharadas de aceite fino
40 g. de harina
2 vasos de leche fría y sal
Para adornar: tres rebanadas de pan de molde cortadas en triángulo y fritas y dos huevos duros

Una dieta no se considera equilibrada si se prescinde de los alimentos vegetales. La verdura, rica en fibra, facilita la digestión y la eliminación de sustancias poco útiles para nuestro organismo.

Las espinacas poseen un alto contenido en hierro y vitaminas A y D, por lo que se consideran imprescindibles para atajar el debilitamiento y contribuir en el desarrollo óptimo de los niños. Por otra parte, cuenta con la ventaja de estar en el mercado en cualquier época del año y, lo que es más importante, a precios razonables.

Desde rehogadas con aceite y vinagre, hasta convertidas en budín, existen múltiples formas de cocinarlas.

En esta ocasión, vamos a preparar una nutritiva crema de espinacas, cuyo contraste de sabor, entre la verdura y una fina bechamel, resulta particularmente agradable.

Antes de cocinar las espinacas hay que quitar los tallos y las raíces y lavarlas en abundante agua fría. La forma de cocción más acertada es una cacerola colmada de agua con sal, a ser posible gorda, durante 20 ó 25 minutos. Una vez cocidas escurrir y picar menudas.

Para preparar la bechamel se pone a derretir la mantequilla y el aceite en una sartén, a continuación se añade la harina y, poco a poco, la leche fría. Cuando está sin grumos la bechamel, sin dejar de dar vueltas, se cuece unos ocho minutos y se sala ligeramente. A continuación se añaden, en tres o cuatro veces, las espinacas. Se remueve toda la mezcla, con cuidado para que no se agarre, y se pone en una fuente para servir.

Se puede poner algo menos de leche si se prefiere una crema más espesa o más si gusta más líquida.

PREPARACIÓN EN MICROONDAS

Hornee en un bol, durante 10 ó 15 minutos y al 100 por 100 (alto), los paquetes de espinacas congeladas, haciendo previamente un agujero en las bolsas. Sacúdalos, una o dos veces, y escurra bien las espinacas.

En un bol grande hornee la mantequilla y el aceite, al 100 por 100 (alto), durante un minuto. A continuación incorpore la harina y, finalmente, añada la leche. Remueva la mezcla hasta que adquiera una consistencia uniforme. Después, añada las espinacas y hornee la preparación al 100 por 100 (alto) durante 12 ó 15 minutos, hasta que la crema espese. Una vez lista, sazónela y adórnela antes de servir.

	Sí	No	
1.	——	——	Una dieta perfecta incluye vegetales.
2.	——	——	Las verduras tienen mucha fibra.
3.	——	——	Las espinacas contienen vitaminas A y C.
4.	——	——	Las espinacas son buenas para los niños.
5.	——	——	Las espinacas cuestan mucho.
6.	——	——	Hay muchas formas de cocinar las espinacas.

Now complete this chart based on the information in the article.

Recetas	Ingredientes	Utensilios	Tiempo de cocción
Tradicional			
En microondas			

F. **Cuando no cenamos en casa.** You have asked your doctor's advice on how to maintain your weight and eat a healthy diet. Your doctor has given you this list of recommendations. Read it and then complete the statements below.

> **Vocabulario**
> **régimen alimenticio = dieta**
> **asado** baked, roasted, broiled
>
> **amable** nice
> **ración** portion

SUGERENCIAS CUANDO CENA EN LA CALLE

Muchas personas practican una dieta saludable en la casa pero vuelven a caer en malos hábitos cuando comen en la calle. Si sigue estas sugerencias, no tendrá problemas en continuar con su régimen alimenticio.

☐ No coma alimentos fritos.
☐ Sea amable pero firme cuando ordene la comida. Si lo desea, muchos restaurantes prepararán su comida según sus necesidades; por ejemplo, asados en vez de fritos.
☐ Pida sus salsas y aderezos en plato aparte, para así poder usar la cantidad que quiera.
☐ Escoja restaurantes que sirvan comidas saludables como pollo o pescado al horno o asado.
☐ Los restaurantes orientales son una buena opción. Pida platos que contengan raciones pequeñas de pollo, pescado o carne magra fritas al estilo oriental con vegetales en aceite de maní.
☐ También recomendamos los restaurantes italianos. Las pastas en salsa de tomate satisfacen y no tienen mucha grasa. Evite cualquier tipo de queso que contenga mucha grasa, las salchichas y las carnes con grasa.
☐ En los lugares donde preparan sandwiches, pida cortes de pavo o carne de sin grasa res asada en vez de carnes que contengan mucha grasa o quesos.
☐ Pida ensalada de col, rodajas de tomate o pepino en vez de papas fritas o en hojuelas.
☐ Aún en los restaurantes de comida rápida puede encontrar comidas que sean relativamente bajas en grasa. Lamentablemente, el pescado y el pollo en estos establecimientos, generalmente se prepara frito en grasa muy saturada. Pida una hamburguesa asada, un sandwich de carne de res asada, o coma algo en el bar de ensaladas.
☐ Coma algún alimento bajo en grasa antes de ir a una fiesta o buffet en donde va a encontrar muchos alimentos altos en grasa. Esto disminuirá su apetito y le ayudará a comer menos.
☐ Cuando cene con amigos, quizás encuentre difícil rechazar alimentos altos en grasa. Coma raciones pequeñas y trate de concentrarse en las comidas bajas en grasa. Con sus buenos amigos, discuta su dieta de antemano. No se sorprenda si quien lo invita también está preocupado con el colesterol.
☐ Cuando viaje en avión, llame a la aerolínea con 24 horas de anticipación y explique que quiere que le sirvan alimentos bajos en grasa y colesterol. Muchas aerolíneas le pueden preparar este tipo de comida.

1. Cuando cene en un restaurante o en casa de un amigo no coma _____

2. Los alimentos _____ son mejores que los fritos.

3. En un restaurante usted debe pedir comidas saludables, como _____

4. Los mejores restaurantes son los _____ y los _____ .

5. Las pastas no tienen _____ .

6. Esta lista dice que usted coma sándwiches _____

7. No coma papas fritas. Pida _____

8. Antes de ir a una fiesta, _____ y en la fiesta _____

9. Si usted está cenando en casa de un amigo y le sirven alimentos con mucha grasa, _____

10. Cuando viaje en avión, usted debe llamar_____ y pedir _____

11 La salud y los médicos

A PRIMERA VISTA

¿Qué tienes?

A. **¿Qué parte del cuerpo les duele?**   At the doctor's office you overhear three people describing their ailments. Identify where in the body each person's problem is probably located by circling the appropriate letter.

1. a) la garganta   b) el oído   c) la mano

2. a) el estómago   b) los huesos   c) los ojos

3. a) el corazón   b) el pelo   c) la espalda

B. **La salud de Isabel.**   While visiting your friend Héctor's home, you overhear his conversation with Isabel and Susana. Listen to the statements that follow the conversation, and indicate whether each statement is true or false by marking the appropriate response. Don't worry if you don't understand every word.

	Sí	No
1.	_____	_____
2.	_____	_____
3.	_____	_____
4.	_____	_____

C. **¿Cómo funciona el cuerpo humano?**   Read each definition and then write the name of the part of the body it describes.

1. Mueve la sangre (*blood*) por el cuerpo.   _____

2. Digiere la comida.   _____

3. Nos permite escuchar la música. _____

4. Líquido rojo esencial para vivir. _____

D. Las recetas del médico. Read the following problems, and then prescribe a remedy or medication for your patients. Write your instructions in the forms below.

1. El paciente tiene una infección en la garganta.

Dr. _____

Nombre _____ Fecha _____

Dirección _____

Instrucciones:

Firma _____

2. La paciente tiene un dolor de cabeza muy fuerte y es alérgica a las aspirinas.

Dr. _____

Nombre _____ Fecha _____

Dirección _____

Instrucciones:

Firma _____

3. El paciente está bajo mucha presión en el trabajo y no puede dormir ni comer bien.

Dr. _____

Nombre _____ Fecha _____

Dirección _____

Instrucciones:

Firma _____

4. La paciente tiene gripe y está tosiendo mucho.

Dr. _____

Nombre _____ Fecha _____

Dirección _____

Instrucciones:

Firma _____

Médicos, farmacias y hospitales

E. **Vitaminas.** You overhear this conversation at the drugstore. Complete the sentences with the information you hear.

1. La señora está hablando con _____

2. Ella pide _____

3. El farmacéutico le recomienda _____

4. Ella compra _____

F. **La buena salud.** Indicate whether each of these activities is beneficial to your health or not by checking the appropriate column.

	Bueno	Malo		Bueno	Malo
1.	____	____	5.	____	____
2.	____	____	6.	____	____
3.	____	____	7.	____	____
4.	____	____	8.	____	____

G. **En la consulta del médico.** Complete the chart by filling in one symptom and a remedy for each illness.

ENFERMEDAD	SÍNTOMA	REMEDIO
Laringitis		
Osteoporosis		
Indigestión		
Anemia		

H. **Preguntas personales.** Answer these questions about your health.

1. ¿Tiene usted buena salud?

   _____

2. ¿Con qué frecuencia ve usted al médico?

   _____

3. ¿Fuma usted?

   _____

4. ¿Tiene alergias?

   _____

5. ¿Qué come usted para mantenerse sano?

   _____

6. ¿Qué hace usted para estar en buenas condiciones físicas?

   _____

EXPLICACIÓN Y EXPANSIÓN

Indicative and Subjunctive after Impersonal Expressions

A. **Su amiga está enferma.** Your friend has a bad case of the flu. Tell her what you think is important for her to do according to the cues you hear.

Modelo: ir al médico
Es importante que vayas al médico.

B. **Los amigos aconsejan a Juan.** Juan Gutiérrez has certain plans for after graduation. Give your opinion of Juan's plans using the cues provided.

Modelo: Pienso descansar dos semanas. Es bueno que…
Es bueno que descanses dos semanas.

C. **Los padres de Lucía hablan con su profesor.** As Lucía's instructor, you are telling her parents what a good student she is. Using the expressions in the box, write some comments that reflect that fact.

Modelo: Es obvio
        Es obvio que Lucía estudia mucho.

Es evidente que Es probable que	Es cierto que Es bueno que	Es seguro que

1. _____

2. _____

3. _____

4. _____

5. _____

D. **Al Sr. Berenguer le gusta correr.** Complete this conversation between Mr. Berenguer and the policeman who caught him speeding by filling in the blanks with the correct indicative or subjunctive form of each verb.

Buenas tardes, señor. Es obvio que Ud. no _____   saber

cuál es la velocidad máxima para esta calle. Es necesario que Ud.

_____ más despacio (*slowly*). Si   manejar (*drive*)

Ud. no reduce la velocidad, es muy probable que

_____ un accidente. Es mejor que Ud.   tener

_____ las leyes de tránsito.   obedecer (*obey*)

E. **Los anuncios y el público.** Read the manufacturers' claims in the ads for these products. Then tell whether you think their claims are true or not.

Modelo: El auto deportivo "Zoom" es muy económico.
   Ud.: *Es obvio que es económico.* o *No es cierto que sea económico.*

1. El insecticida "Matalotodo" no es venenoso (*poisonous*).

_____

2. El champú "Muy suave" lava mejor el pelo.

_____

3. La aspirina "Nodol" no causa dolores de estómago.

_____

4. Las nuevas papitas "Crunches" son las mejores.

_____

5. La película "Miedo" asusta a todos, niños, jóvenes y adultos.

_____

6. Las nuevas computadoras mexicanas "Conemex" pueden hacer de todo.

_____

7. La más reciente novela de García Márquez es muy romántica.

_____

8. El auto italiano "Siva" es el más rápido del mundo.

_____

F. **Armando está muy ocupado** *(busy).* Read this letter from a friend concerned about Armando's health. Then complete the phrases that follow based on the information in the letter.

   Armando no se siente bien. Él está en el equipo de béisbol y tiene que practicar todos los días además de estudiar para cuatro clases. A veces cuando se acuesta no puede dormir, pero durante las clases tiene sueño y se queda dormido. También está muy nervioso y se siente cansado casi todos los días.

   1. Es verdad que _____

   2. No es cierto que _____

   3. No es bueno que _____

   4. Es posible que _____

   5. Es importante que _____

The Equivalent's of English *let's*

G. ¡Vamos a cambiar!   In the college cafeteria you overhear this conversation between Aidita and Lucía. Listen to the statements that follow the conversation and indicate whether each is true or false.

	Sí	No
1.	_____	_____
2.	_____	_____
3.	_____	_____
4.	_____	_____

H. El primer año en la universidad.   You and your friend have just rented an apartment and are deciding what your schedule will be this first year as roommates. Choose what you will do from the options given.

Modelo: Vamos a levantarnos a las 7:00 o a las 8:00.
            Levantémonos a las 8:00.

1.   Vamos a desayunar en el apartamento o en la cafetería.

   _____

2.   Vamos a comer a las 6:00 o a las 7:00.

   _____

3.   Vamos a salir a comer una vez o dos veces por semana.

   _____

4.   Vamos a limpiar el apartamento los viernes o los sábados.

   _____

5.   Vamos a lavar la ropa por la tarde o por la noche.

   _____

I. **El apartamento.** Use some of the following verbs to say what you and your roommate plan to do to fix up your apartment.

Modelo: empezar
Empecemos con el baño.

limpiar	sacar	traer	poner	decorar	mover
vender	comprar	abrir	pintar *(to paint)*		

1. _____

2. _____

3. _____

4. _____

5. _____

The Superlative

UN PASO ADELANTE

Superlative with -ísimo

1. The following spelling changes occur when **-ísimo** is added to an adjective.

    c → q   poco → poquísimo

    g → gu   largo → larguísimo

    z → c   feliz → felicísimo

2. You may also add the suffix **-ísimo** to an adverb. Adverbs ending in **-mente** do not normally add **-ísimo**.

    Llegaron muy tarde. Llegaron **tardísimo**.

J. Las frutas. Listen as the hostess of a television program on nutrition talks about fruits and then complete these sentences.

1. Entre los alimentos _____ _____ están las

   frutas _____.

2. Las _____ frutas son las _____, los melones y

   las fresas.

3. Las frutas _____ _____ son las peras,

   _____ y _____.

4. Las frutas _____ _____ son

   _____ y la piña (pineapple).

K. Una encuesta. As you hear the results of a survey of students' opinions of one another, check off the results in the chart below.

	más				menos
	simpático	popular	guapo	listo	arrogante
Víctor					
Aurelio					
Ángel					
Sergio					

L. No estoy de acuerdo. You disagree with your friend's opinions about various people you both know. Correct your friend, using the names provided below.

Modelo: You hear: Juan es el más alto de la clase.
You read: Manuel
You say: *No, Manuel es el más alto de la clase.*

1. Ana   2. Merci y Sara   3. Antonio   4. Esteban y Pepe   5. Josefina

M. **Importantísimos.** Express your agreement with the following statements using the **-ísimo** forms of the adjectives you hear.

Modelo: Robert Redford es guapo.
Sí, es guapísimo.

N. **Mis preferidos.** Complete the following sentences by expressing your preferences.

1. Mi mejor amigo/a es _____.

2. El mejor programa de televisión es _____ y el peor es

   _____.

3. El edificio más grande de esta universidad es _____

4. La clase más interesante de este año es _____

5. La película más aburrida de este año es _____.

O. **Las opiniones de Pepe.** Fill in the blanks in this paragraph from a health magazine with an appropriate expression from the following box. Use each expression only once.

buenísimo	fresquísimas	grandísimos
el más caro	el mejor	la mejor

En el restaurante "Su salud" se sirve _____ comida natural

de esta ciudad. Las verduras son _____ y las cocinan al

vapor. El yogur es _____ y les recomiendo que lo coman con

varias frutas. El sándwich de pavo y alfalfa es _____. El plato

de pescado y verduras es _____, pero es tan bueno que no

importa pagar un poco más. Además, ¿hay algo más importante que la salud?

P. Isabel, Juan y Don Felipe. Using superlatives, compare each person to the other two based on the information in the following chart.

	Juan	Don Felipe	Isabel
edad	22 años	57 años	19 años
estatura	1,85 m	1,72 m	1,55 m
peso	72 kilos	61 kilos	48 kilos

Modelo: Isabel / edad
Isabel es la más joven / la menor de los tres.

1. Don Felipe / edad

   _____

2. Juan / estatura

   _____

3. Isabel / estatura

   _____

4. Juan / peso

   _____

5. Isabel / peso

   _____

Pronouns after Prepositions

Q. Dos amigas hablan de Pepe. Listen to the conversation between two friends, Josefa and Elena, in the cafeteria. Then choose the best completion to the statements that follow, according to what you hear.

1. Pepe está en...

   a. el estadio. b. el hospital. c. una fiesta.

2. Josefa piensa…

   a. visitar a Pepe. b. ir a un partido de fútbol. c. ir de compras.

3. Josefa y María se conocieron en…

   a. el hospital. b. la oficina. c. la facultad de Medicina.

4. María Paz es…

   a. la novia de Pepe b. la médica de Pepe. c. profesora de la universidad.

5. Josefa invita a Elena a ir…

   a. a la facultad. b. con ella. c. con Pepe.

R. **Los regalos de Navidad.** A friend is helping you wrap Christmas presents. Answer her questions using a pronoun, according to the model.

Modelo: ¿Esta raqueta es de Laura o de Rafael?
       Es de él.

1. ¿Este regalo es para Carlos y Lucía o para Pedro y para mí?

   _____

2 ¿Este suéter es el regalo de Alejandro o de Carolina?

   _____

3. ¿Este libro es para tu mamá o para mí?

   _____

4. ¿Este disco es para tus sobrinos o para tus primas?

   _____

S. Crucigrama. Use prepositions and pronouns to solve the crossword puzzle.

Horizontales:

1. Catalina va al cine _____.

3. Ramón estudió anoche _____ Carlota.

4. Josefina no puede ir a la fiesta _____ mí.

5. A _____ me gusta el helado de vainilla.

6. Compré estos discos de Plácido Domingo para _____.

7. Juan no quiere ver la película _____ ellos.

Verticales:

1. Como te sientes mal, prefiero ir al médico _____.

2. Federico y Anita trabajaron por _____, porque tenemos que estudiar para un examen.

Relative Pronouns

UN PASO ADELANTE

Relative pronouns refer to an antecedent (the noun or pronoun that has been previously mentioned) and introduce a subordinate clause.

Los estudiantes hacen ejercicio. Los estudiantes se sienten mejor.

Los	estudiantes	que hacen ejercicio	se sienten mejor.
	antecedent	*subordinate clause*	

T. **En un hospital.** Listen to these statements about some of the people who work at the hospital where you are visiting a sick friend. Combine the statements you hear with those that appear below using **que**.

Modelo: You see: La secretaria es muy simpática.
You hear: La secretaria está en esa oficina.
You say: *La secretaria que está en esa oficina es muy simpática.*

1. El enfermero es muy competente.

2. El doctor es excelente.

3. El psiquiatra es muy inteligente.

4. La recepcionista es de Chile.

5. El doctor vive cerca de mi casa.

U. **Autorretrato** (*self-portrait*). Complete the following statements about different aspects of your life.

Modelo: Soy una persona que...
Soy una persona que *piensa mucho las cosas.*

1. Soy de una familia que _____

2. Vivo en una ciudad que _____

3. Prefiero las ciudades que _____

4. Soy un/a estudiante a quien _____

5. Respeto a las personas que _____

6. Me gusta mucho la comida que _____

8. Miro los programas de televisión que _____

V. **Después de la crisis.** You are in the hospital recovering from an operation. As you walk along the hallway with your friends, you point out the different people you've met during your stay. Fill in the blanks with the appropriate pronoun: **que, quien,** or **quienes.**

1. La señorita _____ está allí es mi enfermera.

2. Ese señor alto y rubio a _____ ven hablando con aquella señora es mi médico.

3. Esas señoras a _____ les están dando unos papeles trabajan de voluntarias en este piso.

5. El otro doctor _____ está con la enfermera es muy amigo de mi padre.

6. Ahora conozco a casi todas las personas _____ trabajan en este piso.

W. **Preferencias personales.** A friend has described different people to you as potential dates. Indicate which one you prefer using **que** or **quien.**

Modelo: alto/a y serio/a   bajo/a y simpático/a
Prefiero salir con el chico que es bajo y simpático / con la chica que es baja y simpática.

1. guapo/a y no tiene dinero   feo/a y tiene mucho dinero

_____

2. le gusta bailar y viajar   le gusta cantar y tocar la guitarra

_____

3. intelectual pero sin sentido del humor   normal pero con un buen sentido del humor

_____

4. le interesan los autos y los deportes   le interesan los animales y el campo

_____

MOSAICS

A. La enfermedad de mi padre. Listen as a friend tells you about his father's illness. Then listen to the statements that follow and indicate whether each statement is true or false by checking **sí** or **no**.

	Sí	No
1.	_____	_____
2.	_____	_____
3.	_____	_____
4.	_____	_____
5.	_____	_____

B. En el consultorio de la Dra. Suárez. You have accompanied Mrs. Muñoz to the doctor's office. Listen to her conversation with Dr. Suárez and to the incomplete statements that follow. Circle the letter corresponding to the best completion for each.

1. a   b   c

2. a   b   c

3. a   b   c

4. a   b   c

5. a   b   c

C. Dos buenas amigas. As you listen to this story about two friends, complete this chart.

	se levanta	dieta	deportes	le interesan
Marina				
Bárbara				

D. Nutrición. Read this article on the importance of a good diet during childhood and write four statements about it, using **que** or **quien**.

NUTRICION

Un niño obeso tiene más probabilidades de ser un adulto obeso. Sin necesidad de ponerlo a dieta ni de imponerle normas estrictas, corrija su alimentación disminuyendo el consumo de azúcares y de grasas.

◆ En lugar de comprar yogures con sabores o con frutas, que contienen una mayor cantidad de azúcar, elija los naturales y añádales trozos de frutas frescas de la temporada.

◆ No abuse de las papas fritas ni de las frituras. En su lugar, acostumbre al niño a picar fruta o vegetales.

◆ Si le encantan los helados, en lugar de comprarlos, pruebe a hacerlos usted misma en casa, utilizando leche o jugos y frutas frescas. De esta forma, controlará la calidad de lo que come.

◆ Si no le gusta la leche, aproveche a incorporarla en las salsas, las pastas, los purés y en cualquier plato que lo permita, para que este alimento no falte en su nutrición.

Modelo: Un niño obeso, a quien su madre le cambia la dieta, no va a ser un adulto obeso.

1. _____

_____

_____

2. _____

_____

_____

3. _____

_____

_____

4. _____

_____

_____

E. **Entrevista.** Use the following questions to interview a classmate about his/her health and summarize your classmate's answers in a paragraph.

1. ¿Tienes un médico particular (*private*)?

2. ¿Cómo se llama?

3. ¿Cómo es tu salud?

4. ¿Te enfermas con frecuencia?

5. ¿Tienes dolores de cabeza?

6. ¿Sufres de tensión en la universidad o en el trabajo?

7. ¿Qué haces para mantenerte en buena salud?

8. ¿Crees que es importante una buena dieta para estar saludable?

_____

_____

_____

_____

_____

_____

_____

_____

_____

_____

_____

_____

_____

_____

_____

_____

_____

F. **Relajación.** Read this article on preventing illness from *Clara* and answer the questions that follow. Important key words are glossed below.

aireados   *con aire*
caja torácica   *chest, thorax*
inspirar   *to breathe in*
abombar   *to make convex*
costillas   *ribs*
angustia   *anguish*

dilatación   *expansión*
ensayar   *practicar*
lentamente   *slowly*
espirar   *to breathe out*
expulsar   *to expel*
sinsabor   *worry*

RELAJACIÓN

Evita los resfriados
Aprende a respirar

Unos pulmones bien aireados son más resistentes a los resfriados. Esto se consigue con la gimnasia respiratoria que consiste en la dilatación y contracción máxima de la caja torácica. Empieza ensayándola delante de un espejo y luego practícala de un modo más natural.

■ Inspira lentamente con la boca cerrada mientras observas cómo se abomba el pecho, se contrae el estómago y los hombros se van li-

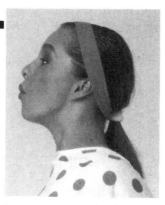

geramente hacia atrás.
■ Espira con la boca ligeramente abierta, como si pronunciaras la «u», expulsando el aire lentamente mientras las costillas descienden, los hombros se caen ligeramente hacia delante y el abdomen se contrae a medida que sale el último soplo. La vuelta a la inspiración debes hacerla sin precipitación.
■ Practica este ejercicio 5 minutos cada día en un lugar bien aireado, pensando,

Es conveniente practicar los ejercicios de respiración en lugares bien aireados.

al inspirar, en acumular energía y pensamientos positivos y optimistas, y al espirar, en que estás expulsando tensiones, angustias y sinsabores.

¿Cierto o Falso? Indicate whether each statement is true *(cierto)* or false *(falso)* based on the article.

1. _____ El artículo trata de cómo evitar los resfriados.

2. _____ La gimnasia respiratoria es buena para perder peso.

3. _____ Es necesario que la persona empiece delante de un espejo.

4. _____ Es importante inspirar rápidamente.

5. _____ Se espira lentamente con la boca abierta.

6. _____ El ejercicio se practica quince minutos al día.

7. _____ Cuando se inspira se debe pensar en cosas positivas.

8. _____ Cuando se espira se debe pensar que se eliminan las tensiones.

G. **Prevenir el ataque.** Read this article on how to stay healthy and answer the questions that follow. Essential key words are glossed below.

alcanzar	*to attain*	el conejo	*rabbit*	procurar	*to have*	(carne de) buey	*beef*
aumenta	*increases*	la ternera	*veal*	el riesgo	*risk*	la piel	*skin*
la soja	*soy*	los sesos	*brains*	la yema	*egg yolk*	el cordero	*lamb*
charcutería	*cold cuts*	las pepitas de uva	*grape seeds*				

Prevenir el ataque

Para alcanzar una vida más larga deben limitarse ciertos vicios y procurar una alimentación más sana.
1. Evitar el tabaco. Éste aumenta el ritmo cardiaco en veinte pulsaciones por minuto. El riesgo sigue presente en ex fumadores durante los primeros cinco años.
2. El *colesterol,* que se encuentra en las grasas de origen animal, es otro importante factor. Cremas, charcutería, carnes en salsas, sesos, mantequilla. Las carnes con más materia grasa se presentan en este orden: cerdo y cordero (20 por ciento), buey (dos a diez por ciento), ternera (dos a diez por ciento), conejo (cinco a diez por ciento) y las aves sin piel (no más de dos a ocho por ciento). Tambien hay que reducir los aceites o sustituir los comunes por los de pepitas de uva, soja o maíz.
Comer pescado, verduras y frutas es lo recomendado, porque no perjudican las arterias. No es bueno abusar de los huevos, la yema tiene un alto porcentaje de colesterol. Hoy también se dispone de medicamentos eficaces capaces de combatir el colesterol maligno, entre ellos, al parecer, la aspirina.
3. Controlar el peso, ya que la sobrecarga obliga al corazón a efectuar un trabajo suplementario para transportar los excedentes de masas adiposas. Para ello, nada como el deporte, que las personas sedentarias deben practicar progresivamente. Aventurarse a un duro partido de tenis, por ejemplo, puede tener efectos peligrosos. La *hipertensión* conduce a que el corazón efectúe un doble trabajo. Evitando la sal en las comidas y el alcohol, así como el estrés, se pueden conseguir buenos resultados.

Alto contenido	(mg. de colesterol)	Bajo contenido	(mg. de colesterol)
Yema de huevo (100grs.)	1.600	Clara de huevo (100 grs.)	0
Riñones	400	Pan blanco	0
Hígado	400	Frutas y verduras	0
Mantequilla	250	Leche descremada	3
Queso	145	Pescado blanco	5-7
Crema fresca	90	Pechuga de pollo	7
Ternera	85	Queso fresco sin grasa	5
Cordero	77	Margarina vegetal	0
Buey	65	Aceites dietéticos	0

¿Cierto o Falso?   Indicate whether each statement is true or false based on the article.

1. _____   El ritmo del corazón es más rápido cuando la persona fuma.

2. _____   Las carnes con menos colesterol son el conejo y las aves sin piel.

3. _____   El pescado, las verduras y las frutas son malas para las arterias pero buenas para perder peso.

4. _____   La aspirina puede ser efectiva contra el colesterol.

5. _____   La práctica de los deportes ayuda a evitar los ataques al corazón.

Para completar.   Choose the best completion based on the information in the article.

1. Si una persona fuma, el...

    a. riesgo de un ataque es menor.

    b. corazón pulsa más rápido.

    c. riesgo de un ataque es seguro durante cinco años.

2. Entre las comidas que más se recomiendan está...

    a. el pescado.

    b. el cerdo.

    c. la mantequilla.

3. La carne de cerdo tiene tanto colesterol como la de...

    a. ternera.

    b. cordero.

    c. buey.

4. Ahora se dice que la aspirina es buena para...

    a. controlar el apetito.

    b. bajar de peso.

    c. combatir el colesterol.

5. Para bajar la tensión arterial es bueno...

    a. evitar el estrés.

    b. tomar bebidas alcohólicas una vez al día.

    c. comer más sal.

H. Los árboles. Read this article on the environment from *Clara*. Then complete the chart based on the information you have read. Important key words are glossed below.

vida   *life*
en pie   *standing*
incendio   *fire*
peligro   *danger*
crecer   *to grow.*

REPORTAJE *Clara*

EL ÁRBOL
símbolo de vida

EL MÁS VIEJO
El ejemplar vivo más viejo que se conoce, el pino Metbuselah —Matusalén—, crece en las White Mountains de California, a 3.000 metros de altitud. Tiene 4.600 años y es el ser vivo más viejo del planeta.

EL MÁS ALTO
Las majestuosas secoyas rojas, nativas del oeste de Norteamérica, son los árboles más altos del mundo. Concretamente en el Tall Tress Grove de Orik, al norte de California se halla el árbol más alto del planeta.
Su inmenso tronco rojizo se alza a una altura de 123 metros, alto como la Pirámide Keops.

EL MÁS VOLUMINOSO
Las secoyas gigantes —llamadas así en honor al jefe cheroke Sequoyah— son las especies más voluminosas de la Tierra. El General Sherman ostenta el récord de volumen con 91 metros de altura y un perímetro de 34 metros. Vive en la Sierra Nevada de California.

Fueron los primeros en llegar y seguirán en pie cuando el hombre y su arrogante dominio sobre el planeta haya desaparecido.
Los incendios forestales, la contaminación y los cambios climáticos han reducido en más del 30 por ciento la totalidad de los bosques en la Tierra. El árbol, ídolo divino en la memoria de los pueblos, está en peligro.

Símbolo de vida:	
Los primeros en llegar:	
Tres peligros:	

El árbol más viejo:
 	
    Lugar:
 	
    Años:	

El árbol más alto:
 	
    Lugar:
 	
    Altura:	

El árbol más voluminoso:
 	
    Lugar:
 	
    Perímetro:	

LECCIÓN

12 Los viajes

A PRIMERA VISTA

Los medios de transporte

A. **Adivinanzas** *(riddles).*   Listen to these descriptions and identify what mode of transportation is being described by writing the appropriate number in the space provided.

___ el autobús   ___ el camión *(truck)*

___ el avión   ___ el coche

___ el barco   ___ la motocicleta

___ la bicicleta   ___ el tren

B. **En el aeropuerto.**   At the airport you hear several departure announcements. Fill in each flight number, destination, and gate number. You will hear each announcement twice. Don't worry if you don't understand every word.

Número del vuelo	Destino	Puerta de salida
1.		
2.		
3.		
4.		
5.		

C. En el mostrador de la aerolínea. Listen to this conversation between a passenger and an airline employee at the ticket counter. Then complete these sentences based on what you hear. You may not understand every word.

1. Estas personas están en _____.

2. El pasajero prefiere viajar en la sección _____.

3. El pasajero tiene un asiento _____.

4. Él lleva _____ de equipaje.

5. La puerta de salida es _____.

D. El viaje de Irma. Irma is planning a trip. Listen to her conversation with Agustín and to the statements that follow. Indicate whether each statement is true or false by checking **sí** or **no**. Don't worry if you don't understand every word.

	Sí	No
1.	____	____
2.	____	____
3.	____	____
4.	____	____
5.	____	____

E. Asociaciones. Match the phrases in the left column with the words in the right column.

1. Para poner la ropa   _____ el pasaje

2. Para viajar en la ciudad   _____ la sala de espera

3. Para descansar, leer, etc., en
   una estación o un aeropuerto   _____ la maleta

4. Para viajar en el mar   _____ el autobús

5. Para viajar en un avión, tren, etc.   _____ el barco

F. Definiciones y los viajes. Read each definition and identify what is being described.

1. Documento que una persona recibe en su
   país para poder viajar a otros países.   _____

2. Tarjeta que se necesita para abordar un
   avión, barco, etc.   _____

3. Documentos que las personas compran en un banco para usar como dinero cuando viajan.

    _____

4. Lugar donde las personas que vienen de otros países declaran lo que traen.

    _____

5. Permiso que un país les da a los extranjeros (*foreigners*) para poder entrar en ese país.

    _____

G. En el aeropuerto. Complete this conversation with an airline employee regarding your flight to Puerto Rico.

Empleada: ¿Qué sección prefiere, fumar o no fumar?

Usted: _____

Empleada: ¿Qué asiento, ventanilla o pasillo?

Usted: _____

Empleada: Su asiento es el 9C y la puerta de salida es la 15. Empiezan a abordar a las 12:20. Aquí tiene su tarjeta de embarque. Buen viaje.

Usted: _____

Los coches

H. El automóvil. You will hear a series of numbers, each followed by a word identifying a part of a car. Write the number next to the appropriate part of the car illustrated below.

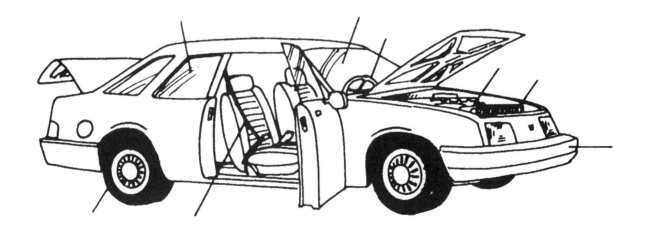

I. **Un accidente.** On the way to class, Arturo meets Juan. Listen to their conversation and to the questions that follow, and circle the appropriate answer to each. Knowing these words, may help you better understand the conversation: **vendado:** *bandaged;* **me torcí:** *I twisted.*

1. a   b   c   4. a   b   c

2. a   b   c   5. a   b   c

3. a   b   c

J. **Un viaje en auto.** Complete the following paragraph about a car trip.

Luis Trelles tiene que hacer un viaje de negocios y decide ir en coche. El día de la

salida pone las maletas en _____. Después monta en el coche,

se sienta frente al _____, se pone el _____

y enciende *(he starts)* el _____. No puede ver bien porque el

_____ está sucio, así que lo limpia antes de salir a la carretera.

Después de salir de la ciudad, Rafael para en una estación de servicio para ponerle

agua al _____, aire a las _____ y

_____ al coche.

EXPLICACIÓN Y EXPANSIÓN

Indicative and Subjunctive in Adjective Clauses

UN PASO ADELANTE

1. The word that the adjective clause modifies is the antecedent.

   Hay algunos   estudiantes   que son trabajadores.
                   antecedent   *adjective clause*

2. When the antecedent is a specific person and functions as a direct object, use the personal **a** and the indicative. If the antecedent is not a specific person, use the subjunctive and no personal **a**.

               a una
   Busco   estudiante que **trabaja** aquí.
               a la

_a_

I'm looking for _student who works here._

the

Busco una estudiante que **trabaje** aquí.

I'm looking for a student who works here. (any student)

3. In questions, use the indicative or the subjunctive. If you are not sure about the existence of the antecedent, use the subjunctive.

entiende

¿Hay alguien que esto?

entienda

Is there anyone who understands this?

A. **Un viaje a Ponce.** A travel agent is trying to sell you a travel package for a week in Ponce, Puerto Rico. Listen to his sales pitch and complete these sentences based on the information you hear.

1. El viajero quiere _____

2. El agente le recomienda que _____

3. Ponce está en _____

4. Las atracciones de Ponce que pueden interesarle son _____

_____

5. En Ponce puede comer _____

6. El agente cree que debe visitar la Catedral, que _____

_____

B. **¿Cómo es Alicia?** Tell what Alicia is like using the information you will hear. Begin each sentence with **Alicia es una persona que**...

Modelo: tiene muchos amigos

Alicia es una persona que tiene muchos amigos.

C. **El carro del profesor.** Your Spanish instructor is looking for a new car. Use the information you hear to describe the kind of car he is looking for. Begin each sentence with **Busca un carro que**...

Modelo: ser barato

Busca un carro que sea barato.

Lección 12 **197**

D. Un apartamento en la costa. Mr. and Mrs. Molina are looking for an apartment and like those described in the ad below. Based on the information in the ad, write four sentences describing what they are looking for. Key words from the ad are glossed below.

alcoba   *dormitorio*
tina   *bañadera*
zona de labores   *workroom*
antena parabólica   *satellite dish*

Modelo: *Buscan un apartamento que*
tenga una gran terraza.

1. _____

_____

_____

_____

_____

2. _____

_____

_____

_____

_____

3. _____

_____

_____

_____

4. _____

_____

_____

_____

En
el sector
más tranquilo
y apacible de
El Rodadero

Usted podrá escoger entre
dos tipos de apartamento:

TIPO A: 147 M2

• Sala • Comedor • Gran terraza
social • Tres alcobas • Baño auxiliar
• Baño principal con Walking closet y
Tina • Closet de linos • Cocina integral
• Zona de labores • Alcoba y Baño de
servicio

TIPO B: 98 M2

• Sala • Comedor • Gran terraza social
• Dos Alcobas • Baño • Cocina integral
• Zona de labores • Alcoba y Baño de
servicio • *Opcional:* Cambio de alcoba de servicio por baño adicional

ZONA COMUN

• Piscina • Gimnasio • Baño turco • Plan-
ta eléctrica de emergencia para la
zona común y un circuito por apartamento • Antena parabólica • Lobby y
Sala de estar • Zona de juegos infantiles • Garajes cubiertos • Portería y Recepción con vigilancia las 24 horas
• 2 Tanques de agua de reserva con
150 M3 • Kiosko en la playa • Bar B-Q
• Salida directa al mar

PROYECTO Y CONSTRUCCION

CINCO LTDA.
CONSORCIO DE INVERSIONES Y CONSTRUCCIONES LTDA.

Arq. Luis A. Jaraba
Arq. Humberto Juliao
Arq. Alfonso Garcés

Barranquilla
Cra. 53 No. 70-138
Tel: 354985
Fax: (958)451564

Bucaramanga
Colservicios Ltda.
Cra. 34 No. 51-38
Tels:7 1342-75513-75521

El Rodadero
Calle 8 No. 2-21 Local 5
Edificio El Libertador
Tel: 27986

Bogotá
Bienes y Mercadeo Inmobiliaria Ltda. Cra. 18 No. 80-75
Tels: 2570090-2361988-2361952

E. **En la agencia de viajes.** Your travel agent has given you sample tour brochures to San José, Costa Rica, and to Guatemala and the Tikal ruins there, but you have decided to go to Honduras instead. Based on the information about these tours, ask her questions about a possible package to Honduras.

Modelo: ¿Hay algún plan que *incluya todas las comidas?*
(You may want to use the verbs *ofrecer, incluir, tener, visitar, ir.*)

1. ¿Hay alguna excursión que

_____

_____

_____?

2. ¿Hay algún paquete que

_____

_____

_____?

3. ¿Hay algún plan que

_____

_____

_____?

4. ¿Hay alguna excursión que

_____

_____

_____?

5. ¿Hay algún viaje que

_____

_____

_____?

Vacaciones Espectaculares

AVENTURA EN SAN JOSE
5 DIAS / 4 NOCHES
• Tarifa aérea • 3 noches en San José • 1 noche en San Carlos (hotel Tilajari o Tucano) • Traslados • City Tour • Volcan Irazú con almuerzo • Tour nocturno al Volcán Arenal, (en erupción) • Transportación terrestre • Impuestos

HOTEL	SGL	DBL	TRP	NIÑOS
COROBICI	$789	609	569	269
BALMORAL	$679	559	534	269
IRAZU	$639	534	499	269

GUATEMALA ESPECTACULAR
6 DIAS / 5 NOCHES
Tarifa aérea • Traslados • 3 noches en Guatemala • 3 Desayunos americanos (sólo adultos) • 1 noche en el hotel Ramada de Antigua • 1 noche en el Parador Villa Santa Catarina en el Lago Atitlán • Tour a la ciudad de Gutemala y Antigua • Visita mercado de Chichicastenango • Paseo en Lancha por el Lago Atitlán • Impuestos hoteleros.

HOTEL	SGL	DBL	TRP	NIÑOS
EL DORADO	$829	659	619	319

EXTENSION A TIKAL
2 DIAS / 1 NOCHE
• Traslados en Guatemala y Tikal • Boleto aéreo • Una noche en la Villa Maya • Visita a las ruinas con almuerzo • Visita al Mirador del Rey Canek, almuerzo y paseo en lancha por el lago • Impuestos hoteleros.

HOTEL	SGL	DBL	TRP	NIÑOS
Villa MAYA	$279	270	267	179

ESCAPADA CARAQUEÑA
4 DIAS / 3 NOCHE
• Tarifa aérea vía LACSA • 3 noches • Traslados • City Tour • Tour de compras • Tour Panorámico con Arte Murano • Impuestos

Desde sólo: **$259** p.p. en doble
Válido hasta Junio 30/93, Salidas lunes, jueves y viernes.

HOTEL	SGL	DBL	TRP	CUAD	NIÑOS
CARACAS HILTON	$439	289	269	----	129
ANAUCO HILTON	$399	259	249	219	129

No Incluye Impuestos sobre tarifa aérea ni Impuestos de aeropuerto.

F. **La universidad.** Complete these sentences using phrases from the box and what you know about your school.

> tener casetes y vídeos
> publicar (*publish*) libros
> donar (*donate*) dinero para una biblioteca nueva
>
> jugar en el equipo de fútbol
> estudiar en España
> no tener aire acondicionado

1. Hay varios edificios que _____

2. Tenemos muchos profesores que _____

3. Necesitamos un laboratorio que _____

4. El rector (*president*) busca una persona que _____

   _____

5. Conozco a muchas chicas que _____

G. **Viajando por Sudamérica.** When you travel through South America, you want to visit places like the ones identified below. Tell what you like about them.

Modelo: museos / tener obras modernas
Me gustan los museos que tienen obras modernas.

1. discotecas y bares / servir bebidas exóticas

   _____

2. restaurantes / preparar comida típica

   _____

3. hoteles / estar en el centro de la ciudad

   _____

4. tiendas / vender ropa moderna

   _____

5. aviones / tener cuatro motores

   _____

Affirmative and Negative Expressions

UN PASO ADELANTE

1. Spanish can use two or more negatives in the same sentence, whereas English uses only one.

   No hay **nada** sobre la mesa.
   There isn't anything on the table. (Literally: *There isn't nothing on the table.*)

   No saluda **nunca** a **nadie**.
   He never greets anybody. (Literally: *He doesn't never greet nobody.*)

2. The plural form **ningunos/as** is seldom used in Spanish.

   ¿Hay algunos pasajeros allí?
   Are there any passengers there?

   No, no hay **ningún** pasajero.
   No, there aren't any passengers.

H. Medios de transporte. Listen as several people discuss various means of transportation. Then indicate with a check mark what means of transportation they use or would like to use and how often they travel.

	auto	avión	tren	metro	autobús	siempre	nunca	a veces
1.								
2.								
3.								
4.								
5.								

I. Un viaje a Quito. Raúl has decided to spend his vacation with relatives in Ecuador. Listen to his conversation with a travel agent and to the questions that follow. Then, circle the best answer to each question among the choices offered below.

1. a) un viaje a Bogotá.

   b) una reservación para el día 15.

   c) telefonear a su familia en Quito.

2. a)   que vaya el jueves.

    b)   que use la tarifa de excursión.

    c)   que viaje con una aerolínea norteamericana.

3. a)   cuesta menos.

    b)   va a pasar más tiempo en Quito.

    c)   es su primer día de vacaciones.

4. a)   no hay ningún vuelo directo.

    b)   cuesta más.

    c)   el avión está lleno.

5. a)   hace una escala.

    b)   cuesta mucho

    c)   sale muy tarde.

6. a)   con un cheque.

    b)   con tarjeta de crédito.

    c)   en efectivo.

J. **No quiero hacer nada.**   You don't feel like doing anything today. Answer the following questions using double negatives.

Modelo: ¿Vas a llamar a alguien?
            No, no voy a llamar a nadie.

K. **No estoy de acuerdo.**   Using double negatives, contradict the following statements about Elías.

Modelo: Elías siempre invita a sus amigos.
            No, Elías no invita nunca a sus amigos.

L. **Actividades.**   Using the expressions below, tell how frequently you do the following activities.

    algunas veces   siempre   a veces   todos los días   nunca

Modelo: ver televisión
            Nunca veo televisión.

1. viajar en autobús

   _____

2. ir de viaje solo/a

   _____

3. visitar a viejos (former) amigos/as.

   _____

4. comer en restaurantes elegantes

   _____

5. pasar una semana en las montañas

   _____

6. acostarse a las nueve de la noche

   _____

M. **El optimista y el pesimista.**   You are an optimist who always sees the positive side of things. Your friend is a terrible pesimist who negates everything you say. Write what your friend would say in response to these statements.

   Modelo: En este restaurante todas las comidas son económicas.
   En este restaurante ninguna comida es económica.
   o _En este restaurante no es económica ninguna comida._

1. Aquí siempre se come bien.

   _____

2. Todos los camareros son muy amables.

   _____

3. Vienen muchas personas conocidas.

   _____

4. También sirven muy bien.

   _____

5. El restaurante siempre está muy lleno.

   _____

N. Un viaje terrible. Describe what went wrong on your ideal trip, using negative words in your sentences.

Modelo: Los vuelos siempre van a llegar a tiempo.
Los vuelos nunca llegaron a tiempo.

1. En el aeropuerto alguien nos va a ayudar.

   _____

2. Vamos a probar algunos platos típicos.

   _____

3. También vamos a visitar Santo Domingo.

   _____

4. Vamos a conocer muchos lugares interesantes.

   _____

5. Todo va a salir bien durante el viaje.

   _____

O. Experiencias interesantes en el extranjero. You disagree with your friend's comments about your experiences on a recent trip. Contradict each of his statements, changing affirmative words to negative words and viceversa.

Modelo: Nunca cenamos fuera.
***Siempre** cenamos fuera.*

1. Cuando llegamos a nuestro destino, no vimos a ningún conocido *(acquaintance)*.

   _____

2. En la ciudad visitamos algunos edificios preciosos.

   _____

3. No asistimos a ningún programa cultural interesante.

   _____

4. Algunas personas hablaron español con nosotros.

   _____

5. Nunca nos trataron *(treated)* bien.

   _____

P. **Mi familia.**   Answer a friend's questions about your family.

Modelos: ¿Tienes algún tío que hable chino?
    No, no tengo ningún tío que hable chino.
    o *Sí, tengo un tío que habla chino.*

1.   ¿Tienes algún primo que estudie español?

    _____

2.   ¿Tu madre o tu padre son europeos?

    _____

3.   ¿Tienes algún familiar (*relative*) que viva en las montañas?

    _____

4.   ¿Hay alguien en tu familia que tenga una computadora?

    _____

5.   ¿Tienes algún hermano/a que estudie en la universidad?

    _____

Adverbs

UN PASO ADELANTE

1.   You have used many common Spanish adverbs to express time (**ayer, mañana, anoche, siempre**), place (**aquí, allí, debajo**), degree (**más, menos**), how things are done (**bien, mal, regular**), etc.

2.   You have also used adverbs ending in **-mente** to express how things are done. Other commonly used adverbs ending in **-mente** are:

generalmente	normalmente	frecuentemente
realmente	básicamente	simplemente
tranquilamente	regularmente	perfectamente
relativamente	tradicionalmente	lógicamente

3.   Spanish speakers sometimes use adjectives or **con** + noun instead of an adverb to qualify how things are done.

Leyó   rápidamente.   Leyó con rapidez.
        rápido.

Habló fácilmente.   Habló con facilidad.

4. Place adverbs that modify verbs as closely as possible to the verb.

El Sr. Urrutia caminó **lentamente** por la acera.
Mr. Urrutia walked slowly along the sidewalk.

Ellos explicaron **claramente** el problema.
They explained the problem clearly.

When expressing what generally or normally happens with an adverb ending in **-mente**, place the adverb at the beginning of the sentence.

Generalmente salimos los viernes.
We generally go out on Fridays.

Q. Pablito conversa con su abuelo. Listen to this conversation between Pablito and his grandfather and to the questions that follow, and circle the most appropriate answer to each question.

1. a) Se pueden aprender otros idiomas.

   b) Es muy divertido.

   c) Se conocen muy bien otras culturas.

2. a) No tienen dinero.

   b) Tienen que trabajar en el verano.

   c) Tienen que estudiar.

3. a) Que hable con sus padres.

   b) Que estudie en el extranjero.

   c) Que trabaje en un país de habla española.

3. a) Con otros jóvenes.

   b) Con su profesor.

   c) Con un agente de viajes.

4. a) El abuelo.

   b) Su consejero.

   c) Nadie.

Un accidente de tráfico. You will hear some sentences describing a traffic accident. Each sentence will be followed by a cue. Incorporate the cue into the sentence using the ending **-mente.**

> *Modelo:* Los pasajeros esperaron... (paciente)
> *Los pasajeros esperaron pacientemente.*

S. **En la universidad.** Describe your daily life as a student by completing the following statements.

1. Por las mañanas _____ rápidamente.

2. Esta mañana _____ lentamente.

3. Generalmente _____ por la tarde.

4. Mi compañero/a de cuarto es relativamente _____.

5. Mis clases son básicamente _____.

6. Mi universidad es realmente _____.

7. Me gusta _____ tranquilamente.

8. Voy a _____ regularmente.

T. **Mi mundo.** Complete the following statements with the best personal choice.

1. Me gusta comer...

   a. lentamente.   b. rápidamente.   c. continuamente.

2. Mi autor/a favorito/a escribe...

   a. románticamente.   b. honestamente.   c. fácilmente.

3. Los profesores de mi universidad se visten...

   a. formalmente.   b. elegantemente.   c. informalmente.

4. Por lo general mis padres analizan los problemas...

   a. inmediatamente.   b. lentamente.   c. lógicamente.

5. Prefiero viajar...

   a. cómodamente.   b. frecuentemente.   c. rápidamente.

6. Yo resuelvo los problemas...

   a. con facilidad.   b. con tranquilidad.   c. con rapidez.

7. En público, hablo...

   a. nerviosamente.   b. perfectamente.   c. claramente.

8. Manejo mi coche...

   a. diariamente.   b. frecuentemente.   c. lentamente.

U. **Los hábitos de mi familia.**   Make a list of your parents'and siblings' habits and your own for a composition you must write about your family.

   Modelo: *Mi padre usa la computadora diariamente.*
             Mi madre habla español perfectamente.

   1. _____

   2. _____

   3. _____

   4. _____

   5. _____

MOSAICOS

A. **Unas vacaciones en el mar.**   Listen to this conversation between a travel agent and a client and to the incomplete statements that follow. Circle the letter corresponding to the best completion you hear for each statement.

   1. a   b   c

   2. a   b   c

   3. a   b   c

   4. a   b   c

   5. a   b   c

B. **Vacaciones en Costa Rica.**   Elvira and Marcos are planning a one-week vacation in Costa Rica and are asking their friend, Arturo, for some advice. Listen to their conversation and then answer the questions that follow based on what you hear.

   1. _____

   2. _____

3. _____

4. _____

5. _____

6. _____

7. _____

8. _____

C. En la aduana. Listen to this conversation between a Peruvian customs official and an airline passenger at the airport. Then listen to the statements that follow and indicate whether each is true or false by checking **sí** or **no**.

	Sí	No
1.	____	____
2.	____	____
3.	____	____
4.	____	____
5.	____	____

D. Un regalo de graduación. Your friend Elena's grandfather has asked her what suitcases she would prefer for her graduation present. Give her some suggestions following the model.

Modelo: Pide un juego (set) que tenga cinco maletas.

1. _____

2. _____

3. _____

4. _____

E. La agencia busca una secretaria. The travel agency where you work part-time is looking for a secretary who is hardworking and has certain qualifications such as knowing how to speak Spanish and work with a computer. Write a short paragraph explaining what kind of person the agency is looking for, using these qualifications and any others you deem necessary.

_____

_____

_____

_____

_____

F. El cambio de moneda *(currency).* Read this receipt given to an American student when she exchanged some money in Cancún, Mexico. Look for the amounts of money involved and the place and time of the transaction, and then give the information requested below.

```
CONSULTORIA  INTERNACIONAL,  S.A.  DE  C.V.
   R.F.C.  CIC  850918  J4A
8  de  Agosto  de  1992                        PZC15604
PLAZA  CARACOL  UNO  -  1            COMPRA  DE  DLSA


       RECIBIMOS            Tipo          ENTREGAMOS
    DLS.  AMERICANOS        Camb          MONEDA  NAL.


  Tch              40            Efe          120,400
  -----------------------------------------------------
                   40     3,010               120,400

       OPERADO  POR  :             AUTORIZADO  POR:
```

1. La estudiante cambió _____ dólares.

2. Le dieron _____ pesos por cada dólar.

3. La cantidad total que recibió fue _____ pesos.

4. La dirección de la agencia de cambio es _____ .

5. Ella cambió el dinero en el mes de _____ .

G. Para viajar a Colombia. Read the ad on page 211 placed by *ACES* in a Florida newspaper, and give the information requested below.

Aces
Colombia
Presente

Servicio de primera clase con tarifa de clase ecónomica.

Para quienes gustan de volar cómodamente Aces le ofrece ahora su servicio de primera clase con tarifa de clase económica. Con sólo dos amplios asientos a cada lado del pasillo, para darle más espacio y comodidad a sus pasajeros. Comidas y bebidas: champagne y vinos finos, manteles blancos, porcelana y especialidades gourmet acompañadas de su bebida favorita.

Todos los días, a las 3:00 p.m. su mejor opción para volar a Colombia desde Miami. Los martes, jueves, sábados y domingo: Miami-Medellín-Bogotá. Los lunes, miércoles, y viernes: Miami-Bogotá-Medellín.

Consulte con su agente de viajes o llámenos al 1-800-846-ACES/(305) 265-1272.

1. Medio de transporte _____

2. Cuatro características del servicio que ofrecen _____

   a. _____   c. _____

   b. _____   d. _____

3. Días de vuelo _____

4. Ciudades a las que vuela _____

5. ACES es una compañía _____

H. Un viaje a las Cataratas de Iguazú. Read this ad promoting a trip to Iguazú Falls from Barcelona, Spain, and then give the information requested below.

Palabras nuevas

pasear   *to stroll*   artesanía   *crafts*
senderos *paths*   cuero   *leather*
pasarelas *catwalks*   lana   *wool*

1. Costo del viaje de ida y vuelta de

   España a Iguazú: _____

   _____

2. El vuelo se hace con la compañía

   aérea _____

3. Costo del viaje con excursión y

   hotel: _____

3. Se pueden visitar las cataratas y

   _____

   y _____

4. Se puede llegar a Iguazú por tres

   países:_____

   _____

   y _____

5. En Paraguay se pueden comprar

   _____

   _____

   y _____

6. En Argentina es bueno comprar

   abrigos de _____

   y _____

LA GUÍA

CÓMO LLEGAR

Se llega a las cataratas por Foz de Iguazú (Brasil), Puerto Iguazú (Argentina) o Ciudad del Este (Paraguay). El vuelo desde España a Iguazú vía Río de Janeiro con la compañía brasileña Varig cuesta a partir de 112.000 pesetas ida y vuelta. Hay viajes organizados, que incluyen el vuelo con Varig y siete noches, a partir de 175.000 pesetas por persona, con los traslados incluidos.

QUÉ VER

Se puede pasear por los senderos del Parque Nacional de Iguazú, por las pasarelas de las cataratas, visitar el Centro Etnográfico Regional sobre la Cultura Tupi-guaraní, y el lago de Itaipú. En Foz de Iguazú está el Marco de las Tres Fronteras. Santa Teresina es un área de acampada con playa artificial y espacio para la práctica de los deportes náuticos.

QUÉ COMPRAR

En Ciudad del Este, en Paraguay, se pueden comprar artículos de importación, perfumes y todo tipo de recuerdos en forma de escultura, cerámica, porcelana, objetos de hierro y bronce y artesanía regional en lino, madera y mimbre. Puerto Iguazú, en Argentina, es el lugar ideal también para comprar prendas de cuero y lana.

DÓNDE INFORMARSE

En la Secretaría de Turismo de Foz de Iguazú: Rua Almirante Barroso, 485; Foz de Iguazú, 85890, Brasil, teléfono 07-55-455-742255. En el consulado de Brasil en Barcelona: Consell de Cent, 357, teléfono 93-4882288; y en la embajada de Brasil en Madrid: Fernando el Santo, 6, teléfono 91-3080459.

I. Un viaje en el AVE.   Read this ad promoting **AVE**, the high-speed train *(tren de alta velocidad)* in service in Spain since 1992, and then complete the statements below.

COMO AHORRAR DINERO A TODA VELOCIDAD.

Si tiene que viajar desde Madrid a Sevilla existe a su disposición un medio para ahorrar mucho dinero. Porque ningún otro medio de transporte le puede ofrecer las ventajas que el AVE le ofrece.

Desde 8.400 ptas. ida y vuelta en el día, hay un amplio abanico de tarifas especiales que pueden hacer que su viaje le salga más barato. Si viaja en grupo, si es titular de la Tarjeta Dorada o si viaja con niños, puede disfrutar de interesantes reducciones en el precio. Y todo ello sin renunciar a la Alta Velocidad ni a un servicio esmerado.

Haga números y verá como viajar en el AVE le trae cuenta.

S U B E

INFORMESE EN RENFE Y AGENCIAS DE VIAJES.

Palabras nuevas

ahorrar   *to save*   dorada   *golden*

El AVE va de _____ a _____ . Desde 8.400

pesetas se puede hacer el viaje de _____ y _____ .

Hay precios reducidos para _____ , personas que _____

_____ con niños y para los que pagan con _____

_____ . Se puede obtener información en _____

_____ y en _____

_____ .

LECCIÓN

13 Fiestas y tradiciones

A PRIMERA VISTA

A. Las fiestas tradicionales. Listen to the following descriptions and circle the holiday that is being described.

1. a) la Nochebuena

   b) el Día de la Independencia

   c) el Carnaval

2. a) el Día de las Madres

   b) la Semana Santa

   c) la Nochevieja

3. a) la Navidad

   b) el Día de los Reyes

   c) el Año Nuevo

4. a) el Día de Acción de Gracias

   b) la Pascua

   c) el Día de los Difuntos

B. Celebraciones. Identify in the chart on page 216 who celebrates the holidays you will hear named and describe briefly how each one is celebrated.

Modelo: 0. El Día de los Reyes Magos.

Día	¿Quiénes lo celebran?	¿Cómo lo celebran?
0.	*Los niños.*	*Reciben muchos regalos.*
1.		
2.		
3.		
4.		
5.		
6.		

C. **Las fiestas en México.** Listen as Ramón and Anita discuss their recent trip to Mexico. Then complete the sentences below based on what you hear.

Anita y Ramón fueron a _____. Ella visitó la ciudad de

_____ y él fue a _____ con sus

_____. Anita se quedó (*stayed*) con _____.

Ella tuvo la oportunidad de asistir a una _____, que es como

el _____ de los _____. Anita dice que,

en México, un *cowboy* es un _____. En la fiesta comió muchos

platos típicos y escuchó _____.

D. Asociaciones. Match the descriptions on the left with the holidays on the right.

1. Un día muy especial para
   los novios y esposos.   _____ Día de los Difuntos

2. Una fiesta muy importante
   en algunas ciudades como
   Nueva Orleans y Río de Janeiro.   _____ Nochebuena

3. Día especial para recordar
   a las personas muertas de
   la familia.   _____ Día de la Independencia

4. Las familias hispanas
   celebran la Navidad con una
   gran cena.   _____ Día de las Brujas

5. Hay desfiles con banderas
   y bandas.   _____ Carnaval

6. Los niños americanos van a
   las casas de sus vecinos (*neighbors*)
   y les piden algo.   _____ Día de los Enamorados

E. ¿Cuál es el mes de la fiesta? Complete the chart with the information requested about the American holidays that occur in the months listed.

Mes	Fiesta	Yo la celebro	La celebra mi familia	Es un día de trabajo
Noviembre				
Febrero				
Julio				
Enero				
Diciembre				
Octubre				

F. Crucigrama. Complete the sentences below with the words needed to solve the crossword puzzle. When you complete the puzzle, the vertical row will contain the name of a holiday.

1. Los países celebran su libertad y soberanía el Día de la...
2. Santa Claus les trae regalos a los niños en la...
3. El cuarto jueves de noviembre es el Día de Acción de...
4. Las personas mayores se disfrazan y se divierten mucho en el...
5. El primer día del año es el Año...
6. En el mes de mayo se celebra en muchos países el Día de las...

G. Las fiestas tradicionales de los Estados Unidos. Answer an Argentinian exchange student's questions about the holidays and traditions in the United States. Complete the following dialog.

Alberto: En mi país no tenemos el Día de Acción de Gracias. ¿Me puedes explicar lo que es y cuándo lo celebran ustedes?

Yo: _____

_____

Alberto: Me parece una tradición estupenda. Aquí seguramente celebran el día del cumpleaños igual que nosotros. ¿Cuándo es tu cumpleaños y qué tipo de regalos prefieres recibir?

Yo: _____

_____

Alberto: Esos regalos me parecen muy buenos. Ahora dime algo de las fiestas en este país. ¿Qué tipo de fiestas te gustan a ti?

Yo: _____

_____

Alberto: ¡Qué bien! Me tienes que avisar la próxima vez para ir a una fiesta contigo.

H.   **Carnaval de Viana.**   This Spanish festival is celebrated in the province of Orense, in the region of Galicia. Read the information at the bottom of the picture and answer the questions below.

Palabras nuevas

boteiro   *leather wine bottle*
careta   *mask*
oso   *bear*

carro del androido   *carnival oxcart*
androlla   *blood sausage*

ESPAÑA RITUAL

Carnaval de Viana. Se celebra el primer domingo de Carnaval. Todos los pueblos del valle acuden a Viana del Bollo (Orense) para participar en uno de los más antiguos e interesantes carnavales rurales de España. Boteiros, caretas, osos, carros del androido, desfilan por las calles para concluir comiendo las típicas «androllas» de Carnaval

1. ¿Cuándo se celebra esta fiesta?

   _____

2. ¿Está Viana del Bollo en una zona rural o urbana?

   _____

3. ¿Cómo se celebra el Carnaval en Viana?

   _____

4. ¿Usted celebra el Carnaval?

   _____

EXPLICACIÓN Y EXPANSIÓN

The Imperfect

A. Cuando el Sr. Maldonado era pequeño. Listen as Mr. Maldonado describes his life as a young boy. Then listen to the statements that follow and indicate whether each one is true or false by marking the appropriate response.

finca *farm*   ganado *cattle*   caballos *horses*

	Sí	No
1.	_____	_____
2.	_____	_____
3.	_____	_____
4.	_____	_____
5.	_____	_____
6.	_____	_____

B. Más sobre el Sr. Maldonado. Listen as Mr. Maldonado continues describing his childhood. Then indicate whether the statements that follow are true or false.

	Sí	No
1.	_____	_____
2.	_____	_____
3.	_____	_____
4.	_____	_____
5.	_____	_____
6.	_____	_____

C. **Cuando yo era pequeño(a).**   Looking back on your own childhood, say whether or not you used to do the following things.

Modelo: ir a la escuela en autobús.
   Iba a la escuela en autobús.
   o *No iba a la escuela en autobús.*

D. **La rutina del Sr. Montalvo.**   As you hear what Mr. Montalvo's activities are today, say that he used to do the same things before.

Modelo: El Sr. Montalvo se levanta temprano.
   Él se levantaba temprano.

E. **Alfredo y Mario en Barcelona.**   Alfredo Vélez and Mario Domínguez spent their junior year at the University of Barcelona in Spain. Tell what they used to do using the cues you hear.

Modelo: caminar por Las Ramblas
   Ellos caminaban por Las Ramblas.

F. **Cuando éramos estudiantes de secundaria.**   Answer these questions about your activities with your friends when you were in high school, using the correct imperfect form of each verb.

Modelo: ¿Practicaban deportes?
   Sí, practicábamos deportes. o
   No, no practicábamos deportes.

G. **En la escuela primaria.**   Match the people with the appropriate actions. Then write what you used to do in elementary school.

1.   Ella   _____ jugaban fútbol por las tardes.

2.   Nosotros   _____ cuidabas a tus hermanos.

3. Los chicos mayores _____ ayudaba a la profesora.

4. Tú _____ hacíamos la tarea.

5. Yo _____

H. Antes era diferente. Contrast each statement about the present with the way things used to be following the model.

Modelo: Ahora me gusta la sopa.
Antes no me gustaba la sopa.

1. Ahora mi hermana hace ejercicio.

_____

2. Ahora mi madre viaja en avión.

_____

3. Ahora mis hermanos viven en la universidad.

_____

4. Ahora tengo un coche deportivo.

_____

5. Ahora mi padre no trabaja en la oficina.

_____

6. Ahora no leo libros de historia.

_____

I. Cuando tenía diez años. Write a paragraph about yourself when you were ten years old using verbs and phrases from the box and ideas of your own.

ir a la playa los domingos	montar en bicicleta	dormir	estudiar
visitar a los abuelos	vivir	gustar	comer
ver partidos de fútbol	practicar deportes		

_____

_____

_____

_____

_____

_____

J. **¿Cómo celebrabas tu cumpleaños?** A Peruvian friend has asked you to describe how you celebrated birthdays when you were a child. Remember to highlight what would be of interest to a foreigner.

_____

_____

_____

_____

_____

_____

_____

The Imperfect and the Preterit

K. **La historia de la madre del profesor.** While discussing the topic of immigration, your sociology instructor uses the example of his own mother. Listen to his description of her experience and then number the sentences below in the order in which the events took place.

1. _____   Celebrábamos la Nochebuena.

2. _____   La madre del profesor se casó en Iowa.

3. _____   Cuando ella llegó a Iowa, hacía mucho frío.

4. _____   Ella llegó a Miami en 1962.

5. _____   La madre del profesor vivió en Miami cuatro meses.

6. _____   Ella fue profesora de español en una escuela secundaria.

7. _____   Los turrones eran el postre de la cena de Nochebuena.

8. _____   La familia celebraba el día 25 de diciembre la llegada de Santa Claus.

9. _____   Los dos hermanos se criaron *(were reared)* en un ambiente multicultural.

10. _____   Los hermanos recibían regalos el Día de los Reyes Magos.

L. Las dificultades de Margarita. Listen as Margarita's sister describes why Margarita had difficulties getting to the office on time. Then fill in the chart below categorizing the events described as completed actions, habitual actions, or background information.

Acción completa	Acción habitual	Descripción
ella salió	*iba a la oficina*	*llovía mucho*

M. ¿Pretérito o imperfecto? Complete the sentences circling the most appropriate past tense form of the verb.

1. (Fueron, Eran) las dos de la mañana cuando ellos (llegaron, llegaban) al hotel.

2. La fiesta de quince años que mis padres le (dieron, daban) a mi hermana el año pasado (fue, era) algo muy especial.

3. Cada Navidad (fuimos, íbamos) a casa de mis abuelos y Papá Noel nos (trajo, traía) muchos regalos.

4. Recuerdo que un año mis padres no le (compraron, compraban) una piñata a mi hermano.

5. Mientras Ernesto (cantó, cantaba) los muchachos (escuchaban, escucharon) con mucha atención.

6. Durante el Carnaval, todas las familias (fueron, iban) a la plaza a ver los bailes.

7. El domingo pasado, Día de las Madres, (llevé, llevaba) a mi mamá a un concierto de rock.

8. Todos los años para esperar el Año Nuevo, Ester y Martín (fueron, iban) a casa de los Solís y allí (bailaron, bailaban) hasta las dos o tres de la mañana.

N. La fiesta de Enrique. Complete the paragraph with the correct preterit or imperfect form of the verbs in the box.

1.	dar	6.	trabajar	11.	estar
2.	invitar	7.	ser	12.	tocar
3.	ser	8.	organizar	13.	encender
4.	estudiar	9.	hacer	14.	empezar
5.	estar	10.	llegar	15.	ser

La semana pasada Enrique (1) _____ una fiesta e (2)

_____ a todos sus amigos. (3) _____ una fiesta de

sorpresa para celebrar el cumpleaños de su amiga Carmen que (4)

_____ con él en la universidad el año pasado. Carmen (5)

_____ en su tercer año y (6) _____ bastante porque

las clases (7) _____ difíciles.

Enrique (8) _____ muy bien la fiesta. Él (9) _____

todos los arreglos *(planning)* desde la comida hasta la música. Cuando Carmen (10)

_____ a la casa de Enrique todo (11) _____ oscuro,

pero en el momento en que ella (12) _____ a la puerta se (13)

_____ todas las luces y (14) _____ la fiesta. (15)

_____ una verdadera sorpresa para Carmen.

O. ¿Qué hacías? Write two things you used to do in the following places.

Jardín de la infancia *(kindergarten)*

1. _____

2. _____

Escuela secundaria

1. _____

2. _____

P. El primer viaje a España. Fill in the blanks with the correct preterit or imperfect verb form.

Yo _____ estudiante universitario la   ser

primera vez que yo _____ a España.   ir

_____ al hotel por la mañana,   llegar

pero ya _____ calor en la calle.   hacer

Yo me _____ una hora en la   quedar

habitación para descansar después del viaje y

luego _____ para conocer Madrid.   salir

El hotel _____ en la Gran Vía, una   estar

de las calles principales de Madrid. _____   Haber

mucha gente caminando por la calle, pero sin

la prisa de las grandes ciudades americanas.

Como yo _____ hambre, _____   tener, entrar

en un pequeño restaurante para comer algo.

_____ las doce y media de la tarde,   ser

pero el restaurante _____   estar

vacío. El camarero _____ que yo   ver

_____ norteamericano y me   ser

_____ que en España la gente   explicar

come a las dos de la tarde más o menos.

Después de ese día yo siempre _____   comer

a las dos como los españoles aunque muchas

veces _____ hambre más temprano.   tener

Q. ¿Qué tiene la Sra. Ruiz? The paramedics have just taken Mrs. Ruiz away in an ambulance. A policeman is asking a friend who was at the house what happened. Complete their conversation with the appropriate preterit or imperfect verb forms.

Policía: ¿Qué hora era cuando Ud. llegó a la casa de la Sra. Ruiz?

Amiga: _____ las siete, más o menos, cuando _____.

Policía: ¿Quién le abrió la puerta?

Amiga: La señora Ruiz me _____ la puerta.

Policía: ¿Ella le dijo algo?

Amiga: Primero no me _____ nada porque_____ llorando, pero después

me _____: "Me siento muy mal. Llama a los paramédicos".

Policía: ¿Y qué hizo usted?

Amiga: _____ en la casa y _____ a los paramédicos.

2. Mrs. Ruiz's son is explaining how Mrs. Ruiz felt when she arrived at the hospital. Use the correct form of the verbs on the right to complete his description.

Cuando mi mamá llegó _____ muy mal.   sentirse

_____ muy débil y casi no _____   estar, poder

hablar. El médico me _____ que _____   decir, tener

la tensión muy baja. Una enfermera le _____ una   poner

inyección y ahora, gracias a Dios, _____ muy bien.   estar

Por and Para

R. Sofía y Dulce van a una charreada. Listen as Sofía and Dulce discuss their plans to go to the *charreada*, the Mexican rodeo. Then indicate whether the statements that follow are true or false by marking the appropriate response. Don't worry if you don't understand every word.

	Sí	**No**
1.	_____	_____
2.	_____	_____
3.	_____	_____
4.	_____	_____
5.	_____	_____

S. Un día muy especial para Angélica. Listen to this description of the events surrounding a special occasion involving Angélica. Then complete the statements below based on the information you heard.

1. Angélica quiere comprar un _____ para _____.

2. Ella va a una tienda con _____.

3. Ellas caminan _____ la calle Alameda.

4. _____ Angélica el vestido azul es el más bonito.

5. Ellas pagan 10.000 pesos _____ el vestido.

6. Angélica recibe muchos regalos _____ su cumpleaños.

T. Regalos para todos. You just won the lottery and have bought presents for some friends. Looking at the drawings, tell who will receive each present.

Susana

Modelo: ¿Para quién es el radio?
Es para Susana.

1.

Pablito

2.

Josefina

3.

Ramiro

4.

Gilberto

5.

Irma

6.

tú

U. Opiniones. You will hear the names of several people and their opinions on various topics. Combine both in a sentence using **para**.

Modelo: Alicia / Ésta es la mejor fiesta del año.
Para Alicia, ésta es la mejor fiesta del año.

V. ¿Cambiamos? At a garage sale you decide that rather than offering to buy items, you would prefer to trade. Ask the sellers if they will trade the items you want for what you have to offer.

Modelo: una bicicleta   el estéreo
Te cambio mi bicicleta por tu estéreo.

Lo que venden en el garaje
una chaqueta
un diccionario
una máquina de escribir
una guitarra
una grabadora

Lo que Ud. tiene
una mochila
una silla
un televisor
una lámpara
un reloj

1. _____

2. _____

3. _____

4. _____

5. _____

W. Las fiestas. Say when you plan to be at the following fiestas.

Modelo: la Fiesta de San Antonio
           Voy a estar allí para el 13 de junio.

1.   el Día de las Madres

_____

2.   el Día de los Enamorados

_____

3.   el Día de Acción de Gracias

_____

4.   el Día del Trabajo

_____

5.   la Navidad

_____

X. Fiestas en Latinoamérica.   Say how long the following people will be at the **fiestas** mentioned.

Modelo: yo/la Feria Internacional de los Andes
           Voy a estar en la Feria Internacional de los Andes por dos días.

1.   mis amigos/el Festival Folklórico de San Carlos

_____

2. Jorge/la Feria de Ciudad Guzmán

_____

3. nosotros/la Feria de San Fermín

_____

4. tú/el Festival Folklórico de la Patagonia

_____

Y. **Un viaje a México.**   Fill in the blanks with **por** or **para** depending on the context.

   Mi esposa Elena y yo salimos _____ México el lunes. Vamos en

avión y debemos llegar a México _____ la tarde. Vamos a estar en el

avión cuatro horas, lo que me parece un viaje muy largo _____ ir a un

país vecino. Pero el avión va a seiscientas millas _____ hora porque no

hay vuelos supersónicos entre Estados Unidos y México.

Realmente no tenemos el dinero _____ hacer el viaje, pero lo vamos a

hacer _____ Elena. Ella es mexicana y no ha visto a su familia

_____ más de cinco años. Ella tiene muchos regalos

_____ sus padres y hermanos y _____ eso hay que

llevar muchas maletas.

   En México quiero ir primero al Museo de Antropología _____

ver las esculturas y las obras artísticas de las culturas precolombinas. Después voy

a caminar _____ la Zona Rosa, una sección muy elegante de la

ciudad. Va a ser un viaje muy interesante, pero tengo que volver

_____ el día 25 porque tengo que terminar un proyecto muy

importante en el trabajo.

Z. **Un día muy especial.** Read these two ads from the Bolivian newspaper *La Razón*. Answer the questions according to the information you have read.

1. ¿Qué fiesta se celebra?

   _____

2. ¿Cuál es la fecha de la fiesta en Bolivia?

   _____

3. ¿Para quién es el concierto?

   _____

4. ¿Qué ofrece la librería para la madre en su día?

   _____

5. Para usted, ¿cuál es el mejor regalo, un libro o el concierto?

   _____

MOSAICOS

A. **La feria del libro.** Listen as Armando explains the Hispanic tradition of book fairs. Then complete the chart based on the information you hear.

editoriales   *publishing companies*   puesto, caseta   *stand, booth*

	Feria del Libro	Día de San Jorge
Fecha o estación		
Frecuencia		
Lugar		
Participantes		
Cosas que se venden		

B. Preguntas personales.   Answer the following questions about your age and activities.

C. Las fallas de Valencia.   The *fallas* are among the most famous Spanish traditions. Every neighborhood builds a float representing a typical, political, or satirical theme. The last evening of the *fiestas*, the fire *(Cremà)*, takes place. All the floats are set on fire. Read this ad for the *fallas*. Assuming that a friend of yours left Madrid on March 16 by bus on this tour, write a paragrapph in the past tense about his experience, using the information in the ad.

vistosidad   *showiness*

fuego   *fire*

maestros falleros   *float craftmen*

fuegos artificiales   *fireworks*

cohetes   *rockets*

tracas   *string of fireworks*

A LAS FALLAS CON CETYCAR

5 *días*

FALLAS DE VALENCIA

SALIDA: Domingo 16 de marzo

ITINERARIO:

Marzo, 16 (dom.) Madrid-Valencia
Salida hacia Tarancón, el embalse de Alarcón y Requena, para llegar a Valencia. **Cena y alojamiento.** Tarde libre.
Marzo, 17 (lun.) Valencia
Desayuno, almuerzo y alojamiento. Día libre. Durante los días de estancia en Valencia se podrá asistir a las fiestas «Fallas», declaradas de Interés Turístico Nacional, únicas en el mundo por su colorido y vistosidad, en donce se conjugan el fuego, la música y el buen humor. En ellas destaca principalmente la colorista y tradicional ofrenda de flores, las famosas corridas de toros, los concursos musicales, la «Plantá», la «Despertá», etcétera.
Marzo, 18 (mar.) Valencia
Desayuno, almuerzo y alojamiento. Día libre para seguir recorriendo las plazas y calles y admirar las obras de arte de los maestros falleros, así como asistir a la colorista ofrenda floral.
Marzo, 19 (miér.) Valencia-Madrid
Desayuno, almuerzo y alojamiento. Día libre para seguir disfrutando de las fiestas y, por la noche, asistir a la famosa «Cremà», momento cumbre de las fiestas, que se celebra entre un gran derroche de fuegos artificiales, cohetes y tracas.
Marzo, 20 (juev.) Valencia-Madrid
Desayuno y, a media mañana, salida hacia Requena y Tarancón.

REGRESO A MADRID.

PRECIOS POR PERSONA (PTAS)		
CIUDAD DE SALIDA Y LLEGADA	Hab. doble baño/ducha	Suplemento individual
Madrid	37.800	5.200

5 % descuento tercera persona en habitación triple.

HOTEL: REY DON JAIME (★★★★)

_____

_____

_____

_____

_____

_____

_____

_____

_____

_____

D. La vida cambia.   Using the following paragraph about contemporary city life as a model and your own ideas, write a brief paragraph on what city life was like years ago.

Ahora

La vida en las ciudades es muy agitada. No hay tiempo para nada. El tráfico es terrible y hay mucha contaminación del aire. Las presiones son muy grandes y el problema de la inseguridad es muy serio.

Antes

_____

_____

_____

_____

_____

_____

_____

E. **Fiestas de Puerto Rico.** Read this information published by the Commonwealth of Puerto Rico and answer these questions.

cosechas   *harvest*   trabajos artesanales   *crafts*

Si usted planea ir a Puerto Rico no olvide tomar en cuenta los dias feriados y los eventos que se están celebrando allí. Hay mas de 20 días de fiestas oficiales y varios festivales. Estos últimos van desde homenajes a figuras históricas nacionales, santos patrones, danzas tradicionales, a celebración de las cosechas y trabajos artesanales. Todas estas ocasiones son invitaciones abiertas al aprendizaje y disfrute de nuestra herencia histórico cultural.

Durante los últimos 37 años hemos celebrado el *Festival Casals,* un evento clásico con el que se honra la memoria del célebre maestro del violincelo *Pablo Casals.* Hoy, el Festival Casals es conocido en todo el mundo como un evento de importancia en la música. Las actuaciones de este año serán en San Juan, Ponce y Mayaguez del 5 al 19 de Junio. *La Sinfonia Orquesta de Cámara de Varsovia (Polonia), y la Orquesta Sinfónica de Puerto Rico,* ofrecerán varios recitales en ocasiones diversas. Si usted quiere recibir información adicional sobre este festival llame al (809) 721-7727.

By Raquel Velázquez

1.   ¿Cuántos días de fiestas y festivales hay en Puerto Rico?

_____

2.   ¿Qué tipos de fiestas se celebran en Puerto Rico?

_____

3.   ¿Por cuántos años se ha celebrado el Festival Casals?

_____

4. ¿En qué ciudades se ofrecen los conciertos?

_____

5. ¿Cuál es la fecha del festival?

_____

6. ¿Cuáles son las orquestas que ofrecieron recitales?

_____

7. ¿Qué debe hacer usted para obtener información?

_____

F. **Domingo de Ramos en Bolivia.** Most traditional Hispanic festivities are either religious or patriotic. After reading this article from the Bolivian newspaper *La Razón* about the celebration of Palm Sunday in the city of La Paz, complete the sentences below with the appropriate word.

centenares   cientos
paceña   *de la Paz*
volcarse   *to invade (metaphorically)*
asistir   *ir*
hacer bendecir   *to have (it) blessed*
evitar   *to prevent*
ladrón   *thief*
apostarse   *to settle*
Bs (bolivianos)   *Bolivian currency*

● *Centenares de familias acudieron
a los templos en Domingo de Ramos*

Fiel a la tradición cristiana, la población paceña se volcó ayer a los templos de la ciudad para asistir a la misa de Domingo de Ramos y adquirir y hacer bendecir las palmas y crucifijos, o adquirir un "huevo de pascua".

Desde tempranas horas de la mañana, pudo observarse a centenares de familias enteras en las cercanías de los principales templos de la ciudad, ya sea a la tradicional misa del Domingo de Ramos o para adquirir y hacer bendecir las palmas que, según se tiene como una tradición cristiana o costumbre, colocada en la parte interior de la puerta de los domicilios, evita que los ladrones hagan de las suyas.

La tradición cristiana indica que un domingo como ayer Jesús ingresó a Jerusalén donde la población lo recibió con palmas que significaban su adhesión al Señor, aunque ya estaba preanunciada la muerte del Redentor, ocurrida cuatro días después.

Varios comerciantes se apostaron en las inmediaciones de los templos de la ciudad en procura de vender toda clase de objetos de la creencia cristiana.

Entre los mismos se destacan las tradicionales palmas, con costo desde Bs 1,00 hasta incluso Bs 5,00. Tampoco estuvieron ausentes los crucifijos construidos en material diverso.

Sin embargo, también se vieron collares de maíz que los comerciantes denominaban como 'collares de la suerte', además de los tradicionales 'huevos de pascua' en tamaños y precios diversos.

Domingo de Ramos en La Paz.

1. Esta celebración es una tradición _____.

2. La gente va a las iglesias _____ asistir a la misa.

3. Las familias compran _____, _____ y

   _____ y los llevan a las iglesias _____

   hacerlos _____.

4. La misa es _____ la mañana.

5. Según la tradición, colocar _____ detrás de la puerta protege contra

   (against) _____.

6. Había _____ cerca de los templos que _____

   palmas, crucifijos y huevos de Pascua.

7. Vendían las palmas _____ el precio de Bs 1,00 a Bs 5,00.

8. Los comerciantes vendían _____ _____

   _____ como collares de la suerte.

G. **El diez de octubre.** A Cuban poet and journalist wrote this article about a traditional Cuban holiday that commemorates the beginning of Cuba's first war of independence for *El Nuevo Herald*, a Hispanic newspaper published in Miami, on the occasion of this patriotic holiday. Read the statements that follow the article, and indicate whether each statement is true or false by checking **sí** or **no**.

bandera   *flag*
himno   *anthem*
patria   *fatherland*
júbilo   *joy*
duelo   *mourning*
bienestar   *well-being*
peso   *weight*
cuna   *cradle*
tumba   *grave*

Diez de Octubre

Madrid — Fui niño de bandera y de himno. Las fiestas de la patria traían horas felices para los más pobres como para los ricos, porque en todos los pechos resonaba el metal de esos días, 10 de Octubre, 20 de Mayo, 24 de Febrero o 28 de Enero, para el júbilo; 7 de Diciembre para el duelo y el recuerdo.

GASTON BAQUERO

La muchachada vivía esas fechas con intensidad, con un sentimiento fuerte de paz interior y de seguridad, en la existencia de una patria de todos, una patria que guardaba en su seno amorosamente a todos sus hijos. Más allá de las castas, de las razas, de la pobreza y del bienestar, de la ruralidad y de la gloria de las ciudades, en esos días se sentía ciertamente el peso arrollador de la patria en el alma.

Sentir la historia, saber que pertenecemos a un algo colectivo que es un todo, un todo superior y supremo, es algo con lo que se nace, es como el cuerpo que nos acompaña de la cuna a la tumba. La historia, lo histórico, es en realidad, según el filósofo, la materia, el tejido de que estamos hechos y somos. "El hombre no es naturaleza, es historia".

	Sí	No	
1.	____	____	El escritor tenía sentimientos patrióticos cuando era niño.
2.	____	____	El 10 de Octubre y el 20 de Mayo eran fiestas tristes.
3.	____	____	El 7 de Diciembre era una fiesta religiosa.
4.	____	____	Los muchachos celebraban las fiestas patrióticas con emoción.
5.	____	____	Las celebraciones patrióticas eran para los ricos que vivían en las ciudades.
6.	____	____	Según el autor del artículo, es importante sentir que formamos parte de un todo colectivo.
7.	____	____	De acuerdo con el artículo, la historia es muy importante.

14 Las vacaciones

A PRIMERA VISTA

¿Adónde le gustaría ir a usted?

A. ¿Dónde prefieren pasar las vacaciones? Listen as several students discuss where they would like to go on a vacation combining pleasure with learning. Complete the chart by filling in the place each one hopes to visit, what sports each hopes to participate in while there, and the academic discipline each hopes to learn more about.

No.	LUGAR	DEPORTE	DISCIPLINA

B. Vacaciones en Pamplona. Listen as a student describes his visit to Pamplona, a city in the region of Navarra in northern Spain. As you listen, indicate with a check mark (✔) what places he visited and with a plus sign (+) which places he and the other tourists in his group liked best. Don't worry if you don't understand every word.

	la catedral		Museo de Navarra
	Ayuntamiento		restaurante Arrieta
	plaza de toros		Ciudadela
	café		estadio

C. **Asociaciones.** Match the descriptions on the left with the places on the right.

1. Edificio que se usa para actividades religiosas.

    ____ la plaza de toros

2. Llevan allí a las personas que necesitan una operación o están enfermas.

    ____ la playa

3. Edificio que contiene colecciones importantes de esculturas, pinturas, etc.

    ____ el hotel

4. Lugar donde las personas que están de viaje pueden pasar una o más noches.

    ____ la catedral

5. Se pueden ver dramas o comedias aquí.

    ____ el hospital

6. Estructura redonda donde un hombre se enfrenta con (confronts) un animal grande y fuerte.

    ____ el museo

7. Lugar adonde las personas van para nadar o tomar el sol.

    ____ el teatro

D. **Juan y su hermana.** Fill in the blanks with the appropriate words.

Juan es un gran deportista. A él le gusta practicar windsurfing y en el verano él va a una _____ que está cerca de su casa. Allí es difícil _____ porque las olas son muy altas, pero es perfecta para el windsurfing. Cuando se cansa, Juan se acuesta en la arena (sand) para _____ el sol. En el invierno el agua está muy fría y Juan va a las _____ para esquiar.

A la hermana mayor de Juan no le gusta la playa. A ella le encanta ir al campo o trabajar en el jardín de su casa. Ella tiene muchas plantas y cada dos o tres días corta (cuts) _____ para poner en la sala o el comedor. También le gustan mucho las frutas y tiene _____ que le dan mangos, guayabas y otras frutas tropicales.

Una visita a una ciudad

E. Una llamada al Hotel Alameda. Listen to this telephone conversation between an employee of the Alameda Hotel and a client and to the statements that follow. Indicate whether each statement is true or false by marking the appropriate response. Don't worry if you don't understand every word.

	Sí	No
1.	_____	_____
2.	_____	_____
3.	_____	_____
4.	_____	_____
5.	_____	_____
6.	_____	_____

F. En la recepción del hotel. While working on your summer job at a hotel, you overhear this conversation. Complete this summary by filling in the missing words based on what you hear.

Los señores García Urrutia hicieron _____ en el hotel, pero

el empleado no puede _____ la reservación. El señor García

Urrutia quiere buscar la _____ en su maletín, pero el

empleado la encuentra bajo el apellido _____.

A los señores García Urrutia les _____ ese hotel, porque ya

_____ allí el año _____. El señor García

Urrutia firma la _____ de registro y le da su

_____ al empleado del hotel. Entonces, el botones los

acompaña a la _____.

G. En el hotel. Read the following definitions and write the words they describe.

1. Un cuarto para una persona. _____

2. Lugar adonde el cliente va cuando llega al hotel

   para pedir habitación. _____

3. Objeto que se necesita para llevar la ropa

   cuando una persona va de viaje. _____

4. Documento que necesitamos para

   viajar al extranjero. _____

5. Acción de pedir una habitación a un

   hotel por teléfono. _____

H. Un hotel para empresarios. This ad promotes a hotel to business people *(empresarios)*. Answer the questions that follow based on the information in the ad.

1. ¿En qué país está el hotel?

   _____

2. ¿Cuál es su dirección?

_____

3. ¿De cuántas estrellas es el hotel?

_____

4. ¿De dónde son los empresarios que asisten a la rueda de negocios (*business roundtable*)?

_____

El correo y la correspondencia

I. Noticias de Soledad. Enrique and Julia are talking about the news he has received in a letter from their friend Soledad. After their conversation you will hear some questions. Circle the best answer to each among the three choices given.

1. a) Una tarjeta postal.
   b) Una carta.
   c) Un telegrama.

2. a) Incorrectamente
   b) Muy bien
   c) Sin código postal.

3. a) La playa.
   b) Los museos y la ópera.
   c) Estadios y escuelas.

4. a) Una tarjeta postal.
   b) Una blusa.
   c) Un disco de ópera

J. Iris y su novio. You are writing to a friend about Iris and her fiancé. Complete the sentences with the appropriate words.

El novio de Iris está en la Universidad de Guadalajara y los dos hablan por

_____ frecuentemente. Hoy Iris le escribió una

_____ a su novio. Cuando la terminó, escribió la dirección en

el _____ y fue al _____ para comprar

_____ . Después la echó (*put*) en el _____ .

K. Servicio urgente. Read this ad from *Seur,* and answer the questions.

Seur ofrece un servicio _____ para enviar

_____ a ciudades de _____ y del

_____. Esta compañía cuenta con más de 6.000

_____ y _____

_____ 3.000 _____. Además, tiene

_____ propios. Los clientes pueden usar esta compañía

llamando _____.

EXPLICACIÓN Y EXPANSIÓN

Imperfect Progressive

A. **Unas vacaciones en La Romana.** Listen as a friend describes her summer vacation. Then fill in the missing words to complete the sentences below.

1. La familia fue de vacaciones a _____.

2. La Romana es una _____ famosa.

3. Cuando llegaron se pusieron muy tristes porque _____.

4. El empleado del hotel les informó que Danny Rivera _____ en

   Santo Domingo.

5. La familia _____ las entradas para oír al cantante puertorriqueño.

B. **Preparándose para las vacaciones.** Using the cues you hear, tell what each member of the Piñero family was doing as they prepared for their trip to San Francisco.

Modelo: Madre. Preparar las maletas.
La madre estaba preparando las maletas.

C. **Esteban y Daniel están pasando las vacaciones en Uruguay.** The day after their arrival in Punta del Este, Uruguay, Esteban and Daniel tour the hotel facilities and observe the activities of guests and workers. Choose a verb from the box and use it in the imperfect progressive form. There are more verbs than you need.

beber	pedir	nadar	leer
discutir	jugar	hablar	pasear
pasar	tomar	escuchar	escribir

1. Un señor _____ un libro.

2. Tres muchachas _____ música.

3. Dos niños _____ en la piscina.

4. Otras personas _____ con un empleado.

5. Una señora _____ informes en la recepción.

6. Un chico _____ en el pasillo.

7. Un soldado _____ por teléfono.

8. Una pareja _____ café en el bar.

9. Nosotros _____ por el hotel.

10. Ustedes _____ las vacaciones en Uruguay.

D. **En la cafetería de la universidad.** Recount the activities that were going on when you entered the cafeteria.

Modelo: José / comer
José estaba comiendo una ensalada.

1. Ernesto y María / conversar

_____

2. Tú / probar

_____

3. Ustedes / beber

_____

4. Violeta / discutir

_____

5. Los jugadores de fútbol / comentar

_____

6. Juan José / escribir

_____

Hace with Time Expressions

UN PASO ADELANTE

1. To state that an action began in the past, continued, then stopped in the past, use **hacía** + the length of time + **que** + the imperfect tense of the verb.

   Hacía dos meses que trabajaban.
   They had been working for two months.

2. **¿Cuánto tiempo hace / hacía que...?** is the Spanish equivalent of *how long...?* or *how long ago...?*

E. **Pilar está disgustada** *(upset).*   Listen to a brief conversation between Pilar and Alfredo and to the incomplete statements that follow. Circle the letter corresponding to the word or phrase that best completes each. Don't worry if you don't understand every word.

1. a) oficina.

   b) casa.

   c) calle.

2. a) cinco minutos.

   b) sesenta minutos.

   c) media hora.

3. a) "Perdón".

   b) "Con permiso".

   c) "Hasta luego".

4. a) son nuevos.

   b) no funcionan.

   c) están ocupados.

5. a) hace una hora.

   b) hace cuatro horas.

   c) hace seis horas.

F. Gabriel y su novia en el teatro. Listen to this description of what Gabriel and his fiancée did on their latest date. Then listen to the statements that follow, and indicate whether each is true or false by marking the appropriate response. Don't worry if you don't understand every word.

	Sí	No
1.	_____	_____
2.	_____	_____
3.	_____	_____
4.	_____	_____
5.	_____	_____

G. En el lago Pátzcuaro. While visiting Lake Pátzcuaro in México, you decide to go on a boat ride. Assuming that it is now ten in the morning, as you hear the names of your fellow passengers, look at the time each person arrived at the dock and say how long he or she has been waiting.

Modelo: Juan / 9:45
Hace quince minutos que espera.

1. Elvira / 9:50   2. Don Alfonso / 9:35   3. Manuel / 9:55

4. Doña Isabel / 9:40   5. Magdalena / 8:30

H. ¿Cuánto tiempo hace? Complete the following sentences using **hace** + a time expression (**horas, días, semanas, meses, años**).

Modelo: Hace seis meses que llegué a esta ciudad.

1. _____ que comí una comida caliente.

2. _____ dormí una noche tranquilamente.

3. _____ tuve un problema serio en casa.

4. _____ estuve en una playa de vacaciones.

5. _____ viajé a otro estado.

I. **Unas vacaciones en Chile.** Tell how long the following persons have been doing these activities.

Modelo: Los Ramírez llegaron al restaurante "El Albatrós" a las 7:00. Son las 10:00.
Hace tres horas que están en el restaurante "El Albatrós".

1. Yolanda y sus amigas fueron a jugar al Casino Municipal en Viña del Mar a las 8:00 de la noche. Son las 9:30.

   _____

2. Carlos y Bernardo fueron a esquiar a las diez. Son las doce.

   _____

3. Los padres de Sofía salieron a caminar a las siete. Son las siete y media.

   _____

4. El señor Fernández fue a pescar al lago Neltume a las 7:00 de la mañana. Ya son las 3:00 de la tarde.

   _____

5. Amanda y Pedro empezaron a hablar con sus amigos a las doce. Es la una.

   _____

J. **Recordando unas vacaciones.** How long ago did the persons mentioned do the activities identified in each sentence.

Modelo: Armando esquió en Farellones el mes pasado.
Hace un mes que Armando esquió en Farellones.

1. Los Martínez estuvieron en las termas *(hot springs)* de Aguas Calientes en 1987.

   _____

2. Yo asistí a una función del Ballet Folklórico de México en 1985.

   _____

3. Irene y yo fuimos a la Isla de Pascua *(Easter Island)* en 1989.

   _____

4. Martín y Clara compraron unas chaquetas de cuero en Valparaíso el año pasado.

_____

5. Nosotros cruzamos el Canal de Panamá en 1984.

_____

K. La vida de los estudiantes. Complete the following sentences based on your own experiences.

1. Hace dos semanas que _____

2. Estudié geografía hace _____

3. Hace un año que _____

4. Visité a mi familia hace _____

5. Hace unos momentos que _____

6. Hace varios años que _____

Stressed Possesive Adjectives and Pronouns

L. Un problema serio. Listen to this conversation between Ernesto and Ángel and to the questions that follow. Then circle the letter of the best answer you hear for each question.

1. a.   b.   c.

2. a.   b.   c.

3. a.   b.   c.

4. a.   b.   c.

5. a.   b.   c.

M. Al llegar al hotel. You and some friends have just arrived at a hotel. Listen to your friends' comments regarding what has happened, and circle the stressed possessive adjective you hear in each statement.

1. nuestro   nuestros   nuestra   nuestras

2. tuyo   tuyos   tuya   tuyas

3.	mío	míos	mía	mías
4.	suyo	suyos	suya	suyas
5.	míos	mías	mía	mío

N. **¿Dónde está?** Answer your friend's questions about where various objects are, using **sí** and the appropriate possessive pronoun.

Modelo: ¿Tu pasaporte está en el maletín?
Sí, el mío está en el maletín.

O. **Mi viaje a Perú.** Your friend is telling you about certain aspects of his trip to Peru. How would he emphasize the following statements using possessives?

Modelo: Mi pasaje no fue caro.
El pasaje mío no fue caro.

1. Mi excursión incluye un viaje al Cuzco.

_____

2. Su hotel está cerca del Palacio Torre Tagle.

_____

3. Hicimos nuestras reservaciones hace dos meses.

_____

4. Diego dice que sus boletos costaron $850.00.

_____

5. Susana compró su poncho en ese mercado.

_____

P. **Las vacaciones.** Rewrite the following sentences using the form of the possessive adjective corresponding to the person in parentheses.

Modelo: Las vacaciones en la playa fueron muy especiales. (Juan)
Las vacaciones suyas fueron muy especiales.

1. Las maletas eran muy caras. (yo)

_____

2. El viaje a Nicaragua va a ser en el verano. (tú)

_____

3. Las reservaciones se hicieron la semana pasada. (nosotros)

_____

4. La mochila está en la habitación. (Elenita)

_____

5. La habitación es muy pequeña. (Carlos y Carmen)

_____

Q. Buscando el carro en el estacionamiento. You are looking for your car in the parking garage. Complete the following conversation with the appropriate possessives.

Empleado	¿Cuál es su carro?
Señor	¿_____?
Empleado	_____.
Señor	Sé que lo estacioné aquí, pero no recuerdo en qué piso. Es azul...
Empleado	¡Ah! Entonces, éste es _____.
Señor	¡Un Cadillac! ¡Ojalá! _____ es un Colt.

R. En el aeropuerto esperando el equipaje. Complete this conversation in the baggage section of the airport with the appropriate possessive form.

Asunción	No veo mis maletas. ¡Ah, están allí!
Berta	No, Asuncion, ésas no son _____.
Asunción	Sí, son ésas.
Señor	Perdón, señora. Ésas son las maletas _____.
Asunción	¿_____?
Señor	Mire los números, señora. Son los números _____.
Asunción	Lo siento mucho, es que las maletas _____ son iguales a las _____.

S. En un viaje. Answer the following questions using the appropriate form of **el mío, el suyo, el tuyo,** or **el nuestro.**

Modelo: ¿Qué habitación te gusta más, la de Ana o la tuya?
Me gusta más la suya o *Me gusta más la mía.*

1. ¿Cuál es más cómodo, nuestro hotel o el de ustedes?

   _____

2. ¿Quieres ir a Concepción en mi auto o en el de Víctor?

   _____

3. ¿Cuál mapa de Chile prefieres usar, el de Sara o el tuyo?

   _____

4. ¿Te gustan más mis fotos de Bariloche o las tuyas?

   _____

5. ¿Vas a usar mi mochila o la de Ana?

   _____

MOSAICOS

A. El Sr. Álvarez es un buen amigo. Listen as a hotel clerk discusses two hotel guests, Mr. and Mrs. Álvarez. Then listen to the statements that follow and indicate whether each is true or false by marking **sí** or **no.**

	Sí	No
1.	_____	_____
2.	_____	_____
3.	_____	_____
4.	_____	_____
5.	_____	_____
6.	_____	_____

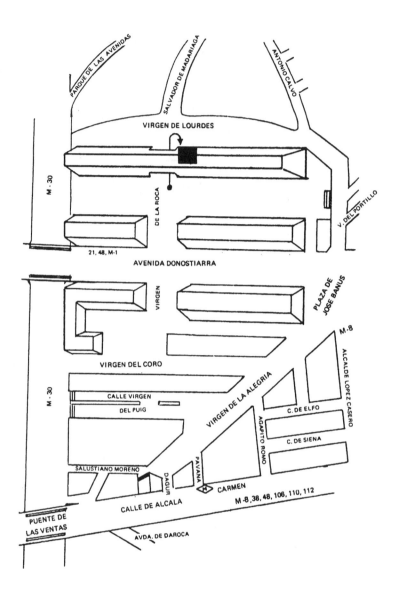

B. La Academia Meca. You are in Madrid spending your vacation with a Spanish family. Your roommate wants to show you around the city, and asks you to meet him at the Academia Meca. As he gives you directions on how to get there, draw the route on the map.

C. En Ponce. You and a friend are staying at the Hotel Ponce Hilton (number 26 on the map), in the Puerto Rican city of Ponce, and your friend wants to visit Castillo Serrallés (11). Write instructions to your friend on how to get there by car.

SITIOS DE INTERES

1. **Plaza de las Delicias, Catedral, Antiguo Parque de Bombas, Calle Isabel y Reina, Tiendas, Bancos y Restaurantes, Hotel Meliá**
2. **Museo de La Danza**
3. **Casa Alcaldía**
4. **Casa Armstrong**
5. **Museo de Arquitectura**
6. **Teatro La Perla y el Museo de la Historia de Ponce**
7. **Casa Serrallés (Museo de Artes Plásticas)**
8. **El Centro de los Artesanos**
9. **Correo**
10. **Plaza de Mercado Nueva**
11. **Castillo Serrallés y Cruceta del Vigía**
12. **El Memorial de Mameyes**
13. **Centro Ceremonial Indígena de Tibes**
14. **Hacienda Buena Vista**

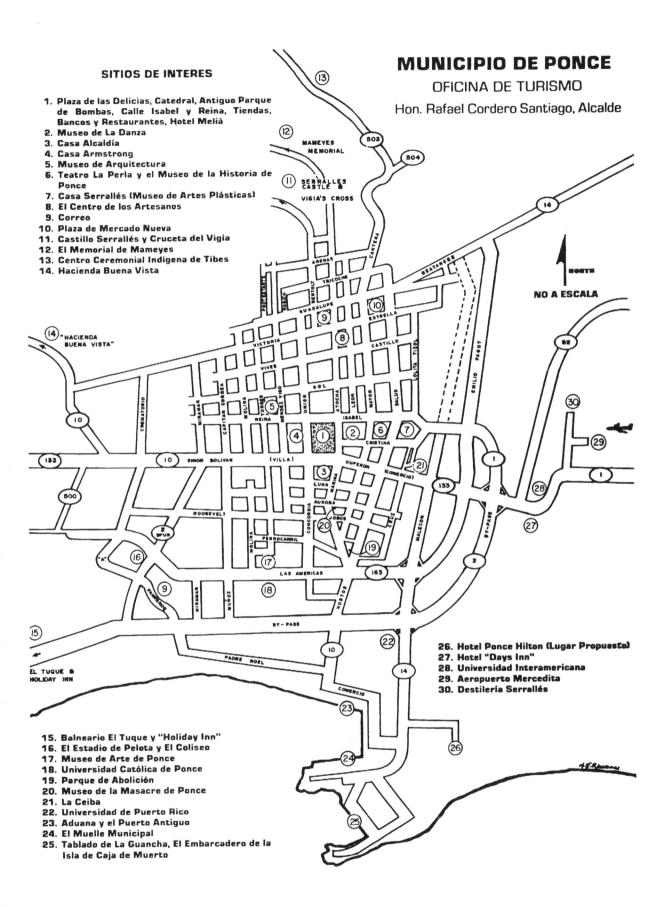

MUNICIPIO DE PONCE
OFICINA DE TURISMO
Hon. Rafael Cordero Santiago, Alcalde

26. **Hotel Ponce Hilton (Lugar Propuesto)**
27. **Hotel "Days Inn"**
28. **Universidad Interamericana**
29. **Aeropuerto Mercedita**
30. **Destilería Serrallés**

15. **Balneario El Tuque y "Holiday Inn"**
16. **El Estadio de Pelota y El Coliseo**
17. **Museo de Arte de Ponce**
18. **Universidad Católica de Ponce**
19. **Parque de Abolición**
20. **Museo de la Masacre de Ponce**
21. **La Ceiba**
22. **Universidad de Puerto Rico**
23. **Aduana y el Puerto Antiguo**
24. **El Muelle Municipal**
25. **Tablado de La Guancha, El Embarcadero de la Isla de Caja de Muerto**

_____

_____

_____

_____

D. Trabajo y placer. Mrs. Rico and her husband plan to combine work with pleasure. She has a business meeting in Guadalajara, Mexico, and her husband decides to go along and visit a local business to buy merchandise for his store in San Antonio. They will stay on for a three-day vacation with their two children, Luisito and Adelita. Read this ad from the Hotel La Piedad, where they are staying, and write five sentences stating what the hotel offers all four of them for work and pleasure.

¿COMO DISFRUTAR

EN LA PIEDAD

DE ALOJAMIENTO Y SERVICIO 5 ESTRELLAS?

Hospedándose en su próximo viaje en el nuevo **Hotel Holiday Inn La Piedad**. Ponemos a su disposición habitaciones de lujo con aire acondicionado y televisión vía satélite con control remoto, preciosos jardines, alberca, chapoteadero, jacuzzi, gimnasio, área de juegos infantiles y amplio estacionamiento. Contamos también con salones para eventos y convenciones con capacidad hasta para 180 personas y servicio secretarial. Si visita La Piedad, ya sea por negocio o por placer, **sólo el hotel Holiday Inn La Piedad le ofrece alojamiento y servicio 5 estrellas.**

Holiday Inn
LA PIEDAD

¡QUEDESE CON QUIEN MEJOR LE CONOCE!
Holiday Inn La Piedad
Km. 2.5 Carretera La Piedad- Guadalajara
La Piedad, Mich. 59300

N$ 99.00

Precio por persona por noche en Habitación Doble .

CONSULTE A SU AGENTE DE VIAJES O ¡LLAMENOS! CON GUSTO LO ATENDEREMOS.
EN LA PIEDAD: 91(352) 630-17 EN MEXICO, D.F. 91(5)627-0299 SIN COSTO AL 91-800-00-999.

1. _____

2. _____

3. _____

4. _____

5. _____

E. **Mis mejores vacaciones.** Write a letter telling a friend about your best vacation (e.g., what transportation you used, where you went, with whom, what you did, how long you were away, how long ago you took this vacation, why it was so good).

F. Para viajes por carretera *(highway).* Read the government's suggestions for people who are planning a car trip. Complete the sentences with the correct verb in the infinitive.

puente   *bridge*
abróchese el cinturón   *fasten your seatbelt*
adelantar   *to pass*

vuelta   *return*
seguridad   *safety*
cansancio   *fatigue*

partir   *salir*
casco   *helmet*

ESTE PUENTE TIENE QUE CRUZARLO DOS VECES

Disfrute cuanto pueda de estas cortas vacaciones.
Pero piense que el puente que le ha traído
hasta aquí, es tambien el camino de vuelta a casa.
Y al otro lado hay mucha gente que le espera.
Cuando llegue la hora de partir,
siga nuestro consejo.

En los largos desplazamientos:
• Revise los puntos vitales de su vehículo.
• Abróchese siempre el cinturón.
• Respete los límites de velocidad.
• Mantenga la distancia de seguridad.
• No adelante sin visibilidad.
• Al mínimo síntoma de cansancio, no conduzca.
• Póngase el casco si viaja en moto o ciclomotor.
**• Siga estos consejos también en los
trayectos cortos.**

LA VIDA ES EL VIAJE MAS HERMOSO

Dirección Gral. de Tráfico

Ministerio del Interior

1. Estas sugerencias son para _____ en auto o en moto.

2. Un mecánico debe _____ su vehículo.

3. Usted debe _____ el cinturón.

4. Usted debe _____ los límites de velocidad.

5. Si no hay buena visibilidad (*visibility*), usted no debe _____

   otro coche.

5. Cuando está cansado, usted no debe _____ .

6. Si viaja en moto, usted debe _____ un casco.

G. **Los Reyes de España en la Casa Blanca.** The King and Queen of Spain paid a courtesy visit to President Clinton during their vacation in the United States on April 29, 1993. Read the news of their visit as reported by Reuter in the Bolivian paper *La Razón*.

INTERNACIONAL

REUTER

La Razón C

La Paz, viernes 30 de abril de 1993 — 8 páginas

LOS REYES EN WASHINGTON

El presidente Bill Clinton sorprendió a la reina Sofía cuando, al recibir a los reyes españoles en la Casa Blanca, le dijo: "Majestad, encantado de volver a verla". La Reina, sonriente, respondió al saludo un poco confundida: "¿Ah, pero nos hemos visto antes?" El Presidente de EEUU contestó de inmediato: "Sí, la vi a usted en Badem Badem". Se refería a una reunión de destacadas personalidades y líderes políticos del mundo que tuvo lugar en esa ciudad alemana hace cuatro años, cuando Clinton era Gobernador de Arkansas. Con esta anécdota se inició la entrevista que los Reyes de España celebraron con el Presidente de EEUU y su esposa Hillary.

1. ¿Cuánto tiempo hace (este año) que los Reyes de España visitaron la Casa Blanca?

   _____

2. ¿Qué le dijo el Presidente Clinton a la Reina Sofía?

   _____

3. ¿En qué ciudad conoció el Presidente de los Estados Unidos a la Reina?

   _____

4. ¿Qué estaba haciendo el Sr. Clinton en Alemania?

   _____

5. ¿Cuánto tiempo hacía que el Presidente no veía a la Reina?

   _____

15 Los hispanos en los Estados Unidos

A PRIMERA VISTA

Una nueva generación de líderes en la comunidad hispana

A. Una líder hispana en Chicago. Listen to this story about a Hispanic leader in Chicago. Then indicate whether the statements that follow it are true or false by checking **sí** or **no.**

Vocabulario

tesorero *treasurer*   millones *millions*   gobierno *government*   senadora *senator*

	Sí	No			Sí	No
1.	___	___		5.	___	___
2.	___	___		6.	___	___
3.	___	___		7.	___	___
4.	___	___		8.	___	___

B. ¿Dónde viven los hispanos? In the cafeteria you overhear this conversation between two students, Jim and Ramón. Listen and then complete the paragraph below based on what you hear.

Jim tiene que escribir un ensayo sobre _____

_____ para su clase de _____. Su amigo Ramón le dice

que los hispanos _____ en _____ partes de

EE.UU. Él tiene amigos hispanos en el estado de _____, por ejemplo;

pero las ciudades con _____ número de hispanos son

_____, _____ y _____.

La mayoría de los hispanos son de origen _____, _____

y _____. También hay españoles, _____,

_____, _____, etc. Otras ciudades donde

residen muchos hispanos son _____ y _____.

En los estados de _____,_____,

_____ y _____ los residentes eran mexicanos

antes de 1848 porque esos territorios eran parte de _____. Jim piensa

que _____ _____.

C. Mesa Redonda en Washington. This article appeared in the Washington area newspaper *Impacto* in 1993. Read it carefully and answer the questions that follow.

Vocabulario

realizar *to take place*   negocio *business*   tema *topic*   orador *speaker*

El periódico independiente en lengua castellana más antiguo del área metropolitana de Washington D.C.

| Número 96 Año VII | P.O. BOX 817 McLean Va. 22101 | Teléfono (703)847-0810 | FAX (703)790-2755 1 de septiembre de 1993 |

PUBLICACION QUINCENAL

Realizarán en Washington Mesa Redonda acerca de negocios latinos de EEUU

Más de 100 ejecutivos de compañias de origen latinoamericano que viven en Estados Unidos se reunirán en el Capital Hilton Hotel en Washington D.C. del 14 al 16 de septiembre próximo a fin de expresar sus preocupaciones y prioridades legislativas a funcionarios del gobierno.

La Mesa Redonda, que es la segunda organizada por Hispanic Business Inc, proveerá excelentes oportunidades para discutir abiertamente temas económicos nacionales con miembros de la Administración Clinton y miembros del Congreso.

Federico Peña, Secretario de Transportes, será uno de los oradores principales. Foto IMPACTO

1. ¿Dónde se celebró la Mesa Redonda?

   _____

   _____

2. ¿Quiénes participaron en la Mesa Redonda?

   _____

   _____

3. ¿Cuál era el objetivo de la reunión?

   _____

   _____

4. ¿Cuándo tuvo lugar la reunión?

   _____

   _____

5. ¿Quién organizó la Mesa Redonda?

   _____

   _____

6. ¿Qué temas querían discutir?

   _____

   _____

7. ¿Con quién querían discutir esos temas?

   _____

   _____

8. ¿Qué líder hispano fue uno de los oradores?

   _____

   _____

9. ¿Qué cargo ocupaba ese líder en el gobierno?

   _____

   _____

D. Servicio telefónico en español. Read this ad aimed at the Hispanic population in the United States carefully and give the information requested.

Vocabulario

cuenta   *bill*
ahorro   *savings*
marque   *dial*

AT&T: Un Servicio Completo

CENTRO NACIONAL AT&T
1 800 235-0900

Su representante en el Centro Nacional AT&T le atiende amablemente en español las 24 horas del día. Con gran experiencia y conocimientos, le contesta preguntas sobre su cuenta de Larga Distancia de AT&T y le puede recomendar oportunidades de ahorro en sus llamadas de Larga Distancia de AT&T.

Si necesita asistencia de operadora, sólo marque 00 y diga "AT&T Español."

AT&T le brinda conexiones claras y rápidas en llamadas de larga distancia nacionales e internacionales.

Estas son algunas de las muchas razones que hacen de AT&T ¡un servicio completo!

AT&T

1. Compañía que ofrece el servicio: _____

2. Idioma de comunicación: _____

3. Horas de servicio: _____

4. Contesta preguntas sobre: _____ y _____.

5. Cuando marque el 00, diga: _____.

Hispanos en el arte y la cultura

E. **Líderes de la moda.**   Many prominent Hispanic fashion designers live in the United States. Listen to this conversation between Eva and Ana and then complete the chart based on what you hear.

Vocabulario

diseñadores   *designers*   diseño   *design*   premio   *prize*

Nombre	Nació en..	Vive en...	Premio	Algo especial

F. **Dos reporteras ganan premios.**   Complete the chart with the information in this article from the Hispanic magazine *Más*.

Vocabulario

presentadora   *anchorwoman*
juvenil   *youth*

Dos premios que nos enorgullecen

Aún hay quienes dicen que a la mujer hispana hay que "ponerla en su sitio". Pero cosas como los premios Emmy dados a **Mariana Sánchez** y **Denisse Oller**, del noticiero del Canal 41, la estación de Nueva York de Univisión, los desmienten. Porque ellas solitas han sabido situarse bien alto.

Denisse Oller

Oller, de Puerto Rico, es la presentadora del noticiero y ha recibido dos Emmys. Mereció este año el premio al Mejor Especial Noticioso por *Racismo, Nueva York al desnudo*. Mariana Sánchez, una joven reportera peruana, obtuvo otro Emmy por *Diploma de sangre*, una serie de gran sensibilidad sobre el crimen juvenil en los barrios marginales de Nueva York. ●

Nombre	Nacionalidad	Profesión	Premio

G. El Ballet Folklórico de Tejas. Read this article from the Hispanic magazine *Más* about a Mexican American dance company and answer the questions.

DANZA

BALLET MEXICANO NACIDO EN TEXAS

EL BALLET FOLKLORICO de Texas nació de una necesidad de su fundador, Roy Lozano: expresar sus raíces a través del arte. Su padre era beisbolista profesional y este niño de Corpus Christi viajaba con él a pueblos de México donde asistía a fiestas típicas con música folklórica y trajes tradicionales. Ya en la escuela secundaria, el joven Lozano se integró a un grupo de danza mexicana.

En 1976, cuando Lozano era estudiante en la Universidad de Texas en Austin, llegó a esta ciudad un representante del Ballet Folklórico de México para reclutar talento. Lozano se presentó a las audiciones y fue invitado a Ciudad de México. A los dos meses se encontró recorriendo el mundo con

Dulce Madrigal y Roy Lozano

la compañía. "La experiencia duró tres años y medio", cuenta, "y me permitió aprender las técnicas de una compañía profesional".

Lozano regresó a Austin y fundó su propia compañía. Hoy, el Roy Lozano Ballet Folklórico de Texas cuenta con 24 miembros profesionales, una *troupe* de 20 jóvenes y una escuela de danza a la cual asisten 75 niños.

"Buscamos dar expresión visual a nuestra historia y cultura", dice Lozano. La compañía se presenta en Austin el 22 de mayo en el teatro Paramount y el 27 y 28 de agosto en el Zilker Hillside, así como en escuelas y beneficios. Para más información llame al (512) 320-0890 (en inglés).

—*Susana Tubert*

1. ¿Quién es Roy Lozano?

   _____

2. ¿Qué deporte practicaba su padre profesionalmente?

   _____

3. ¿Cómo aprendió Lozano la música folklórica mexicana?

   _____

4. ¿Cuándo empezó a bailar?

_____

5. ¿En qué universidad estudió?

_____

6. ¿Cuántos años bailó con el Ballet Folkórico de México?

_____

7. ¿Qué aprendió en esa compañía?

_____

8. ¿Qué fundó Lozano en Austin?

_____

9. ¿Cuántas personas hay en su compañía?

_____

10. ¿Cuál es su contribución a la comunidad?

_____

EXPLICACIÓN Y EXPANSIÓN

The Past Participle and the Present Perfect

A. **No hay noticias de Enrique.** Listen to the following conversation between Javier and Petra. As they talk, determine whether either of them uses the present perfect or not in their portions of the conversation. Check **sí** if they do and **no** if they don't.

	Sí	No
Javier	_____	_____
Petra	_____	_____
Javier	_____	_____
Petra	_____	_____
Javier	_____	_____
Petra	_____	_____

B. **Las actividades de Silvia.** Listen as a friend tells you what Silvia did yesterday. Following his description, the speaker will name several activities. Tell whether Silvia has or hasn't done each activity based on what you heard.

Modelo: lavar los platos
Ha lavado los platos.

C. **Las órdenes de la profesora.** Your professor asks you and your friend to do some things that both of you have already done. Tell her so, using direct object pronouns in your answers.

Modelo: Abran el libro.
Ya lo hemos abierto.

D. **El mes de la herencia hispana.** Your Spanish Club is celebrating National Hispanic Heritage Month on September 16, and you are in charge of coordinating the party. Ask the following persons if they have carried out their responsibilities.

Modelo: Tú / enviar las invitaciones
¿Ya has enviado las invitaciones?

1. Los chicos / decorar el salón

   _____

2. Tú / traer los refrescos

   _____

3. Elena / comprar los dulces

   _____

4. Armando y Olivia / llamar al fotógrafo

   _____

5. Ustedes / seleccionar la música

   _____

E. **Los hispanos en el béisbol.** Complete these sentences about Hispanics' contributions to baseball with the present perfect of the verbs in parentheses.

1. Hace muchos años que los hispanos _____ (participar) en las Grandes Ligas.

2. Los hispanos _____ (tener) mucho éxito en el béisbol.

3. José Canseco _____ (batear) más de 230 cuadrangulares (*homeruns*).

4. El venezolano Ozzie Guillén _____ (sufrir) varios accidentes.

5. Roberto Alomar _____ (desear) siempre ser tan famoso como su

   padre y su hermano. Los tres _____ (ser) muy buenos jugadores de

   Grandes Ligas.

F. **Mis vacaciones en Santa Fe.**   You are getting ready for a vacation in Santa Fe, New Mexico. Your friend Estela is reminding you about details for your trip. Tell her that you have done these things.

Modelo: ¿Has hecho las maletas?
            Sí, acabo de preparar las maletas.

1. ¿Has leído la historia de Santa Fe?

   _____

2. ¿Has hecho reservaciones en algún hotel?

   _____

3. ¿Has llamado para saber qué tiempo hace en Santa Fe?

   _____

4. ¿Le has pedido a tu hermano que recoja *(pick up)* tu correspondencia?

   _____

G. **Mi familia y yo.**   Answer the following personal questions using the present perfect tense of the verb.

1. ¿Cuántas veces ha viajado tu familia en los últimos tres años?

   _____

2. ¿Cuál es el último libro que has leído?

   _____

3. ¿Has ido a algún concierto con tu familia?

   _____

4. ¿Has visto los programas de la televisión hispana?

   _____

5. ¿Han visitado tus padres la Casa Blanca?

_____

6. ¿En cuántos estados norteamericanos has estado?

_____

The Past Perfect

H. Andy García y Guillermo Cabrera Infante. Listen to this account of the friendship between two well-known Hispanics. Then indicate whether each of the statements following the description is true or false by checking **sí** or **no**.

	Sí	No
1.	____	____
2.	____	____
3.	____	____
4.	____	____
5.	____	____
6.	____	____

I. Mi primer año en la universidad. Tell whether or not you had done each of the following activities by the time you started studying at the university.

Modelo: Manejar un carro
Cuando empecé en la universidad yo ya había manejado un carro o Cuando empecé en la universidad yo no había manejado un carro.

J. Demasiado tarde. Tell what had already happened when the following activities took place.

Modelo: Cuando llegó la Cruz Roja, ya _____ algunos de los heridos. (morir)
Cuando llegó la Cruz Roja, ya habían muerto algunos de los heridos.

1. Cuando llegué a la clase, el profesor _____ el examen. (distribuir)

2. Cuando Oprah presentó su programa sobre la inmigración centroamericana, Geraldo ya

   lo _____. (presentar)

3. Cuando anunciaron el huracán en la Florida, ya _____ por Puerto

   Rico. (pasar)

4. Cuando dieron las noticias por radio, nosotros ya las _____ por la televisión. (ver)

5. Algunos quisieron hacer compras, pero las tiendas ya _____. (cerrar)

6. El auto no tenía nieve porque mis padres lo _____ (cubrir) antes de la tormenta.

K. **Los preparativos.** What had the following persons done to get ready for the storm that was coming?

Modelo: La familia Sánchez / escuchar
La familia Sánchez había escuchado las noticias.

1. Ana / preparar

_____

_____

2. Yo / comprar

_____

_____

3. Nosotros / ir

_____

_____

4. Francisco y Melisa / cerrar

_____

_____

5. Tú / ayudar

_____

_____

6. Elisa y yo / recoger

_____

_____

Past Participles Used as Adjectives

UN PASO ADELANTE

Estar + past participle is also used to describe a position. In this case English uses an *-ing* verb.

El señor está parado.
The man is standing.

La gente estaba sentada.
The people were sitting.

L. Para identificar.   Listen to these descriptions of the pictures below and match the number of each description with the appropriate picture.

a. _____

b. _____

c. _____

d. _____

e. _____

M. La obra de teatro. You are double-checking what other students are telling you about the preparations for a play your school is putting on. After each report, confirm the information you heard using **estar** and the past participle.

Modelo: Escogieron la ropa de los actores.
   ¿Entonces la ropa está escogida?

N. La violencia. Complete the paragraph with the appropriate form of the following words.

dispuesto   asustado   herido   roto   parado   escapado   acostumbrado

Ayer vi un programa de televisión sobre la violencia. Ya estoy _____ a

todo esto. Los críticos hablan del problema, pero nadie está _____ a

ofrecer soluciones concretas. Hace unos días yo estaba _____ en la

esquina esperando el autobús cuando dos hombres empezaron a discutir. Uno atacó al otro y

vi sus gafas _____ en la calle. Yo estaba _____ y

fui con otra persona a llamar a la policía. Cuando regresamos al lugar, uno de los hombres

estaba _____ y el otro se había _____ .

O. Después de la fiesta. You must describe the condition of an apartment after a wild party. Use the correct form of the following words: **abierto, roto, cerrado, cubierto, encendido, desordenado.** Use each word only once.

Modelo: la puerta
   La puerta estaba abierta.

1. Las cortinas _____

2. El televisor _____

3. Los muebles _____

4. Las ventanas _____

5. Los vasos _____

6. El mostrador de la cocina _____ de platos

   sucios.

Direct and Indirect Object Pronouns

P. **Los regalos de cumpleaños.** Choose the appropriate pronouns from the choices given below, and answer these questions about the gifts you received at your birthday party using the cues you hear.

me lo   **me los**   **me la**   **me las**

Modelo: ¿Quién te regaló ese libro? (Marcos)
Me lo regaló Marcos.

Q. **Todos los amigos ayudan.** You and some other friends have just helped Georgina move into her new home. Using the cues you hear and the appropriate pronouns from the choices given below, answer her questions.

te lo   **te los**   **te la**   **te las**

Modelo: ¿Quién me trajo las plantas? (La familia Sánchez)
Te las trajo la familia Sánchez.

R. **Debes ayudar a los amigos.** As the speaker tells you what some of his friends need, tell him you think he should lend them those things. Use in your statements the appropriate pronouns from the choices given below.

se lo   **se los**   **se la**   **se las**

Modelo: Alfredo necesita mi carro.
Se lo debes prestar.

S. **En un restaurante.** Answer the waiter's questions politely using the cues and double object pronouns.

Modelos: ¿Le traigo el menú? Sí...
Sí, tráigamelo, por favor.

¿Le traigo la lista de vinos? No, gracias, no...
No, gracias, no me la traiga.

T. **El coche de Joaquín.** Read the following selection and then answer the questions using direct and indirect object pronouns.

El padre le regaló un coche a Joaquín cuando terminó sus estudios en la Facultad de Derecho. El coche no es nuevo pero está en muy buenas condiciones. Esta mañana Joaquín salió de su casa para el bufete donde trabaja. Como era tarde Joaquín estaba manejando un poco más rápido que de costumbre. Después de unas diez o doce cuadras un policía le indicó que parara el auto y se acercó a su automóvil. Lo saludó amablemente, le pidió la licencia de manejar y le dijo que en esa calle no se podía ir a más de 50 kilómetros por hora y que él estaba manejando mucho más rápido. Joaquín le dio varias excusas, pero el policía le puso una multa. Cuando sus compañeros de bufete se enteraron, le dijeron que su experiencia de abogado no le había servido para nada hoy.

1. ¿Quién le regaló el auto a Joaquín?

   _____

2. ¿Quién le pidió la licencia de manejar a Joaquín?

   _____

3. ¿A quién le dio varias excusas Joaquín?

   _____

4. ¿A quién le puso una multa el policía?

   _____

U. **De viaje con un grupo.**   The tour guide leading your group asks you several questions. Answer the questions using your imagination and direct and indirect object pronouns.

   Modelo: ¿Quién le pidió el pasaje?
   El empleado de la aerolínea me lo pidió.

1. ¿A quién le dio usted el pasaporte?

   _____

2. ¿Quién les revisó el equipaje?

   _____

3. ¿Quién les subió las maletas?

   _____

4. ¿A quién le dieron ustedes propina?

   _____

5. ¿Quién me dio esta cámara?

   _____

V. **El médico y la enfermera.**   You are a doctor and a nurse is asking you questions regarding some of your patients. Answer using direct and indirect object pronouns.

   Modelo: ¿Le doy más pastillas a la Sra. Villalba?
   Sí, déselas. o *No, no se las dé.*

1. ¿Le doy aspirinas al Sr. Bermúdez?

   No, _____

2. ¿Le quito los antibióticos a la Srta. Ichaso?

   Sí, _____

3. ¿Le servimos cena al Sr. Suárez?

   No, _____

4. ¿Le pongo la inyección a la Sra. Valdés ahora?

   Sí, _____

5. ¿Le damos sólo líquidos a los heridos de la habitación 10?

   Sí, _____

MOSAICOS

A. Una máquina de escribir bilingüe. Listen to this conversation between Leticia and Arturo, and to the statements that follow. Indicate whether each statement is true or false by checking **sí** or **no.**

Vocabulario

signo de interrogación   *question mark*
tratamiento de texto   *word processor*

	Sí	No		Sí	No
1.	___	___	4.	___	___
2.	___	___	5.	___	___
3.	___	___	6.	___	___

B. Un viaje a la capital de los Estados Unidos. Listen to a friend relating events that occurred during summer vacation. Then fill in the blanks with the information you hear.

La familia viajó el verano pasado a la ciudad de Washington, para

_____ la capital de la nación. Allí visitaron _____,

_____ y _____ . Los hijos no

_____ nunca allí. Otro aspecto interesante de este viaje a la

capital fue la visita al _____ _____ , donde

pudieron comprar productos de _____ , _____ y

_____ . El padre también encontró muy buenos

_____ _____ . Más tarde fueron a una

tienda de _____ , que tenía una gran variedad, especialmente de

artistas latinos como _____ , _____ y

_____ . Por la noche fueron a cenar al restaurante

_____ y comieron distintos platos _____ ,

_____ y hasta cebiche _____ . En todos

esos lugares encontraron _____ hispanos, que distribuían gratis

(free) _____ .

C. **El Festival de la Hispanidad.** Identify each past participle used as an adjective, a noun, or part of a verbal combination in the _Diario Las Américas_ article below. Then give the infinitive form of the past participle, as shown in the model.

Modelo: Estados Unidos
     estados - estar   unidos - unir

Historia del Festival de la Hispanidad

A través de los siglos, los Estados Unidos de Norteamérica han recibido la influencia de diferentes razas y culturas. Una de ellas es, sin duda alguna, la cultura hispánica. Gran parte de lo que hoy constituye este país fue descubierto, explorado y habitado por los españoles. La primera ciudad que se estableció en este continente fue San Agustín, en la Florida. Desde 1513, fecha en que los españoles descubrieron estas tierras, hasta nuestros días, la Florida y, muy especialmente, el condado de Dade, se ha convertido en el hogar y destino de infinidad de hispanos.

El Festival de la Hispanidad comenzó hace veinte y un años en forma muy modesta con el fin de conmemorar el Descubrimiento de América por Cristóbal Colón y la contribución hispánica al desarrollo económico y cultural de la Florida.

Hoy día se considera que el Festival de la Hispanidad es uno de los 10 festivales hispanos más importantes de los Estados Unidos. Infinidad de compañías contribuyen económicamente y con voluntarios al desarrollo del festival. Año tras año, la celebración ha ido tomando más auge. Su repercusión ya alcanza niveles nacionales e internacionales por la calidad de sus presentaciones. El año pasado, más de 500,000 personas participaron en los diversos eventos y actos del Festival.

1. _____   4. _____

2. _____   5. _____

3. _____   6. _____

D. Una entrevista con Ellen Ochoa. Your Communications professor assigns you to interview a prominent Hispanic. Use the article below as the basis for the interview.

Modelo: Usted: *¿Dónde nació usted?*
Ochoa: *Nací en Los Angeles.*

El secreto de una mujer exitosa

Ellen Ochoa mide 5 pies 5 pulgadas y pesa 108 libras, pero en cuanto a inteligencia y determinación se refiere, el peso de esta mexicoamericana de 34 años, nacida en Los Angeles, se hace sentir donde quiera que está.

Es doctora en ingeniería eléctrica y una notable flautista clásica. El mes pasado, Ellen se convirtió en la primera mujer hispana astronauta al orbitar la Tierra en la nave Discovery. Su misión fue dirigir un grupo de investigación de la NASA. Además, disfruta cada vez que se reúne con grupos de estudiantes, en particular hispanos. A estos sabe transmitirles el secreto de todo éxito: trabajar y estudiar muy duro. ●

Usted: _____

Ochoa: _____

Usted: _____

Ochoa: _____

Usted: _____

Ochoa: _____

Usted: _____

Ochoa: _____

Usted: _____

Ochoa: _____

E. **Aspira de Nueva York.** While in New York on a brief visit, you see this ad in the paper. Write a letter to your Spanish professor describing the ad and the offer from the manufacturer *(fabricante)* to contribute to Aspira of New York, Inc., a Puertorrican organization.

Nuestros Hijos Son Nuestro Futuro...
¡Ayudémoslos!

Los logros de nuestra juventud forjan el futuro de nuestra comunidad latina y ahora juntos podremos asegurar ese futuro. Con cada compra de Surf, Lever 2000, Caress, Snuggle y Sunlight. Lever Brothers, fabricante de estos excelentes productos, hará una donación* a ASPIRA de NUEVA YORK, INC. y sus programas educacionales para jóvenes latinos en su comunidad. Estos productos se comprometen a apoyar la educación de los líderes del mañana. Para más información sobre ASPIRA de NUEVA YORK, INC. y sus programas educacionales, favor de comunicarse con: ASPIRA de NUEVA YORK, INC. 470 7th Avenue, 3rd Floor, NYC, NY 10018

Aspira of New York, Inc.

F. A aprender matemáticas con Escalante. Read this article from the magazine *Más*, and answer the questions.

Vocabulario

adelanto *advancement* capítulo *chapter* ganas *desires, aspirations*

VIDEO

A APRENDER MATEMATICAS EN VIDEO

GRACIAS A LA UNION DE los talentos de Jaime Escalante, el profesor de matemáticas más famoso de EE UU, y Public Broadcasting Services (PBS), unos 15 millones de estudiantes se están beneficiando de su capacidad para la enseñanza. *Futures, with Jaime Escalante* es el título del programa de video producido bajo los auspicios de la Fundación para el Adelanto de la Ciencia y la Enseñanza (FASE), y transmitido a través de PBS. En 1991 la serie *Futures* recibió el prestigioso premio Peabody.

FASE también produjo el programa *Math...Who Needs It?* (Matemáticas...¿Quién las necesita?) de una hora de duración. En él personalidades como Dizzie Gillespie, Rosana De Soto y Bill Cosby entre otros, se unen a Escalante para demostrar la necesidad de las matemáticas en la vida. Gracias al éxito de *Futures* la serie se ha extendido a 12 programas que explican temas como Agricultura, Optica, Estadísticas y Modas.

La labor de Escalante ha llegado hasta Puerto Rico, donde hace poco se fundó un nuevo capítulo de la Fundación Jaime Escalante.

Este año, el profesor dejó la escuela Garfield del Este de Los Angeles, donde se desarrolló la película *Stand and Deliver*, y se fue a la escuela de secundaria Hiram Johnson en Sacramento.

Así, el inmigrante boliviano, cuyo lema es "Ganas", continúa inspirando a los estudiantes latinos para que aprendan matemáticas, una disciplina necesaria.

Para información sobre *Futures, with Jaime Escalante* se puede escribir a FASE Productions, 4801 Wilshire Blvd. #215, Los Angeles, CA 90010. Tel.: (213) 965-8794. —C.A.

ROSANA DE SOTO

Jaime Escalante, un profesor que sabe enseñar

1. De acuerdo con este artículo, ¿quién es el profesor de matemáticas más famoso de los Estados Unidos?

   _____

2. ¿Cuántos estudiantes se están beneficiando de la excelencia de este profesor?

   _____

3. ¿Qué organización auspicia el programa *Futures with Jaime Escalante?*

   _____

4. ¿Qué premio ganó este programa?

   _____

5. ¿En qué programa participó la actriz Rosana De Soto?

   _____

6. ¿A cuántos programas se ha extendido la serie de *Futures?* ¿Por qué?

_____

7. ¿Qué otros temas se han presentado?

_____

8. ¿Dónde se desarrolló la película *Stand and Deliver?* ¿Por qué?

_____

9. ¿Dónde enseña este profesor ahora?

_____

10. ¿Dónde nació? ¿Cuál es su lema?

_____

G. **Un general hispano.** Read this article from *Diario Las Américas* carefully and complete the chart.

Primer cubano-estadounidense ascendido a general del Ejército de los EE.UU.

Por JORGE MARTIN NOMEN

Carlos Pérez, hasta ahora coronel del Ejército de los Estados Unidos, **será** el primer general de una estrella cubanoamericano en unas cuantas semanas, dado que su nombre ya figura en el listado de ascensos y sólo aguarda el pase a la reserva de un oficial de tal rango para que sea efectivo el nombramiento.

Pérez, de 48 años, nació en Banes, provincia de Oriente, y emigró a Estados Unidos en 1956. Vivió en Miami hasta 1968, año en que ingresó en la Fuerza Aérea y fue destinado a varias ciudades del estado de la Florida. En 1973 sirvió en Vietnam y a su regreso se le asignó la Base Aérea de Homestead. El coronel también estuvo en Langley y en Norfolk en Virginia, en Texas, en Alabama, en Ohio y en Utah, donde reside actualmente. Sus destinos en el exterior se resumen en los cuatro años que estuvo destinado en Panamá y en el tiempo en que estuvo en España cuando este país adquirió los F-18 norteamericanos.

Carlos Pérez tiene un master por el Instituto Tecnológico de la Fuerza Aérea, estudió en el Comando Táctico del Aire el funcionamiento de General Dynamics, en la Escuela de Guerra de Alabama, en el Centro de Logística Internacional e, incluso, en la Universidad de Harvard, en la que fue instruido en todo lo concerniente a las prioridades de la nación.

El coronel Pérez se convierte pues en el primer general de una estrella del Ejército estadounidense, hecho confirmado por el Pentágono, que tiene computarizado su personal desde 1974.

CARLOS PEREZ

Vocabulario

ejército   *army*
será   *va a ser*
ascenso   *promotion*
aguarda   *espera*
nombramiento   *appointment*
ingresar   *to join*
destino   *post*

Nombre	
Lugar de nacimiento	
Edad	
Ingreso en la F.A.	
Destinos en los Estados Unidos	
Destinos en el extranjero	
Estudios	

16 Cambios de la sociedad

A PRIMERA VISTA

Temas de la actualidad

A. **Diferentes puntos de vista.** Listen to the different points of view Elena and her mother hold. Then, complete the chart with a word or phrase indicating these differences in their attitudes and opinions.

Actitudes / Opiniones	Madre	Elena
moderna		
tradicional		
las chicas pueden llamar a los chicos		
cuidado de los hijos		
tareas domésticas		
pesimista		
optimista		

B. La mujer en la sociedad hispánica. You will hear a brief description of the roles of women in the Hispanic world followed by several statements. Indicate whether each statement is true or false by checking **sí** or **no.**

	Sí	**No**
1.	_____	_____
2.	_____	_____
3.	_____	_____
4.	_____	_____
5.	_____	_____

C. El papel de la mujer en mi familia. Write a paragraph contrasting the domestic responsibilities of an older **married** family member (grandmother, mother, aunt) with those of a younger one (sister, cousin).

_____

_____

_____

_____

_____

_____

_____

_____

_____

_____

_____

_____

_____

_____

D. Contra el sexismo en el lenguaje. The Institute of Women's Affairs (*Instituto de la Mujer*) in Spain recently addressed the issue of sexism in the Spanish language. Read the resulting proposals and answer the questions.

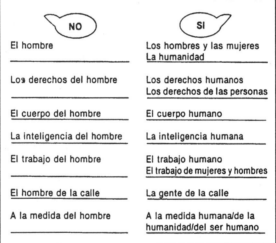

Reflexiones sobre formas lingüísticas sexistas que se deben evitar y ejemplos de propuestas alternativas

A. Sobre el masculino utilizado como genérico

A.1. Tradicionalmente se han utilizado las palabras *hombre* y *hombres* con un sentido universal, ocultando o desdibujando la presencia, las aportaciones y el protagonismo de las mujeres.

Se propone la sustitución de *hombre* y *hombres* en estos casos por *persona* o *personas, ser humano* o *seres humanos, humanidad, hombres y mujeres* o *mujeres y hombres,* sin dar preferencia en el orden al masculino o femenino.

NO	SI
El hombre	Los hombres y las mujeres La humanidad
Los derechos del hombre	Los derechos humanos Los derechos de las personas
El cuerpo del hombre	El cuerpo humano
La inteligencia del hombre	La inteligencia humana
El trabajo del hombre	El trabajo humano El trabajo de mujeres y hombres
El hombre de la calle	La gente de la calle
A la medida del hombre	A la medida humana/de la humanidad/del ser humano

Vocabulario

evitar *to avoid*   ocultar *to hide*   aportaciones *contributions*

1. ¿Cómo se han usado las palabras *hombre* y *hombres* tradicionalmente, según el Instituto de la Mujer?

   _____

2. ¿Qué sustitución propone el Instituto?

   _____

3. ¿Existe el mismo problema en inglés? ¿Cuál es la solución en inglés?

_____

4. ¿Qué adjetivo propone el Instituto para sustituir *del hombre?*

_____

5. ¿Cuál es el equivalente de *el hombre de la calle?*

_____

La nueva España

E. **El Rey Juan Carlos I.**   Listen to this conversation between Bob and Felipe, an exchange student from Sevilla. Then answer the questions that follow by choosing the best response from the three choices given for each.

Vocabulario

otorgar   *to confer, to award*

1. a) La historia de España.

   b) El Rey Juan Carlos I.

   c) La transición.

2. a) En Roma.

   b) En Francia.

   c) En España.

3. a) Continuó la dictadura.

   b) Ocurrieron cambios radicales.

   c) La sociedad española estaba opuesta al Rey.

4. a) Se legalizaron.

   b) Se prohibieron.

   c) Se estableció un partido único.

5. a) México y Colombia.

   b) Francia y Estados Unidos.

   c) Ningún país.

F. **Los museos de Madrid.**   Listen to this conversation between Víctor, who has just returned from Madrid, and his art instructor. Then listen to the statements that follow and indicate whether each is true or false by marking **sí** or **no**.

	Sí	No			Sí	No
1.	_____	_____		4.	_____	_____
2.	_____	_____		5.	_____	_____
3.	_____	_____		6.	_____	_____

G. Los Juegos Olímpicos. Read this article from the Spanish newspaper *El País* about the 1992 Olympic Games which took place in Spain, and complete the chart.

Vocabulario

inesperado   *unexpected*
rebasar   *surpass*
pértiga   *pole*

EL PAIS
Olímpico

La realidad superó a los sueños

Con el unánime reconocimiento a una perfecta organización y la euforia generalizada por algunos inesperados éxitos de los deportistas españoles, el domingo 9 fueron clausurados los Juegos de la XXV Olimpiada, celebrados durante dos semanas en Barcelona. Una ceremonia colorista y mediterránea puso brillante fin a una competición seguida en todo el mundo por más de 3.000 millones de personas.

Animados por el constante apoyo de los espectadores, los integrantes del equipo olímpico español han rebasado las aspiraciones más optimistas y han enriquecido el palmarés nacional de medallas con un total de 22, 13 de oro, 7 de plata y 2 de bronce. Cabe destacar los triunfos logrados en disciplinas tan alejadas de las posibilidades teóricas como el fútbol, los 1.500 metros lisos, el decatlón, la gimnasia rítmica o el salto con pértiga.

Suplemento *El País Olímpico*

FÚTBOL   5

España vence a Polonia por 3-2

TENIS   4

Arrese, Arantxa y Conchita se quedan con la plata

Fermín Cacho, corriendo ya en primera posición.

RICARDO GUTIÉRREZ

JUEGOS OLÍMPICOS	
Ciudad	
Número de espectadores	
Medallas españolas	
Deportes en los que triunfó el equipo español	

México y los Estados Unidos

H. En la clase de historia. Listen to an exchange between the instructor and a Mexican student in an American History class. Then indicate whether the statements that follow are true or false by checking **sí** or **no.**

	Sí	No			Sí	No
1.	_____	_____		4.	_____	_____
2.	_____	_____		5.	_____	_____
3.	_____	_____		6.	_____	_____

I. Los muralistas mexicanos en los Estados Unidos. Listen to an art lecture about the Mexican mural painters in the United States. Then fill in the chart based on what you heard.

Pintores mexicanos	Años en los Estados Unidos	Ciudades o estados donde están los murales	Pintores sobre los que influyeron	Edificios en los que pintaron murales
Orozco				
Siqueiros				
Rivera				

J. **La influencia de los Estados Unidos en México.** The Florida newspaper *El Nuevo Herald* published this article shortly before the approval of the North American Free Trade Agreement *(Tratado de Libre Comercio)*. Answer the questions based on the information in the article.

México debate la influencia de EU en sus tradiciones

Por ANDRES OPPENHEIMER
Redactor de El Nuevo Herald

México — Es domingo por la tarde en el gigantesco centro de compras Perisur de esta ciudad. Las familias pasean en trajes deportivos Adidas y zapatos Reebok, miran las vidrieras que exhiben los productos norteamericanos de última moda.

Algunos beben Coca–Cola en vasos de cartón de McDonald's. Otros comen Cheerios mientras los niños van y vienen por los salones de juegos de video. En los altoparlantes de las tiendas por departamentos suena a todo volumen una canción de Willie Nelson.

¿Se está norteamericanizando México? Interrogantes sobre la identidad nacional están en el núcleo del debate sobre el propuesto Tratado de Libre Comercio (TLC), que de ser aprobado por el Congreso norteamericano entraría en vigor el 1ro. de enero.

Muchos no están felices con la idea de un México parecido a Estados Unidos y temen que este país termine siendo un apéndice de Estados Unidos si el TLC se aprueba. Mencionan ejemplos como el fin de semana en el Centro Comercial Perisur para explicar por qué no está bien que México establezca vínculos más estrechos con Estados Unidos.

"Las familias mexicanas solían reunirse los domingos en casa con sus abuelos, tíos y primos", dice Guadalupe Loaeza, bien conocida escritora y crítica social. "Ahora van a los centros comerciales".

Aunque la influencia norteamericana se ha hecho sentir en México desde hace décadas, la mayoría concuerda en que se ha vuelto más visible desde que el presidente Carlos Salinas de Gortari tomó posesión del cargo en 1988. Desde el comienzo de su presidencia, Salinas abrió las puertas a los productos norteamericanos en un esfuerzo por reducir los precios de los productos nacionales y hacer las industrias mexicanas más competitivas.

Hasta los mexicanos que comen en casa están cambiando sus hábitos y las familias de la clase media son las primeras en observarlo. Las tortillas de maíz, la comida típica mexicana desde los días de los aztecas, están siendo reemplazadas rápidamente por el pan.

"En casa, mi esposo y yo seguimos comiendo tortilla en todas las comidas, pero mis hijos no las tocan", dijo Zaida Frías, ama de casa de Guadalajara.

Otros dicen que si alguien debe preocuparse por la expansión cultural debiera ser Estados Unidos. Las costumbres mexicanas tienen más penetración en Estados Unidos que lo contrario.

Quizás tengan razón. El año pasado, la venta de salsas mexicanas sobrepasó la de la salsa de tomate como el condimento favorito en Estados Unidos, según Packaged Facts, firma de investigaciones de mercadeo con sede en Nueva York.

---

1. ¿Qué productos norteamericanos usan los mexicanos que pasean por el Centro Comercial?

_____

2. ¿Qué otros productos de los Estados Unidos prefieren los mexicanos, según este artículo?

_____

_____

3. ¿Por qué no están contentos los mexicanos?

_____

4. ¿Dónde se reunían las familias mexicanas antes? ¿Qué cambio ha ocurrido ahora?

_____

_____

5. ¿Cómo ha influido el Presidente Salinas en estos cambios, según el artículo?

_____

6. ¿Por qué abrió el Presidente Salinas el mercado mexicano a los productos de EE.UU.?

_____

7. ¿Cómo están cambiando sus comidas los mexicanos?

_____

8. ¿Cuál fue el condimento preferido de los norteamericanos en 1992?

_____

EXPLICACIÓN Y EXPANSIÓN

Adverbial Conjunctions that Always Require the Subjunctive

A. **¿A quién ayuda el padre?** Listen to the argument between Luisa and Pablo, and then complete the sentences below based on what you heard.

1. Pablo no va a llegar a tiempo, a menos que _____

2. El padre va a llevar a Pablo en coche para que _____

3. Según Luisa, el padre siempre ayuda a Pablo para que _____

4. Luisa dice que el padre ayuda a Pablo sin que él _____

B. **Amanda sueña con un auto.** Amanda Bermúdez is daydreaming about the car she wants. She sees her father giving her a car and explaining his reasons for doing so. Play the part of the father, beginning each sentence with *Te compro el carro* and giving the reasons shown below.

Modelo: llegar a tiempo a tus clases
Te compro el carro para que llegues a tiempo a tus clases.

1. poder buscar trabajo

   _____

2. no pedirme el mío

   _____

3. no perder tiempo esperando el autobús

   _____

4. llevar a tus amigos a la playa

   _____

5. traer la comida del mercado

   _____

C. **Del campo a la ciudad.** A person explains under what circumstances she will leave the country to live in the city. Underline the correct verb in each statement.

1. No voy a la ciudad a menos que (tengo/tenga) un trabajo.

2. Quiero ir a la ciudad para que mi hija (pueda/puede) estudiar.

3. Voy a ir a la ciudad antes de que (es/sea) demasiado tarde.

4. Mis padres dicen que puedo ir con tal que (venga/vengo) a visitarlos con frecuencia.

5. Mis amigos dicen que no puedo ir a la ciudad sin que les (digo/diga) cuándo me voy.

D. **Alicia habla seriamente con su novio.** Alicia and Jorge plan to marry and are discussing their future roles and responsibilities. Complete the sentences using the appropriate forms of the following verbs.

fregar **casarse** **poder** **sacar** **tender**

1. Yo preparo el desayuno con tal que tú _____ las camas.

2. Yo no voy a cocinar, a menos que tú _____ los platos.

3. Antes que (nosotros) _____, tenemos que ponernos de acuerdo
   (come to an agreement) sobre las responsabilidades de cada uno.

4. Yo estoy dispuesta a limpiar la casa los sábados para que tú _____
   trabajar algunas horas extras.

5. Yo no limpio la barbacoa a menos que tú _____ el perro.

Adverbial Conjunctions that Use the Subjunctive or the Indicative

E. **¿Pasado o futuro?**   You will hear several statements referring to things that have already happened and other things that have not yet happened. Write the number of each statement about something that has already happened in the column labeled **acción realizada.** If the statement concerns something that has not yet happened, write its number in the column labelled **acción pendiente.**

acción realizada   **acción pendiente**

_____   _____

_____   _____

_____   _____

_____   _____

F. **¿Cuándo lo va a hacer?**   Tell what Augusto Villamil plans to do as soon as certain things happen.

> *Modelo:* You read: Va a ir a España
> You hear: tener el dinero
> You say: *Va a ir a España cuando tenga el dinero.*

1. Va a pintar la casa
2. Va a comprar un televisor
3. Va a comprarse ropa nueva
4. Va a llamar a su novia
5. Va a pedir más sueldo

G. **La rutina diaria.**   Adelina talks about her daily activities as a working student. Fill in the blanks with the correct forms of the verbs in parentheses.

Me levanto a las seis aunque (preferir) _____ dormir hasta las

siete. Me baño tan pronto (levantarse) _____. Mientras

(desayunar) _____ me gusta leer el periódico.

En cuanto (llegar) _____ a la oficina, me pongo a trabajar. Allí

hago mis tareas según me (decir) _____ el jefe. Yo trabajo hasta

que (sonar) _____ la campana de las dos de la tarde. Tan pronto

como (llegar) _____ a la universidad voy a la biblioteca. Me gusta

estudiar donde no (haber) _____ ruido. Cuando (terminar)

_____ las clases a veces voy a la cafetería a tomar un café con mis

amigos. Después de que nosotros (hablar) _____

_____ un rato (*a while*) nos gusta salir a caminar.

H. Mis planes futuros. A young woman is talking about her future plans. Complete her statements with the appropriate forms of the verbs in parentheses.

Cuando empecé a estudiar aquí en la universidad nunca pensé que iba a terminar, pero

eso ya es casi una realidad. Cuando (terminar) _____ mis estudios

pienso practicar mi profesión en otro país pero todavía no sé cuál. Mis padres no quieren

que me vaya pero en esta ciudad no hay oportunidades para una persona con mi

especialidad. Me voy a quedar aquí hasta que (poder) _____

ahorrar (*save*) bastante dinero para el viaje. Después de que (recibir) _____

la información acerca de las posibilidades de trabajo en otros países voy a hacer los

preparativos. Mis padres dicen que hay una posibilidad de que la fábrica de plásticos

aquí en nuestra ciudad me ofrezca un puesto muy bueno y ellos quieren que lo acepte.

Aunque (existir) _____ esa posibilidad no creo que cambie de

parecer. Quiero una oportunidad para avanzar y también quiero conocer otros lugares,

otras culturas y otras costumbres.

I. Condiciones para el matrimonio. Tell what kind of person you would and would not marry. Use the conjunctions below and choose from the list of conditions as you write your statements.

Modelo: Me voy a casar
cuando / una persona que es inteligente.
Me voy a casar cuando conozca (o encuentre) una persona que sea inteligente.

cuando	una persona que es comprensiva *(understanding)*
aunque no	una persona que tiene un buen sentido del humor
después de que	una persona que se viste bien
tan pronto como	una persona que es trabajadora
en cuanto	una persona que expresa sus sentimientos

1. _____

2. _____

3. _____

4. _____

5. _____

Se for Unplanned Occurrences

J. **¿Planeado o accidental?**   You will hear about some events in the lives of several people. In some cases the events were planned and in others they were accidental. Write the number of each planned event in the column labeled *planeado* and the number of each unplanned event in the column labeled *accidental*.

	planeado	accidental
1.	_____	_____
2.	_____	_____
3.	_____	_____
4.	_____	_____

K. **Durante el examen.**   Listen as a friend tells you what happened to Antonio during a midterm exam. Then tell your friend what happened to you using the cues you hear.

Modelo: Se le olvidaron los verbos. escribir mi nombre.
          Y a mí se me olvidó escribir mi nombre.

L. **Mis amigos están preocupados.**   Some of your friends are worried about the things that have happened to them. Explain why, using the cues given below.

Modelo: Juan está preocupado
          olvidarse el dinero
          Juan está preocupado porque se le olvidó el dinero.

1. perder las notas
2. acabarse el trabajo
3. romperse el estéreo

4. apagarse las luces
5. descomponerse la moto

M. Problemas, problemas. Complete the following statements logically.

Modelo: Ayer se me perdió...
Ayer se me perdió el libro de francés.

1. Esta mañana se nos acabó _____

2. Hoy en la clase se me olvidaron_____

3. Ayer en la autopista a Faustino se le descompuso _____

4. Anoche a Estela y a Sonia se les cayeron_____

5. Esta mañana cuando Graciela salió de la casa se le olvidó _____

_____

N. Un día de perros *(An awful day).* Write a list of the terrible things that happened to Anita yesterday during her mathematics exam using the information provided.

Modelo: descomponerse la calculadora
Se le descompuso la calculadora.

pasarse el tiempo muy rápido   caerse el lápiz una vez
olvidarse las fórmulas importantes   quedarse la mente en blanco
perderse el bolígrafo   acabarse el papel

_____

_____

_____

_____

_____

_____

O. ¡Qué mala suerte! Several things happened to you and your roommate before you got to school yesterday. Organize the events in order by writing the appropriate number (1, 2, 3, etc.) next to each.

_____ Se nos perdieron las llaves, pero no nos dimos cuenta hasta el momento de salir de la casa.

_____ Quisimos entrar en la casa de nuevo, pero se nos cerró la puerta.

_____ Ayer estuvimos de mala suerte.

_____ Íbamos a tomar un autobús a la universidad, pero se nos acabó el dinero.

_____ Nos salió mal todo lo que hicimos.

_____ Tratamos de llamar a un amigo para que nos trajera unas llaves de repuesto (*replacement keys*), pero se nos descompuso el teléfono.

_____ Al fin un amigo nos llevó en su auto y al llegar a la clase de español se nos cayeron los libros.

P. **¿Qué pasó?** Use **se** for unplanned or accidental events to tell what caused the following situations.

Modelo: Juan no puede leer el periódico.
Se le rompieron las gafas.

1. Nosotros llegamos tarde a la clase.

_____

2. Tú no puedes ir al concierto esta noche.

_____

3. María tuvo que lavar los platos en el restaurante.

_____

4. Ustedes no pueden entrar en su casa.

_____

5. Hoy dejé mi auto en el taller.

_____

6. Hortensia se levantó tarde.

_____

The Future Tense

Q. **En México.** You and some friends are in Mexico visiting some Mayan ruins in Yucatán. Listen as the tour guide explains the day's activities. Then indicate whether each statement that follows is true or false by checking **sí** or **no**.

	Sí	No		Sí	No		Sí	No
1.	_____	_____	3.	_____	_____	5.	_____	_____
2.	_____	_____	4.	_____	_____			

R. Algunos cambios. You will hear some sentences describing plans for future changes in an office. Restate each plan using the future tense.

Modelo: Vamos a cambiar los muebles.
Cambiaremos los muebles.

S. Un año en España. You have been accepted by an international exchange program and will spend your junior year in Spain. Answer these questions using **sí** and the future tense.

Modelo: ¿Vas a estudiar en Madrid?
Sí, estudiaré en Madrid.

1. ¿Vas a escribir frecuentemente?

   _____

2. ¿Vas a llamar todos los meses?

   _____

3. ¿Vas a visitar otras ciudades?

   _____

4. ¿Vas a llevar poco equipaje?

   _____

5. ¿Vas a vivir con una familia española?

   _____

6. ¿Vas a salir los domingos?

   _____

T. Una carta de la abuela. A friend receives a letter from her grandmother. Fill in the blanks using the future tense of the following verbs.

deber	casarse	depender	recibir
graduarse	ver	comprender	crear
encontrar	estudiar	ser	necesitar

¿Nunca te has preguntado cómo _____ tu vida dentro de unos

cuantos años? Todo _____ en gran parte de ti. _____

mucho hasta terminar la carrera o profesión que hayas escogido. Tú

_____ y _____ un trabajo.

_____ y _____ una familia, que

_____ de ti para su desarrollo y progreso. _____

alegrías y tristezas como todos los seres humanos. Pero siempre _____

que hay grandes satisfacciones en la vida, que todos tus esfuerzos se

_____ compensados por el amor de tus seres queridos, la

comprensión de tus amigos, la esperanza en un mundo mejor al que

_____ contribuir en la medida de tu capacidad y buena voluntad.

MOSAICOS

A. **La mujer en el mundo hispánico.** Listen as two feminists, Luisa and Helen, discuss the role of women in the Hispanic world. Then circle the letter that best completes each sentence below based on what you heard.

Vocabulario

apoyar   _to support_

llevar adelante   _to carry out_

iniciar   _empezar_

hacerse   _to become_

Cognates: defender   acusar

1. Luisa ha leído un artículo sobre...

     a)   el feminismo internacional.

     b)   la historia de España.

     c)   el progreso de la mujer hispánica.

2. Helen cree que las mujeres en el mundo hispánico son...

     a)   como las norteamericanas.

     b)   tradicionales.

     c)   militantes.

3. Luisa dice que cuando Colón *(Columbus)* presentó su proyecto...

   a) la Reina Isabel lo apoyó.

   b) los católicos protestaron.

   c) el Rey pensó que era muy importante.

4. Sor Juana Inés de la Cruz fue una poeta mexicana que...

   a) escribió poemas feministas.

   b) defendió a los hombres.

   b) fue miembro de la Comisión de Mujeres.

5. La Comisión Interamericana de Mujeres se creó en...

   a) México.

   b) La Habana.

   c) Los Estados Unidos.

6. Uno de los objetivos de la Comisión Interamericana de Mujeres es que las mujeres...

   a) tengan tantos derechos como los hombres.

   b) sigan en sus papeles tradicionales.

   c) hispanas imiten a las norteamericanas.

B. Los cambios en España y en México. Listen to these comments about recent changes in Spain and Mexico. Then, listen to the statements that follow and indicate whether each is true or false by checking **sí** or **no**.

	Sí	No
1.	_____	_____
2.	_____	_____
3.	_____	_____
4.	_____	_____
5.	_____	_____
6.	_____	_____

C. **Roles compartidos.** This brief article deals with roles shared by men and women in modern times. Read it carefully and complete the sentences.

Vocabulario

aportes *contribuciones* capacitarse *prepararse*
permanecer *to endure* sentimientos *feelings*

Roles compartidos

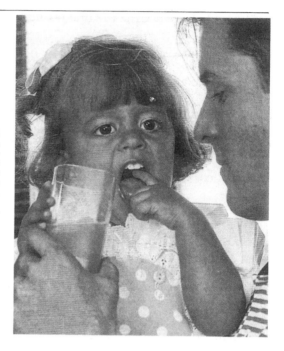

● Así como la mujer se ha salido de su papel tradicional de ama de casa, de madre, de esposa, para ir a la universidad, a capacitarse y entrar a competir con el hombre en el campo profesional, también los hombres están demostrando una tendencia al cambio. "Veo a los hombres cada vez más preocupados por que la relación no se acabe, por que su matrimonio permanezca -dice la psicóloga Consuelo de Sanz de Santamaría, especialista en terapia de pareja-. En el aspecto sentimental, antes el hombre casi no se expresaba pero ahora está pidiendo pista para expresar sus sentimientos. Y las mujeres se desconciertan cuando ellos se expresan, cuando lloran. Cada vez quieren participar más en cosas como la educación de los hijos, en los asuntos del hogar, de la familia". Lo positivo de todo esto es que ahora, más que antes, el hombre ha entendido que sus aportes al hogar no son exclusivamente económicos. Y ha sido la mujer quien se ha encargado, tal vez sin quererlo, de contribuir al cambio de roles.

1. Es necesario que la mujer vaya a la universidad para que ella

_____

2. El matrimonio se acabará, a menos que los hombres

_____

3. Las mujeres se desconciertan cuando los hombres

_____

4. Las mujeres pueden tener hijos y una vida profesional activa, con tal de que los maridos

_____

5. Es importante compartir las tareas domésticas, aunque

_____

D. La Villa Olímpica. Read this ad. Then write to a friend who is looking for an apartment and recommend buying one in the Olympic Village. Give at least five reasons using the future tense.

VILLA OLÍMPICA MONTIGALÀ

Si estás buscando piso, en la Villa Olímpica Montigalà descubrirás una nueva forma de vivir. Una nueva forma de vivir porque tendrás un piso de lujo de 135 m² por la mitad de lo que te costaría en Barcelona: desde 13.450.000 ptas. Con las favorables condiciones de pago que te ofrece la hipoteca a 12 años. Un piso rodeado de jardines, parques, escuelas, zonas deportivas, tiendas, cines y un gran centro comercial. **Una nueva forma de vivir porque disfrutarás las ventajas que supone vivir en la gran ciudad, sin sus inconvenientes. Porque, si vas al Nudo de la Trinidad, desde la Ronda de Dalt o la**

Ronda Litoral, la nueva autopista (Pata Norte) te deja ya en Montigalà en sólo dos minutos, y en breve continuará enlazado con la de Mataró. Y si vas en metro tienes la nueva parada "Camí del Fons" de la línea 1, a cinco minutos andando.

Ven a ver el piso muestra. Dirígete a la oficina de información de la misma Villa Olímpica Montigalà, por la Pata Norte, salida Montigalà. Todos los días, incluso festivos. O llama al Telf. 383.94.10.

Levitt

UN ESTILO DE CASA. UN ESTILO DE VIDA.

E. **Pioneras feministas latinoamericanas.** The Organization of American States magazine *Américas* published this profile of pioneers of the Women's Movement in Latin America. Use the information given in the article to complete the chart.

Pioneras del movimiento de la mujer en América Latina

MARÍA CURREA DE AYA (COLOMBIA). Escritora y conferenciante que abogó por la libertad política y derecho a la propiedad de la mujer, fue la primera mujer en hablar ante el Congreso colombiano, en favor de los derechos de la mujer y la mejora del bienestar infantil. Fundó la Organización Nacional de Mujeres en Colombia y alertó a las conciencias femeninas sobre la plenitud de la responsabilidad y los beneficios cívicos.

En el ámbito internacional, María Currea de Aya ha propugnado la cooperación interamericana. Una de sus publicaciones es un estudio del sistema de defensa civil estadounidense, escrito durante la Segunda Guerra Mundial y adaptado luego para uso en Latinoamérica.

ÁNGELA ACUÑA DE CHACÓN (COSTA RICA). Elegida en un principio por su gobierno como delegada a la Comisión Interamericana de Mujeres (CIM) pasó a ser la primera Embajadora ante la OEA.

Como abogada, escritora y filántropa de talla internacional Ángela Acuña de Chacón hizo mucho porque Costa Rica reconociera los derechos de sus ciudadanos. Como miembro de la Comisión Interamericana de Derechos Humanos también su actuación fue decisiva para establecer los derechos civiles y políticos de las mujeres en todo el Hemisferio.

BERTHA LUTZ (BRASIL). Destacada naturalista y feminista, inició el movimiento feminista en el Brasil estableciendo la Federación Brasileña para el Progreso Femenino y organizando la campaña que determinó que su Gobierno concediera el voto a las mujeres en 1932. En 1925, como diputada del Distrito Federal a la Cámara, logró la creación de un departamento que se encargara de las condiciones laborales y la posición legal de las mujeres. Además, formó parte de la comisión que redactó la Constitución del Brasil.

Como diplomática, represento a su país en muchas conferencias internacionales, incluso la de San Francisco, donde presentó el proyecto para establecer una Comisión sobre la Condición Jurídica y Social de la Mujer en la ONU. Fue una de las cuatro mujeres que firmaron la Carta de la ONU.

Era una autoridad en zoología y fue directora del Museo de Historia Natural del Brasil.

ELENA MEDEROS DE GONZÁLEZ (CUBA). Conocida como "Decana de la CIM", trabajó en esta organización desde su inicio en 1928 hasta su vigésimoquinto aniversario en 1953. Representó a Cuba en las primeras asambleas de la CIM y fue una de las promotoras de la celebración de la Conferencia de 1930 en La Habana

---

donde se completó la organización de la Comisión. Cree firmemente en implantar la igualdad de derechos para las mujeres en América y dedicó su vida a la realización de los fines de la CIM, además de colaborar con la UNESCO y la Comisión de las Naciones Unidas sobre la Condición Jurídica y Social de la Mujer, en la ONU.

Elena Mederos promovió los derechos civiles, sociales y políticos en su país y fuera de él. Trabajó en la creación de la Escuela de Trabajos Sociales, que después formó parte de la Universidad de La Habana.

MINERVA BERNARDINO (REPÚBLICA DOMINICANA). Diplomática de carrera y feminista, fue la primera Embajadora de su país y Ministro Plenipotenciario en la ONU y ha luchado por los derechos de la mujer toda su vida. Fue la única mujer con plenos poderes de votar en la Conferencia Interamericana sobre Problema de la Guerra y la Paz, celebrada en 1945 en Chapultepec, donde se aprobó la resolución de los Derechos de la Mujer en América escrita por ella. Ese mismo año representó a la República Dominicana en la Conferencia de San Francisco y fue una de las cuatro mujeres que firmaron Ia Carta de la ONU. También intervino decisivamente en la creación de la Comisión de las Naciones Unidas sobre la Condición Jurídica y Social de la Mujer, de la cual fue sucesivamente vicepresidente y presidente.

Minerva Bernardino consiguió que se incluyera el principio de igualdad de derechos para las mujeres en la Carta de la OEA y propuso enmiendas en la Carta para eliminar la posición inferior de la mujer.

AMALIA CABALLERO DE CASTILLO LEDÓN (MÉXICO). Esta feminista mexicana, muy activa en lo social, cultural y político, es además ensayista y dramaturga. Gracias a su lucha en 1953, se adoptó en la Constitución mexicana una enmienda que concede a las mujeres la igualdad de derechos.

Representó a su gobiemo en las importantes conferencias internacionales de Chapultepec y San francisco en 1945 y en muchas otras. Fue miembro de la Comisión sobre la Condición Jurídica y Social de la Mujer y la de los Derechos Humanos, ambas de la ONU, y Embajadora de México en Suiza.

Durante mucho tiempo perteneció a la CIM y colaboró en crear varias organizaciones de servicios sociales en México.

SOFíA ALVAREZ VIGNOLI DE DEMICHELI (URUGUAY). Escritora y abogada, fue la primera mujer elegida en el Senado uruguayo (1942) y la primera en tener este rango en Latinoamérica. Encabezó la lucha por implantar los derechos de las mujeres y los niños y escribió varios tratados sobre ellos mientras estuvo en el Senado.

Fue también la primera mujer latinoamericana en ser Delegada Plenipotenciaria la VII Conferencia Internacional de las Américas en 1933 y fue la primera mujer en firmar la convención internacional que reconoció los derechos civiles y políticos de la mujer.

También trabajó mucho en numerosas organizaciones nacionales e internacionales para proteger los derechos de los niños.

Líderes	Nacionalidad	Profesión	Contribuciones

F. Un parque tecnológico en Málaga. Economic development and job creation are high-priority government goals in Spain and Latin America. Read this ad promoting a technological park in Málaga, Spain, and complete the chart.

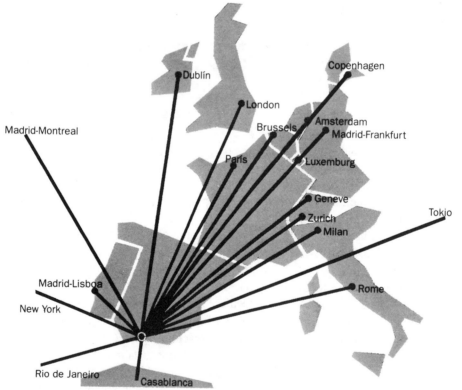

Principales conexiones aéreas -directas- desde el Aeropuerto Internacional de Málaga.
Main direct air connections from Málaga International Airport.

Málaga. Emplazamiento ideal para un Parque Tecnológico

Málaga, situada estratégicamente en la Costa Sur de España, en la histórica región de Andalucía, se caracteriza por una atractiva topografía, un envidiable clima mediterráneo con una temperatura media anual de 18,2º C y más de 3.000 horas anuales de Sol, y una gran variedad de ofertas deportivas y en general, de ocio, producto de su gran infraestructura turística.

La población provincial -con la media de edad más joven de España- es de, aproximadamente, 1,2 millones de habitantes, de los cuales, el 60% se localiza en la Capital y entorno próximo de la costa.

Málaga vive en la actualidad un fuerte proceso de desarrollo. Se están realizando importantes inversiones en comunicaciones (carreteras, ferrocarriles, aeropuerto, telecomunicaciones, etc.) y una industria en continuo avance, de forma que Málaga ocupa un lugar privilegiado entre las provincias españolas con mayor índice de crecimiento económico.

La ciudad posee una joven y dinámica Universidad con más de 23.000 alumnos, 20 Facultades y Centros de Enseñanza Superior, entre los que destacan las dedicadas a las Tecnologías de la Información y la Producción.

La Universidad de Málaga, con varias facultades dedicadas a las nuevas tecnologías, es una cantera de nuevos técnicos y profesionales especializados.
Málaga University, with several faculties teaching new technologies, is a nursery of new technicians and specialists.

Distribución sectorial de la economía en Málaga	Sectorial distributión of the economy in Málaga
SERVICIOS 69%	SERVICES 69%
INDUSTRIA 24%	INDUSTRY 24%
AGRICULTURA 7%	AGRICULTURE 7%

Vocabulario

emplazamiento   *location*
ocio   *leisure*
deportiva   *de deportes*
población   *population*
entorno   *adjacent area*
inversión   *investment*
avance   *expansion*

CARACTERÍSTICAS POSITIVAS DE MÁLAGA	
Clima	
Oportunidades para el ocio	
Población	
Comunicaciones	
Desarrollo económico	
Educación	

EXPANSIÓN GRAMATICAL

More on the Preterit and the Imperfect

A. **Cuando Josefina estudiaba en Málaga.** Supply the imperfect or preterit form of the verbs in parentheses.

1. (querer/poder) Cuando Josefina estudiaba en Málaga _____ ir a

   Sevilla, pero nunca _____ ir.

2. (conocer) Josefina _____ a Juan Manuel en 1985. Ella lo

   _____ bien porque vivían en la misma Residencia de Estudiantes en

   Málaga.

3. (saber/llamar) Josefina _____ la noticia del accidente de Juan

   Manuel cuando su hermana la _____.

4. (saber/tener/trabajar) Josefina _____ la dirección del hospital

   porque _____ varios amigos de la universidad que

   _____ allí.

The Conditional

B. Alfredo lo haría. Alfred is always very busy, but you know he would do more things if he had the time. Say that he would do the following things, according to the model.

Modelo: sacar al perro
Sacaría al perro.

C. ¿Qué pasaría? Complete the following sentences by saying what would happen under the conditions given. Use the conditional tense of the verb in the cue you hear.

Modelo: You read: Si tuviéramos tiempo, ...
You hear: Si tuviéramos tiempo / terminar el proyecto hoy.
You say: *Si tuviéramos tiempo, terminaríamos el proyecto hoy.*

1. Si el programa tuviera menos violencia, ...

2. Si jugaran con los niños, ...

3. Si llegara temprano, ...

4. Si comieras menos, ...

5. Si hicieras tu tarea, ...

D. ¿Qué haría usted? Choose the appropriate action according to each situation.

1. Usted está solo/a en su casa
y oye un ruido como si alguien
quisiera abrir una ventana.

_____ Haría una reservación.

2. Mañana es el santo de su
novio/a.

_____ Llamaría a la policía.

3. Usted quiere pasar el fin
de semana en un pequeño
hotel en las montañas.

_____ Iría a ver al médico.

4. Usted se siente mal, tiene
fiebre y le duele todo
el cuerpo.

_____ Lo llevaría al aeropuerto.

5. Su vecino tiene que
tomar un avión mañana y
no tiene automóvil.

_____ Le compraría un regalo.

6. Ud. necesita $80,00 para
arreglar (*fix*) su moto-
cicleta y no los tiene.

_____ Le pediría el dinero a un/a amigo/a.

E. **Dime, quiero saber.** Your friend wants to find out all about a birthday celebration at a restaurant last night. Answer the following questions using the conditional to express probability.

Modelo: ¿A qué hora abrieron el restaurante?
   Lo abrirían a las siete.

1. ¿Cuánto tiempo estuviste allí?

   _____

2. ¿Quién hizo la reservación?

   _____

3. ¿Cuántas personas había?

   _____

4. ¿Cuánto fue la cuenta?

   _____

5. ¿Cuánto dejaron de propina?

   _____

F. **Si yo pudiera.** Complete the sentences expressing what you would do if the following were true.

1. Si yo fuera el/la Presidente/a de este país, yo

   _____

2. Si me ganara la lotería, yo

   _____

3. Si yo fuera el/la dueño/a de un canal de televisión, yo

   _____

The Imperfect Subjunctive

G. **En Yucatán.** Listen to this description of a visit to some Indian ruins in Yucatán and to the statements that follow. Indicate whether each statement is true or false by checking **sí** or **no**.

	Sí	**No**
1.	_____	_____
2.	_____	_____
3.	_____	_____
4.	_____	_____
5.	_____	_____
6.	_____	_____

H. **¿Qué te pidió?**   Tell what your friend asked you to do by changing the statements you hear to the past.

Modelo: Me pide que salga temprano.
            Me pidió que saliera temprano.

I. **Como si fuera importante.**   The imperfect subjunctive is also used after **como si**, the equivalent of *as if* in English. You will hear some statements about Felipe, a student who acts as if he were an important person. Change the statements you hear using **habla como si** and the imperfect subjunctive.

Modelo: Felipe dice que conoce a muchas personas importantes.
            Habla como si conociera a muchas personas importantes.

J. **Un agente de viajes.**   Read the story and fill in the blanks with the appropriate verbs.

sentara   **fuera**   **pasara**   **visitara**   **pagara**   **cancelara**   **cambiara**

El año pasado llamé a una agencia de viajes para hacer una excursión a Chile. Después

de hablar con el agente fui a la agencia a recoger mi boleto. Pero cuando revisé el

itinerario me di cuenta de algunos cambios. Había pedido un asiento en la sección de no

fumar pero el agente me recomendó que me _____ en la sección

de fumar porque había menos pasajeros. Pedí que me _____ de

asiento. Después noté que el agente quería que _____ a Iquique.

Yo quería ir a Temuco. Sugirió que _____ unos días en Puerto

Varas. También recomendó que _____ Viña del Mar. Cuando pidió

que _____ en efectivo me pareció sospechoso.

En ese momento le dije que _____ la reservación y decidí ir a

otra agencia de viajes.

K. Reacciones personales.   Use the following expressions to convey your wishes or your reactions to your friends' activities in Spain.

Modelo: El mes pasado Cristina fue a Chiloé en barco.
Me gustó que Cristina fuera a Chiloé en barco

me alegré (de)   quise   dije   no creí   pedí   prohibí   me gustó   sentí

1. Nadie quiso hacer windsurf en Torremolinos.

_____

2. Diego estuvo dos semanas en un hotel de lujo.

_____

3. Los García conocieron a muchas personas en Sevilla.

_____

4. Pilar perdió su cartera en Barcelona.

_____

6. Elena y sus amigas comieron mariscos en Bilbao.

_____

The Present Perfect Subjunctive

L. Las instrucciones de la Sra. Martínez.   Mrs. Martínez, a physical fitness instructor, couldn't be in class today, but left instructions for her students. Say what she expects her students to have done before their next meeting.

Modelo: el Sr. Pérez / caminar dos kilómetros
Espera que el Sr. Pérez haya caminado dos kilómetros.

1. Ana / correr media hora

2. Felipe / hacer sus ejercicios

3. la Sra. Ferrer / nadar veinte minutos

4. Amalia / subir y bajar los brazos treinta veces

5. sus alumnos / seguir sus instrucciones

M. Ojalá que hayan hecho los preparativos. You are having an important meeting in your office and you hope that everything has been done according to your instructions. Use **ojalá** in your sentences.

Modelo: comprar los refrescos
Ojalá que hayan comprado los refrescos.

1. conseguir una mesa grande
2. traer bastantes vasos
3. escoger sillas cómodas
4. escribir la agenda
5. limpiar bien el salón

N. Identificación. Underline the present perfect subjunctive form in the following sentences.

1. Espero que hayan conseguido más información sobre terremotos.

2. Ojalá que hayan venido a vernos.

3. Han dicho que es un problema serio.

4. Es posible que haya visitado ese lugar.

5. Dudo que ellos hayan visto el desfile.

O. Una visita a la ciudad de México. How would you tell your friend, who has just arrived from Mexico City, that you hope he has done the following things?

Modelo: visitar las pirámides de Teotihuacan
Espero que hayas visitado las pirámides de Teotihuacan.

1. ir a una corrida de toros

   _____

2. probar comida típica mexicana

   _____

3. ver los murales de Rivera, Orozco y Siqueiros

   _____

4. caminar por el Parque Chapultepec

   _____

5. oír a los mariachis

   _____

The Conditional Perfect and the Pluperfect Subjunctive

P. **El campo y la ciudad.** Listen to this brief description and to the statements that follow. Indicate whether each statement is true or false by checking **sí** or **no**.

	Sí	No
1.	_____	_____
2.	_____	_____
3.	_____	_____
4.	_____	_____
5.	_____	_____
6.	_____	_____

Q. **¿Qué habría pasado?** Listen to what Gerardo did not do and look at the consequences. Say what would have happened if he had done each thing.

Modelo: You hear: Gerardo no salió.
You see: No fue al cine.
You say: *Si hubiera salido, habría ido al cine.*

1. Gerardo no vio a Luisa.
2. No habló con ella.
3. Luisa no lo invitó a un concierto.
4. No oyó a su cantante favorito.
5. No vio a sus amigos en el concierto.

R. **¿Qué habrías hecho?** Listen to the following questions and say what you would have done if you could start your life over.

S. **En México.** When your friends visited Mexico, they didn't have enough time to see all they wanted. Write sentences telling what they would have done if they had had more time based on the following information.

Modelo: tener / tiempo / visitar / Guadalajara
Si hubieran tenido tiempo, habrían visitado Guadalajara.

1. conocer / familias mexicanas / hablar más español

_____

2. tener / dinero / estar / hotel elegante

_____

3. leer / sobre / culturas precolombinas / disfrutar más / el viaje

_____

4. ir / Yucatán / estar / ruinas de Chichen Itza

_____

5. comprar / boletos / ver / corrida de toros

_____

T. Posibilidades. Complete the following sentences.

1. Si yo hubiera estudiado más _____

2. Si yo hubiera vivido en Perú _____

3. Si yo hubiera conocido a Einstein _____

4. Si yo hubiera vivido en el siglo XV _____

The Passive Voice

U. Después del huracán. Listen to these descriptions of the effects of a hurricane. Restate them using the passive voice.

Modelo: El huracán destruyó las casas.
Las casas fueron destruidas por el huracán.

V. Titulares. You must write the headlines for some of the pages in a newspaper. Rewrite the following news flashes using the passive voice.

Modelo: Los rebeldes tomaron la capital.
La capital fue tomada por los rebeldes.

1. El huracán destruyó el parque.

_____

2. La policía encontró a los asesinos.

_____

3. La Cruz Roja ayudó a los vecinos.

_____

4. El agua inundó las calles.

_____

5. Un perro de la policía descubrió las drogas.

_____

The Infinitive as Subject of a Sentence and as the Object of a Preposition

W. **En la fiesta de María.** Tell what Irma did at María's party using **al** + the infinitive.

Modelo: Cuando Irma llegó saludó a sus amigos.
Al llegar, saludó a sus amigos.

X. **Opciones.** Circle the letter corresponding to the most appropriate answer to each question you hear.

1. a) Fumar.

    b) Dormir

    c) Caminar.

2. a) Bailar por la noche.

    b) Practicar mucho.

    c) Beber cerveza.

3. a) Comer mucho.

    b) Descansar.

    c) Hacer ejercicio

4. a) Hablar alto.

    b) Hacer gárgaras.

    c) Cantar.

5. a) Leer con poca luz.

    b) Beber agua.

    c) Bañarse.

Y. **¡Abajo con la celulitis!**   Say which activities are good for eliminating cellulitis, which are not good for eliminating cellulitis, and which are totally ineffective against cellulitis.

Modelo: comer comidas con grasa
Comer comidas con grasa es malo para la celulitis.

montar bicicleta todos los días

trabajar sentado/a todo el día

caminar cuando uno puede

ver televisión los sábados

tomar mucha agua

usar el ascensor

beber cerveza

nadar regularmente

_____

_____

_____

_____

_____

_____

_____

Z. **¡Letreros, por favor!**   What signs would you suggest for the following situations?

1. Usted trabaja en un motel y no quiere que los clientes usen las toallas para limpiar los zapatos o el auto.

   _____

2. Usted trabaja en un gimnasio y quiere que todos los clientes firmen el registro al llegar.

   _____

3. Usted trabaja en un restaurante y el patrón no quiere que el público entre sin zapatos.

   _____

4. Usted trabaja en una tienda donde venden objetos de cristal. Usted escribe un letrero para que los clientes no toquen ningún objeto.

   _____

5. Usted trabaja en la cafetería de la universidad y quiere que todos pongan los platos en un lugar determinado.

   _____

Video Manual

Mosaicos

Spanish as a World Language

Matilde Olivella de Castells
California State University, Los Angeles

José R. Bahamonde
Miami Dade Community College

Ana Roca
Florida International University

Ricardo Castells
Florida International University

Prentice Hall
Englewood Cliffs, NJ 07632

PREFACE

Each segment in the *Mosaicos* **Video Program** is supported by viewing activities in this section of the **Student Activities Manual**. Video is a powerful resource, and can be used to exemplify and represent language and culture in a way difficult to simulate in classroom settings and exchanges. The clips selected for *Mosaicos* represent a broad range of formats and programs: scripted dialogues and scenes which review and complement the material in the textbook, and authentic materials such as commercials, weather reports, news footage, and short documentaries.

There are at least two ways to maximize the benefits of video and minimize its frustrations. As a beginning student of Spanish, it will be difficult for you to understand every word or phrase on television, no matter how slowly or clearly spoken by the speaker. Unlike reading a text however, video provides hints for guessing unknown words or phrases. Use context—facial expressions, gestures, tone of voice, and other visual cues to follow the action in the video. Remember, it is only important to get a general idea of what is happening.

The activities in this section of the **Student Activities Manual** have been constructed to provide a focus for your viewing. In other words, successful completion of the activities is viewed as successful understanding of key aspects of each video clip. You will notice that few activities require comprehension of an entire video segment. Instead, you may be asked to listen for pieces of information. The ability to ferret out extraneous information and focus on key information is a major ingredient toward successful communication.

Each segment in the *Mosaicos* **Video Program** is supported by carefully graded activities. Following is a description of the organization of these viewing activities.

DE ANTEMANO

Each activity sheet begins with a brief overview of the action that will take place.

PALABRAS Y FRASES IMPORTANTES

New words and expressions essential to the core activity in the segment are listed and used in context.

AVANCES

A series of pre-viewing activities set the stage for the action. Successful completion of these activities prior to viewing a particular video segment will assist with a more positive viewing experience.

ENFOQUE CULTURAL

Cultural contrasts are highlighted.

VISIÓN PANORÁMICA

While-viewing and post-viewing writing activities assist the student in reconstructing the action.

1

1.1 UNA CLASE DIFÍCIL

Los estudiantes y la universidad

DE ANTEMANO

In the first video segment, students greet each other, exchange information, introduce one another, and describe daily activities.

PALABRAS Y FRASES IMPORTANTES

todos los días	Hay tarea **todos los días**: lunes, martes, miércoles, jueves y viernes.
aprender	Necesitan **aprender** muchas fórmulas para esa clase.
voy a ir	La clase es a las diez. **Voy a ir** a la clase a las diez menos cuarto para hablar con el profesor.
el capítulo	Hay dieciséis **capítulos** en el libro y estudian ocho en cada semestre.
todo el mundo	En la clase hay veinte alumnos y **todo el mundo** escucha los casetes.
sentarse	Vamos a **sentarnos** en esas sillas.

AVANCES

A. Asociaciones.

1. silla   _____ todos los días

2. de lunes a domingo   _____ aprender

3. uno, dos, tres   _____ vamos a sentarnos

4. video   _____ capítulos

5. materias   _____ mirar

LECCIÓN 1   V1

B. Para completar.

1. Esta semana estudiamos el primer . . .
   a. capítulo.
   b. pupitre.
   c. reloj.

2. Dos y dos son cuatro. Eso es muy . . .
   a. fácil.
   b. interesante.
   c. difícil.

3. Las fórmulas que estudiamos en la clase de física son . . .
   a. elegantes.
   b. difíciles.
   c. parciales.

4. El domingo voy a ir a la . . .
   a. Facultad de Humanidades.
   b. clase de español.
   c. cafetería.

C. Preguntas generales.

1. ¿Qué capítulo estudian ustedes en la clase esta semana?

2. ¿Es fácil o difícil este capítulo?

3. ¿Qué habla todo el mundo en la clase de español?

4. ¿Qué necesitas aprender para la clase de mañana?

5. ¿Hay tarea todos los días?

ENFOQUE CULTURAL

In these beginning video clips, everyone may seem to be talking too quickly. But don't worry, you don't have to understand every word to follow the gist of a conversation. Just try to determine what is happening in a general way. Concentrate on words and expressions you know and watch the characters interact with one another. You'll be surprised at how much you can guess what they are saying. Rewind the video as many times as you'd like until you are satisfied you are following the action.

Students in this clip address each other using **tú**, which is the common practice among young people. In the last few years, the use of **tú** has increased, and it is acceptable in some areas to address clients, students, and general public as **tú**. Since this is not the pattern everywhere, when in doubt, use **usted**.

People in the United States generally maintain a certain physical distance when speaking with each other. If someone should cross that invisible boundary and get too close, an American will start to back away. Hispanics, however, are more comfortable if they are close to the people with whom they are talking. Among friends and acquaintances, Hispanics tend to be more touch-oriented as well. It is not uncommon to see a young man with his hand or arm on a friend's shoulder at several points during a conversation. Young girls and women are often seen strolling arm in arm.

Here are some things to observe as you watch this segment. What can you say about....

1. the physical distance between speakers?

2. kissing and shaking hands?

3. greetings and polite expressions?

VISION PANORÁMICA

A. ¿Quién es?

_____ 1. Sara

_____ 2. Isa

_____ 3. Pedro Mestre

_____ 4. Luis Hernández

_____ 5. Ana

a. the guy with the tie and pony tail

b. the blonde woman with long earrings

c. the woman who asks for directions

d. the woman with dark glasses

e. the guy who first approaches the women

B. Saludos y expresiones de cortesía. As you watch the video, indicate which of the following expressions you hear.

_____ 1. ¿Qué tal?

_____ 2. ¿Cómo estás?

_____ 3. Buenas noches.

_____ 4. Perdón.

_____ 5. Gracias.

_____ 6. Mucho gusto.

_____ 7. Buenas tardes.

_____ 8. Hasta mañana.

C. ¿Cierto (C) o falso (F)?

_____ 1. The students have very little homework for chemistry.

_____ 2. It's the end of the school year.

_____ 3. The conversation takes place in the morning.

_____ 4. Sara and Isa are friends.

_____ 5. Pedro Mestre does not want to talk about chemistry.

_____ 6. Pedro introduces Luis to Sara and Isa.

_____ 7. The women shake hands with Luis when being introduced.

_____ 8. Luis is not going to be in the same chemistry section with them.

D. Para completar.

1. Isa is worried because she . . .
   a. has an exam tomorrow.
   b. a friend is sick.
   c. one of her classes is very difficult.

2. The girl who approaches the group is looking for . . .
   a. a friend.
   b. a professor.
   c. a building.

3. According to the students, _____ requires a lot of work.
   a. chemistry
   b. anthropology
   c. nuclear physics

4. Sara says good-bye to her friends because . . .
   a. she must go back home.
   b. has a class.
   c. is going to have lunch.

5. Pedro and Sara are going to meet later at . . .
   a. Sara's house.
   b. the cafeteria.
   c. the School of Humanities.

E. Para completar.

1. Los estudiantes están en _____.

2. Según los estudiantes, la clase de _____ es muy difícil.

3. Isa estudia mucho para esa clase y tiene (has) _____ todos los días.

4. Según Isa, el profesor Bermúdez es _____.

5. La Facultad de Humanidades es el edificio número _____.

6. Sara no tiene _____ y por eso no sabe la hora.

7. Sara tiene una clase de _____ a las diez de la mañana.

2

Los amigos hispanos

2.1 UNA FIESTA

DE ANTEMANO

In this segment students describe friends and ask and respond to questions about an upcoming party.

PALABRAS Y FRASES IMPORTANTES

vivir	Ana es una chica mexicana que **vive** en Veracruz.
conocer	En la fiesta, sus amigos van a bailar, conversar y **conocer** a otros amigos de Ana.
solos	Casi todos sus amigos o amigas tienen compañeros para la fiesta, pues no desean ir **solos**.

COGNADOS

estupenda	atlético	comunicar
confesión	indígena	foto

AVANCES

A. Situaciones. ¿Qué diría usted?

1. You need your picture taken.   _____ Vive alli.

2. A friend asks what you are going to do at the party.   _____ Estupendo.

3. You are asked where a classmate lives.   _____ Prefiero ir solo/a.

4. You've been asked if you would like a 20% discount on your grocery purchases.   _____ Necesito una foto.

5. You'd rather go by yourself than on a tour.   _____ Bailar y conversar.

B. Asociaciones.

1. muy bien   _____ atlético

2. fuerte   _____ conversar

3. hablar   _____ fiesta

4. celebración   _____ conocer

5. saludar por primera vez (*first time*)   _____ estupendo

ENFOQUE CULTURAL

Diminutives are commonly used in Spanish to imply smallness or affection. You will hear them in various skits throughout the Mosaicos video. In this clip, Ernesto uses **bajita** when describing his friend Sara. The endings **ito/ita** are added to Spanish nouns and adjectives to form diminutive expressions.

Guests are usually not expected to arrive punctually for a party. What time is the party? When do Ernesto and his friends plan to arrive?

VISIÓN PANORÁMICA

A. ¿Cierto (C) o falso (F)?

1. _____ Miguel and Ernesto are discussing their grades.

2. _____ Ana has organized a party at her house.

3. _____ Miguel doesn't have much to study and wants to go to the party.

4. _____ Ernesto suggest to Miguel that he take Sara to the party.

5. _____ Sara is from Mexico.

6. _____ Ana doesn't know Sara.

7. _____ Ana calls Miguel's brother to invite him to the party.

8. _____ After Miguel meets Sara, he decides to go to the party with her.

B. **Para completar:** Sara y Miguel.

1. Sara Martínez...
   a. is Ernesto's sister.
   b. works at his father's office.
   c. studies anthropology.

2. Miguel is reluctant to go to the party with Sara because...
   a. she tells silly jokes.
   b. he doesn't know her.
   c. she is very shy.

3. Ana tells Sara that Miguel is...
   a. handsome and only a little overweight.
   b. clumsy and doesn't dance well.
   c. intelligent, athletic, and a good dancer.

4. The party at Ana's house will begin at around...
   a. 7:00 p.m.
   b. 9:00 p.m.
   c. 8:30 p.m.

5. At the end of the segment we know that...
   a. Miguel and Sara like each other.
   b. Sara doesn't care for the party.
   c. Sara and Miguel had already met earlier at the gym.

C. Preguntas. What questions would Miguel ask to elicit the following answers from Ernesto?

MIGUEL	ERNESTO
	Se llama Sara Martínez.
	Tiene el pelo castaño y ojos verdes.
	Es de Puerto Rico.
	La fiesta es a las nueve.

D. Descripciones. Write a brief description of the three people in the video.

Ernesto

_____

_____

_____

_____

_____

Miguel

_____

_____

_____

_____

Ana

_____

_____

_____

_____

_____

E. Un concierto. After seeing the following ad in the paper, you call a friend to say that Paloma San Basilio is in town for two concerts. Answer your friend's questions based on the information contained in the ad.

RADIO RITMO WXDJ 95.7 FM

WLTV **23**

PRESENTA A

Paloma San Basilio

Quiéreme Siempre

DADE COUNTY AUDITORIUM • 2901 W. FLAGLER

ENTRADAS A LA VENTA EN:

MASTER TICKET
EN RICKY'S RECORDS, POUPARINA FLORIST, Q RECORDS Y ECKERDS SELECCIONADOS.
(305) 555-5885 (407) 555-3900

Taquilla del Teatro: 555-3395

Dos presentaciones solamente
Sáb. OCT 13   **8:30 PM**
Dom. OCT 14   **7:30 PM**
Precios: $33 • $25 • $20
Sponsor: Variety Club
The Greatest Children's Charities in the World

Paloma San Basilio is a very attractive and well-known Spanish singer. Her concerts in are popular among many Spanish-speaking people throughout the world.

1. ¿A qué hora son los conciertos?

2. ¿Cuánto cuesta la entrada?

3. ¿Dónde compramos las entradas?

DE ANTEMANO

In this segment, university students speak about the benefits of a college education. As you will notice, the students being interviewed speak very quickly and appear to have been influenced by their English usage. You may understand very little. Try to listen for cognates to identify the key benefits given by the interviewees.

PALABRAS Y FRASES IMPORTANTES

una mujer	En el gabinete del presidente hay once hombres y **una mujer**.
la competencia	Hoy hay mucha **competencia** entre las agencias de autos.
va a haber	Probablemente **va a haber** más competencia en el futuro.
la esperanza	Juan desea ser profesor. Tiene la **esperanza** de trabajar como profesor en la universidad donde estudia.
la mente	Él acepta otras opiniones; tiene una **mente** abierta.

AVANCES

A. ¿Qué palabra usa?

esperanza   mente   competencia   mujer

1. Los atletas tienen la _____ de competir en las Olimpiadas, pero es difícil porque va a haber mucha _____.

2. Sus profesores opinan que ella es una _____ muy inteligente, con una _____ excepcional.

B. Observaciones. Which of the following cognates did you hear?

1. _____ carrera
2. _____ conversación
3. _____ depender
4. _____ futuro
5. _____ historia
6. _____ intelectual
7. _____ inteligente
8. _____ mexicano
9. _____ personas
10. _____ preparado
11. _____ sincero
12. _____ tranquilo

C. ¿Quién dice esto?

_____ 1. te prepara para el futuro   a. first female student

_____ 2. tener una carrera   b. first male student

_____ 3. va a haber bastante competencia   c. second female student

_____ 4. ser una persona más culta   d. second male student

3

Actividades y planes

3.1 EL AJEDREZ

DE ANTEMANO

In this short segment, the narrator describes chess lessons for children and adults in Caracas.

PALABRAS Y FRASES IMPORTANTES

jugar ajedrez	Los niños y los adultos **juegan ajedrez.**
desde el mediodía	Ellos vienen al parque **desde el mediodía,** las doce más o menos, hasta por la noche.
jugada	Otras personas miran y comentan las **jugadas.**
deporte	Los **deportes** como el fútbol y el béisbol, son muy populares entre los estudiantes de la universidad.
niño	Muchos **niños** de ocho o diez años van al parque.

COGNADOS

central   participar   práctica
capital   comentar

AVANCES

A. Asociaciones.

1. mediodía   _____ ocho años

2. jugada   _____ las doce del día

3. niños   _____ ajedrez

4. deportes   _____ la capital

5. Caracas   _____ los atletas

ENFOQUE CULTURAL

In the Hispanic world, as in the United States, chess is considered to be a game for adults. Nevertheless, there are children who enjoy and play chess, such as those who attend these classes in Caracas.

Although it is rarely played in the United States, except in American cities with a large Hispanic population, dominos is a very popular game among adults in many Spanish-speaking countries, where it is common to see senior citizens playing at cafés or parks.

VISIÓN PANORÁMICA

A. ¿Cierto (C) o falso (F)?

1. _____ The University of Venezuela offers outdoor classes in chess at this park.

2. _____ Chess lessons are given Monday through Friday.

3. _____ Children as well as adults are allowed to participate in these classes.

4. _____ About 400 children come to take classes.

5. _____ There are classes in the afternoon and also in the evening.

6. _____ Competitions are held on Fridays.

7. _____ Instead of sports, some students prefer to spend their free time playing chess.

8. _____ No one is allowed to sit close to the players.

B. Para completar.

1. Estas personas están en un parque de la ciudad de _____.

2. En este parque las personas juegan _____.

3. Entre las personas que juegan hay estudiantes de la Universidad Central de _____.

4. Aquí juegan adultos y también _____.

5. Las competencias son los _____.

6. Es posible jugar desde el mediodía hasta las _____ de la noche.

DE ANTEMANO

In this segment you will listen to music from Spanish America. You will hear an explanation about the music itself and a short interview with the well known musician Pepe Salas, who will show you some instruments native to America: **la charcha**, made from **uñas de chivo** (*hooves of goats*) and a variation of a European instrument (**el charango**).

PALABRAS Y FRASES IMPORTANTES

país	La música varía de un **país** a otro y por eso la música colombiana es diferente a la música mexicana.
tener en cuenta	Es nececario **tener en cuenta** estas variaciones para saber de dónde es la música.
antes de la llegada	Cristóbal Colón descubrió América en 1492. Hay muchos instrumentos indígenas **antes de la llegada** de los españoles.
ir a mostrar	Pepe Salas **va** a explicar y **a mostrar** algunos intrumentos musicales.

COGNADOS

varía	zona	influencia
africana	ritmo	existir
variación	guitarrista	armadillo

AVANCES

A. ¿Qué palabra usa?

país	llegada	tener en cuenta
mostrar	instrumentos	

1. Juanito tiene sólo once años y no puede ir a un _____ extranjero sin su familia.
   Es necesario _____ que es un niño.

2. El profesor de música tiene un excelente colección de _____ musicales indígenas.
   En la clase de mañana va a _____ tres o cuatro. Nosotros vamos a preparar
   unas mesas antes de la _____ del profesor.

B. Preguntas personales.

1. ¿Qué instrumentos musicales de origen hispano conoce usted?

   _____

2. ¿Toca usted un instrumento? ¿Cuál?

   _____

ENFOQUE CULTURAL

La conga is traditional music of Cuba that inpires dancing in large groups of people. *Tumbando caña* ("Cutting down sugar cane") and *Mírala qué linda viene* ("Look at her, how pretty she comes") are two famous **congas**. Gloria Estefan, a star with the Cuban-American group *The Miami Sound Machine*, sings a modern Cuban-American rock verion of the conga called *Conga*.

If you have a recording of Afro-Hispanic music or can find one in a music library in your college or university, listen to it and read about it. Prepare a short report in English to share with the class. Teach your classmates some new words related to the music, its background, and the instruments used.

In the last part of the video segment, you will hear parts of the song *Soy de Tolima, soy tolimense.* Tolima is considered **la capital musical de Colombia.** Locate this city (and region) on a map and find out as much as you can about them.

VISIÓN PANORÁMICA

A. ¿Cierto (C) o falso (F)?

1. _____ All instruments in the video are also known in this country.

2. _____ Music is similar in all Spanish American countries.

3. _____ African music has been very influential in the Caribbean and the Antilles.

4. _____ **El tiple** is an instrument made of goat hooves.

5. _____ Many of today's instruments are similar to those originally used by the Indians.

6. _____ Some contemporary Spanish American instruments are variations on the Spanish guitar.

B. **Para completar. (1)**

1. The music played by the first group at the beginning of this segment demonstrates the influence of . . .
   a. African music.
   b. Indian music.
   c. Spanish music.

2. The ancestry of the man who plays the harp for the second musical group is . . .
   a. African.
   b. Indian.
   c. Spanish.

3. The **charcha** originated in . . .
   a. Ecuador.
   b. Bolivia.
   c. Colombia.

4. The **charango** is most similar to the . . .
   a. tambourine.
   b. drum.
   c. guitar.

5. Pepe Salas plays the . . .
   a. flute.
   b. drum.
   c. guitar.

C. Para completar. (2)

africana   colombiano   cubano
ecuatoriano   española   españoles
indígenas   mexicano

1. En la zona del Caribe y de las Antillas, la influencia de la música _____ es muy importante.

2. La influencia de las culturas _____ que existían en América antes de la llegada de los _____ es también importante.

3. Un hombre que nace en Cuba es _____, y un hombre que nace en el Ecuador, como el músico Pepe Salas, es _____.

4. **El tiple** y **el charango** son variaciones de la guitarra _____.

4

La familia

DE ANTEMANO

In this clip Ileana, Isa's mother, complains about Isa's attitudes and the attitude of the younger generation and attempts to convice her to break a date for a family reunion.

PALABRAS Y FRASES IMPORTANTES

limpiar	Voy a **limpiar** el apartamento porque unos amigos van a venir esta noche.
el cuarto	Juana tiene que ir a su **cuarto** y hacer la cama.
sucio	Tiene que limpiar el cuarto porque está **sucio**.
el cumpleaños	Ana tiene veinte años. El lunes cumple veintiún años y va a celebrar su **cumpleaños** con una fiesta.
disgustar	Ella quiere ver a sus amigos ese día. Si no vamos a su casa se va a **disgustar**.
persona mayor	Los niños ven a muchos adultos como viejos o **personas mayores**.
negocios	Pepe es muy aburrido. Él trabaja en una compañía muy importante y sólo habla de **negocios** y de su compañía.
el partido	A Alfredo le gusta mirar los programas de deportes en la televisión, especialmente **los partidos** de fútbol o de tenis.

COGNADOS

organizado   trágica   política

AVANCES

A. Asociaciones.

1. fiesta	_____	persona mayor
2. atletas	_____	negocios
3. lugar donde dormimos	_____	partido de fútbol
4. trabajo	_____	cumpleaños
5. tiene más de 40 años	_____	cuarto
6. habla y habla todo el tiempo	_____	aburrido

B. Para completar.

Alfredo siempre mira la televisión cuando hay _____ de fútbol. Según
Alfredo, él está muy ocupado con sus clases y la televisión y no tiene tiempo para
_____ su cuarto. Además, él cree que trabajar en la casa es muy
_____. Por eso su cuarto está muy _____. Si su mamá ve el
cuarto de Alfredo, se va a _____. La semana próxima Alfredo va a cumplir
14 años y quiere organizar una pequeña fiesta en su casa. La hermana de Alfredo cree que él
tiene que limpiar su _____ para poder celebrar su _____.

ENFOQUE CULTURAL

The word **familia** in the Hispanic world generally refers not only to one's mother, father, and
children, but to other relatives as well. The family members usually maintain close ties, and, as
is the case in the video clip, get together for celebrations that often include three generations.

VISIÓN PANORÁMICA

A. ¿Cierto (C) o falso (F)?

1. _____ Ileana complains because her husband did not straighten up the bedroom before leaving for work.

2. _____ Ileana reminds Isa that they are invited to a birthday dinner.

3. _____ Isa prefers to go dancing that night.

4. _____ Ileana suggests to Isa that she go to the discotheque because her relatives will understand.

5. _____ Isa's date is set for Saturday.

6. _____ Isa appears to be excited about her date with Gabriel.

7. _____ Ileana tells Isa that her father is going to be very upset because he doesn't like Gabriel at all.

8. _____ Isa wants to go to her uncle's because his dinner parties are always lots of fun.

9. _____ Isa says that Jorge, Esteban, and Miguel are other relatives who usually stay in another room watching football.

10. _____ When Isa answers the phone, she apologizes for not being able to make it to the birthday dinner this year.

B. **Para completar:** La comida de cumpleaños.

1. La familia se va a reunir porque es el cumpleaños . . .
   a. del padre de Isa.
   b. de Gabriel.
   c. del tío Jorge.

2. Van a celebrar el cumpleaños el . . .
   a. viernes.
   b. sábado.
   c. domingo.

3. Según Isa, esas reuniones son . . .
   a. alegres.
   b. aburridas.
   c. importantes.

4. El día de la reunión Isa piensa salir con . . .
   a. Gabriel.
   b. unas amigas.
   c. su hermana.

5. Isa piensa que los cuñados de su tío Jorge . . .
   a. hablan mucho de política.
   b. son muy románticos.
   c. miran mucha televisión.

6. La persona que llama por teléfono es . . .
   a. el tío Jorge.
   b. una amiga de Isa.
   c. su amigo Gabriel.

C. **¿Cómo es la madre de Isa?**

1. Muy vieja. _____
2. Seria. _____
3. Delgada. _____
4. Habladora. _____
5. Estricta. _____
6. Débil. _____
7. Morena. _____
8. Trabajadora. _____

DE ANTEMANO

In this segment, the commentator discusses Mother's Day and the presents that are normally given, as well as those he feels should be given.

PALABRAS Y FRASES IMPORTANTES

cuidar	Las madres **cuidan** a sus hijos, especialmente cuando son muy pequeños.
regalar	¿Qué le debe **regalar** un hijo a su madre el Día de las Madres?
el viaje	Si puede, le debe regalar un **viaje** a Europa.
la aspiradora	No le debe regalar artículos para trabajar o limpiar la casa, como **aspiradoras**.
el cariño	El hijo que quiere a su madre debe mostrarle ese **cariño** todos los días del año.
alimentar	*dar comida*
un montón de dinero	*muchos dólares o pesos*
un ramo de rosas	*un grupo de rosas*

AVANCES

A. Asociaciones. ¿Qué hace la madre?

El niño	La madre
1. tiene hambre	_____ pone la televisión
2. celebra su cumpleaños	_____ lo cuida.
3. es pequeño	_____ le regala algo.
4. está aburrido	_____ lo alimenta.

ENFOQUE CULTURAL

In the Hispanic world, the date for Mother's Day varies from country to country. For example, Colombia celebrates it the second Sunday in May, just as in the United States, but Spain celebrates it the first Sunday in May.

VISIÓN PANORÁMICA

A. ¿Qué lugar? As you watch the video, indicate which of the following travel destinations are mentioned.

1. _____ República Dominicana

2. _____ Nueva York

3. _____ Europa

4. _____ Puerto Rico

5. _____ Argentina

6. _____ Bahamas

B. ¿Cuáles son los dos regalos? Indicate which of the following presents the commentator is going to give his mother on Mother's Day.

1. _____ una aspiradora

2. _____ cariño todo el año

3. _____ un montón de dinero

4. _____ un libro

5. _____ un ramo de rosas rojas

6. _____ un viaje

DE ANTEMANO

In this clip, a couple discusses whether or not they should rent a new apartment. They visit an apartment they are considering.

PALABRAS Y FRASES IMPORTANTES

demasiado	Nosotros necesitamos otro armario porque éste es **demasiado** pequeño.
caber	La cómoda y la cama son muy grandes y no **caben** en el cuarto.
mudar	Pedro vive en las afueras, pero el mes próximo se va a **mudar** cerca del centro.
cuadra	El apartamento está muy cerca de su trabajo, a unas dos o tres **cuadras.**
dar a	El apartamento está enfrente de un parque y la sala **da al** parque.
luz	La sala no es oscura, es muy clara porque tiene una ventana grande y entra mucha **luz**.

COGNADOS

situado   autobús   espacio

AVANCES

A. Opuestos. Match each word in the left column with its opposite in the right column.

1. cerca   _____ chiquito

2. oscuridad   _____ luz

3. grande   _____ lejos

4. vender   _____ gustar

5. disgustar   _____ comprar

B. Para completar.

1. La sala tiene dos ventanas muy grandes. En la sala hay dos _____.

2. Luis tiene mucha ropa y su armario es muy pequeño. La ropa de Luis no _____ en el armario.

3. Yo voy a vivir en otra ciudad. Yo me voy a _____.

4. Yo puedo caminar a casa de Amparo porque vive muy cerca. Amparo vive a dos _____ de mi casa.

5. Tenemos cuatro hijos y nuestro apartamento sólo tiene un cuarto. Nuestro apartamento es _____ _____.

ENFOQUE CULTURAL

Notice the use of **mi amor** (*my love*) when Ileana addresses her husband. As in other countries, terms of endearment are used by married and unmarried couples and among close family members, especially when addressing children. Popular terms of endearment are **mi vida** (*my life*), **cielo** (*heaven*), and **corazón** (*heart*). Notice also that Ileana addresses Toni as **viejo**. Couples and close friends often address each other with this term (**viejo/a**).

In this segment, Ileana is wearing a dress typical of Oaxaca, a state in the southern part of Mexico. This region is known for embroidery and handicrafts.

Plates are commonly hung on walls and in outside terraces as decorations in many Hispanic countries.

VISIÓN PANORÁMICA

A. Para completar: la conversación de Ileana y Toni.

1. Ileana is complaining because . . .
   a. the kitchen is too small.
   b. Toni doesn't help her with the housework.
   c. she has to prepare breakfast every day.

2. Ana, Isa's friend, and her family are . . .
   a. moving to another home.
   b. buying a new car.
   c. going to stay in their old apartment.

3. When Ileana implies that they should also move, Toni . . .
   a. points out that their apartment is adequate.
   b. is very happy that his wife finally wants to move.
   c. tells Ileana that they should move to a less expensive apartment.

4. When Toni asks for *pan*, he . . .
   a. means "bread," which in this context means money.
   b. may be indirectly changing the conversation.
   c. wants more sugar for his coffee.

5. The rent for the apartment that Ileana likes is . . .
   a. only a little more than what they presently pay.
   b. much more than what they now pay.
   c. actually a mortgage since the apartment is for sale.

B. ¿Cierto (C) o falso (F)?

1. _____ El apartamento de la familia de Ana está muy mal situado.

2. _____ Los armarios del apartamento de Ileana y Toni son muy pequeños.

3. _____ El alquiler del apartamento de Ileana y Toni es más alto que el alquiler del apartamento de los padres de Ana.

4. _____ Ileana piensa que ellos van a estar mucho más cómodos en el apartamento de los padres de Ana.

5. _____ La cocina del apartamento de los padres de Ana no es muy cómoda.

6. _____ Según Toni, el tráfico de la ciudad es terrible.

C. ¿Dónde queda el apartamento? Using the information provided in the video, write the names of the streets (*Miraflores, Rosales, Tucumán*) and the park (*Parque Soler*) on the map below so it accurately shows the location of the new apartment.

D. Opiniones.

1. ¿Cómo describe Ileana el apartamento donde viven?

   _____

   _____

2. ¿Cómo describe Toni el apartamento donde viven?

   _____

   _____

3. ¿Qué dos ventajas cree usted que tiene el apartamento de la familia de Ana?

   _____

   _____

6

El tiempo y los deportes

6.1 HOY EN ESPAÑA

DE ANTEMANO

In this clip you will see a live weather report which originally appeared on a Spanish television station.

PALABRAS Y FRASES IMPORTANTES

cielo	Hace muy buen tiempo y el **cielo** está despejado y muy azul.
chubascos	Hoy está lloviendo y ayer llovió también, pero los **chubascos** son más fuertes hoy.
cubierto	Mañana va a llover y los cielos van a estar **cubiertos**.
borrasca	*tempestad*
cordillera	*grupo de montañas*
nuboso	*nublado*

AVANCES

To prepare yourself to better understand this weather report, locate the following regions on a map of Spain: Galicia, Asturias, Cantabria, País Vasco, los Pirineos, Extremadura, Castilla, La Mancha, and Andalucía. The anchorwoman mentions the islands of Canarias and Baleares as well. Do you know where they are located?

A. Asociaciones.

1. los Andes   _____ borrascas

2. muy mal tiempo   _____ cielos cubiertos

3. lluvia   _____ cordillera

4. nuboso   _____ chubascos

VISIÓN PANORÁMICA

A. ¿Cierto (C) o falso (F)?

1. _____ The anchorwoman expects storms in the northern part of Spain.

2. _____ It will snow at elevations above 1,000 feet in some areas.

3. _____ She expects cloudy skies in the southeastern region.

4. _____ There may be some morning fog in Andalucía.

5. _____ The weather will be fine in Canarias.

6. _____ The southern part of Spain will be sunny.

B. Preguntas.

1. ¿Hace buen tiempo hoy donde vives?

   _____

2. ¿Qué hacen tú y tus amigos cuando llueve?

   _____

3. ¿Cómo está el cielo cuando va a llover?

   _____

 ## 6.2 EL FÚTBOL EN LA ARGENTINA

DE ANTEMANO

Argentina has excellent football (soccer) teams. One of its players, Diego Armando Maradona, is famous throughout the world. Argentina won the World Cup in 1978 and 1986 and was a finalist in 1990.

PALABRAS Y FRASES IMPORTANTES

comentarista	Sus comentarios sobre el fútbol son excelentes y todos dicen que es el mejor **comentarista** deportivo de la televisión.
técnico	En algunos países, el **técnico** es el director del equipo.
actuación	Después que perdió el partido, todos comentaron la pobre **actuación** del equipo.
asunto	La violencia es un **asunto** muy serio que preocupa a los aficionados y a los jugadores.
aconsejar	Cuando está con los jugadores, el técnico de nuestro equipo explica qué deben y no deben hacer y siempre los **aconseja** muy bien.
augurar	*decir qué va a ocurrir*

AVANCES

A. Para completar.

En el programa hablaron sobre el partido y el _____ mencionó la gran

_____ de los jugadores y _____ un año brillante para el equipo.

También mencionó que para el nuevo _____ la disciplina es un _____

muy importante y que los jugadores están muy contentos porque pueden ver los resultados de

su entrenamiento.

VISIÓN PANORÁMICA

A. ¿Cierto (C) o falso?

1. _____ Soccer is one of Argentina's greatest passions.

2. _____ President Carlos Menem is very pleased with the way the national team is playing.

3. _____ The President doesn't play soccer himself, but he loves to watch the sport.

4. _____ The soccer players and coaches felt honored when Menem suggested some changes in the roster for the national team.

B. Tus opiniones. Circle the word or phrase in parentheses that reflects your opinion. Then compare your opinions with those of your classmates.

1. Me gusta (el fútbol / la música) más que el trabajo.

2 Es más (difícil / fácil) estudiar español una hora que correr una milla.

3. El Presidente de Argentina juega el fútbol (bien / mal).

4. Practicar deportes es una actividad muy (entrenida / aburrida).

5. El Presidente (debe aconsejar / no debe aconsejar) al técnico del equipo de fútbol.

6. Los comentaristas casi siempre (tienen razón / no tienen razón).

DE ANTEMANO

Gabriela Sabatini of Argentina is famous throughout the world. She won the Grand Slam in 1990, and continued to dominate women's tennis in 1992. In this interview, Sabatini talks about her game and about future aspirations.

PALABRAS Y FRASES IMPORTANTES

torneo	Uno de los **torneos** de tenis más importantes es el Grand Slam.
cancha	Ellos prefieren jugar en el club porque las **canchas** de tenis son muy buenas.
triunfador	Nuestro equipo es el **triunfador** porque ganó dos partidos.
carrera tenística	Ella es una excelente jugadora de tenis y es muy importante para su **carrera tenística** ganar este partido.
recorrer el mundo	Quiere visitar muchas ciudades y países y dice que el año próximo va a **recorrer el mundo**.
seguir mejorando	Él corrió 3 kilómetros en una hora la semana pasada, pero **sigue mejorando** y ahora los corre en 50 minutos.
casarse	María y su novio van a **casarse** el sábado en la catedral.

COGNADOS

promesa	inicial	libertad
victoria	futuro	inmediato

AVANCES

A. Asociaciones.

1. artista   _____ la persona que gana

2. triunfador   _____ lugar donde juegan tenis

3. cancha   _____ ir a muchos lugares

4. recorrer el mundo _____ cantante

5. casarse   _____ ser marido y mujer

ENFOQUE CULTURAL

Besides Gabriela Sabatini, there are many well-known Hispanic women tennis players, such as Arantxa Sánchez Vicario, Conchita Martínez, and Mary Jo Fernández.

VISIÓN PANORÁMICA

A. ¿Cierto (C) o falso (F)?

1. _____ Gabriela Sabatini ganó el Grand Slam de 1990.

2. _____ Ella tiene mucho tiempo libre.

3. _____ Graba canciones para comerciales de productos hispanos.

4. _____ Dice que es un persona feliz.

5. _____ La libertad es importante para Gabriela Sabatini.

B. Planes para el futuro. Which of the following are in Sabatini's future plans?

_____ casarse   _____ ser profesora de tenis

_____ escribir para un periódico   _____ tener hijos

_____ recorrer el mundo   _____ trabajar en la televisión

_____ grabar canciones   _____ comprar una casa en Buenos Aires

7

La ropa y las tiendas

7.1 EN LA ZAPATERÍA

DE ANTEMANO

In this clip, two friends make plans to go shopping for shoes in a small neighborhood store.

PALABRAS Y FRASES IMPORTANTES

de vestir	La fiesta es muy elegante y necesito comprar unos zapatos **de vestir**.
de diario	La reunión de mañana es muy informal y podemos ir con ropa deportiva y zapatos **de diario**.
tacón	María lleva zapatos de **tacón** bajo porque camina mucho.
envolver	Pagas en la caja y allí te **envuelven** el regalo.
factura	No sé cuánto costaron los zapatos, así que voy a mirar **la factura**.
bello	*muy bonito*
al contado	*en efectivo*

COGNADOS

modelo   decidir   por ciento
preocuparse

AVANCES

A. Para completar.

1. Para comprar zapatos voy a una . . .
   a. librería.
   b. peletería.
   c. cafetería.

2. Irma va a ir a una fiesta muy elegante y necesita unos zapatos . . .
   a. de vestir.
   b. de diario.
   c. de rayas.

3. Cuando las cosas están rebajadas decimos que hay . . .
   a. un campeonato.
   b. una decisión.
   c. una realización.

B. Preguntas personales.

1. How would you describe the shoes you need to a salesperson?

   _____

   _____

   _____

   _____

   _____

2. ¿Qué número calza usted?

   _____

3. ¿Qué numero calza su compañero de cuarto?

   _____

4. ¿Qué prefiere usted para ir a clase, zapatos formales o zapatos tenis? ¿Por qué?

   _____

   _____

   _____

   _____

   _____

   _____

ENFOQUE CULTURAL

In Hispanic countries there are many kinds of shops and shopping locations, ranging from open air markets to modern department stores and large shopping malls. Neighborhoods usually include a variety of small stores just around the corner which is important for shoppers because cars and gasoline are so expensive. Smaller stores typically have a good selection of items and offer excellent service.

Notice that Sara asks for a size 38 shoe. Most Latin American countries use the European measurement system.

Sara will also tell the salesgirl, **trátame de tú**, which means that Victoria should use the familiar form of address (**tú**) with her rather than the formal form (**usted**). The **tú** form is becoming a more and more common form of address in Hispanic countries, particularly among younger people.

In some Hispanic countries, **zapatería** only refers to a shoe repair shop and **tienda** or **almacén de zapatos** to a shoe store. In other countries, **peletería** refers to a shoe store.

VISIÓN PANORÁMICA

A. Cierto (C) o falso (F)?

1. _____ Sara necesita zapatos nuevos.

2. _____ Ella quiere unos zapatos caros.

3. _____ Ana conoce a la dependienta de la peletería.

4. _____ Sara y Ana van a la tienda en autobús.

5. _____ Hay pocos zapatos en la tienda.

6. _____ Sara compra los zapatos con tarjeta de crédito.

B. ¿Quién lo dice?

	Ana	Sara	Victoria
Necesito unos zapatos blancos.			
Victoria es muy amiga mía.			
¿En qué le puedo servir?			
¿Los quiere de diario o de vestir?			
Trátame de tú.			
¿Qué número calza?			
Mira que bolso tan bello.			
Te los voy a envolver.			

C. Cronología.

_____ Victoria le mide el pie a Sara.

_____ Ana y Sara llegan a una pequeña peletería de barrio.

_____ Ana y Sara salen de compras.

_____ Sara le pide a Victoria unos zapatos blancos de vestir.

_____ Sara decide comprar el modelo sin talón.

_____ Sara se prueba los tres pares de zapatos.

_____ Victoria le muestra tres pares diferentes a Sara.

DE ANTEMANO

In this clip, a young man goes shopping for a present for his mother.

PALABRAS Y FRASES IMPORTANTES

oro	El collar es barato porque es de un metal amarillo que no es **oro**.
brazalete	*pulsera*
lindo	*bonito*
saya	*falda*

AVANCES

A. Para completar.

Alicia está en el almacén porque necesita una blusa blanca para usar con su _____ negra. Ve una blusa muy _____, pero le queda grande. La dependienta le muestra otra muy bonita y decide comprarla. Cuando va a salir de la tienda ve un collar y un _____ y le pregunta el precio a la dependienta. Ésta le dice que son de _____ y que cuestan $860.00. Alicia le da las gracias y le dice que lo va a pensar.

ENFOQUE CULTURAL

Notice the mother's hand gestures when her son is looking at the bracelet and the skirt. Hispanics frequently use hand movements and gestures that are commonly understood. It is important to understand this body language, although there are differences among some Spanish-speaking countries. For example, to express no, Spanish speakers normally move the index finger from left to right, rather than moving their heads.

VISIÓN PANORÁMICA

A. ¿Cierto (C) or falso (F)?

1. _____ El hijo va a una tienda elegante para comprar el regalo.
2. _____ La mamá cree que la pulsera es un buen regalo.
3. _____ A la mamá no le gusta la saya.
4. _____ El hijo le va a comprar una bolsa y unos guantes.
5. _____ El regalo que prefiere la madre es dinero.

DE ANTEMANO

In the following clips, you will observe a young man giving directions to his friend (Felipe Mendoza) who is looking for a job. Since you may be unable to understand the specifics of his directions, concentrate on the second two segments, especially the job interview itself.

PALABRAS Y FRASES IMPORTANTES

nacer	Alberto es colombiano; **nació** en Bogotá, la capital de Colombia.
crecer	¡Qué alto está Pepito! **Creció** mucho el año pasado.
dejar	Yo estoy muy contento en esta ciudad y no quiero ir a vivir a Guadalajara porque no quiero **dejar** a mis familiares y amigos.
ambiente	El lugar es muy agradable, se puede conversar y el **ambiente** es fabuloso.
posgrado	Alicia estudió en la Universidad de Costa Rica y después fue a los Estados Unidos para sus estudios de **posgrado**.
carta	Necesito enviar mi currículum y tres **cartas** de recomendación.
idioma	*lengua*
trasladar	*cambiar de dirección*

AVANCES

A. Para completar. (1)

1. La compañía va a trasladar uno de sus departamentos a otro . . .
   a. piso.
   b. estado.
   c. país.

2. Esta persona no quiere . . .
   a. vivir en otro lugar.
   b. llenar solicitudes.
   c. hablar otras lenguas.

3. A esta persona le gusta . . .
   a. cambiar de ambiente todo el tiempo.
   b. estar con sus amigos y su familia.
   c. conocer a otras personas.

4. Esta persona tiene . . .
   a. cartas de recomendación.
   b. un puesto nuevo ahora.
   c. deseos de cambiar de trabajo.

B. Para completar. (2)

ambiente	carta	curriculum
dejar	posgrado	trasladar

1. Van a _____ las oficinas del segundo al cuarto piso.

2. Los empleados no quieren _____ el segundo piso.

3. Ellos dicen que el _____ aquí es muy agradable.

4. Todos vamos a escribir una _____ para quedarnos aquí.

5. Mi amiga Susana quiere trabajar en esta oficina y va a mandar su _____.

6. Ella habla inglés y español y tiene un año de estudios de _____.

ENFOQUE CULTURAL

In this clip, Felipe Mendoza prefers to change companies rather than accept a transfer to another city. Hispanics are typically less willing to move for professional reasons than Americans, unless they are going from a small town to a large city to find work. It is more common for Hispanics abroad to spend their entire life in the same area, a contrast to the many North Americans who live in more than one place as children, leave for college far away, and start work somewhere else.

In the video, you will hear Pedro tell Felipe **No hay mal que por bien no venga**, which literally means that every bad thing comes about for a good reason, or that every cloud has a silver lining. In this case, Felipe needs a new job, but Pedro is confident that the problem will result in Felipe finding an even better job than he has now.

Spanish speakers tend to use **refranes** more than English-speakers, a custom that is reflected in the masterpieces of Spanish literature, such as *Celestina* or *Don Quijote*. Proverbs are considered folk wisdom. Many used today date back five hundred years or more.

Entre dicho y hecho existe gran trecho.	Easier said than done.
Ojos que no ven, corazón no siente.	Out of sight, out of mind.
Mona que se vista de seda, mona se queda.	A monkey's always a monkey. (Opposite of *Clothes make the man*).

VISIÓN PANORÁMICA

A. ¿Cierto (C) o falso (F)? (1)

1. _____ Felipe is looking for a job because he has been fired.

2. _____ He doesn't want to move.

3. _____ He was born and raised in the same city.

4. _____ He has worked in only one company.

5. _____ He does not have many friends.

6. _____ His letters of recommendation are excellent.

7. _____ He went to graduate school.

8. _____ He likes this city's atmosphere.

B. ¿Cierto (C) o falso (F)? (2)

1. _____ La compañía de Felipe se va a trasladar en dos meses.

2. _____ Felipe quiere un trabajo nuevo.

3. _____ Felipe no tiene una entrevista hoy.

4. _____ La oficina de la Sra. Navarro es diferente.

5. _____ Felipe no conoce la compañía de la Sra. Navarro.

6. _____ Felipe tiene la experiencia necesaria para el trabajo nuevo.

7. _____ Felipe habla dos idiomas.

8. _____ La Sra. Navarro es la presidenta administrativa.

C. ¿De quien hablamos? Write whether each of the following statements refer to Pedro, Felipe, or Sra. Navarro.

1. _____ Busca trabajo como jefe de ventas.

2. _____ Esta persona tiene un refrán para todo.

3. _____ Va a una entrevista hoy.

4. _____ Sabe llegar a la calle Delicias.

5. _____ No quiere llamadas durante la entrevista.

6. _____ Tiene cartas de recomendación.

7. _____ No quiere trasladarse a Guadalajara.

8. _____ Llama al Sr. Montalvo.

D. Un anuncio. At the beginning of the video, Felipe and Pedro talk about the ad placed by Mrs. Navarro. Based on their conversation, jot down three or four things that appear in the ad.

1. _____

2. _____

3. _____

4. _____

9

Los ejercicios y la naturaleza

9.1 MIRIAM CHANAMÉ Y EL AERÓBICO LATINO

DE ANTEMANO

You will watch an aerobic class in this segment. Pay special attention to the instructor, Miriam Chanamé, and notice how she and her students exercise to Latin music. The **merengue**, a dance typical of the Dominican Republic, and the **chachachá**, of Cuban origin are featured in this segment.

PALABRAS Y FRASES IMPORTANTES

bienvenido	Frente a la puerta de algunas casas hay una pequeña alfombra con la palabra **bienvenido**.
doblado	Las rodillas no deben estar rectas, deben estar **dobladas**.
adentro	La profesora de ballet nos dice siempre: "Espalda recta y estómago **adentro**".
latido	En el video cuentan los **latidos** del corazón.
pantalla	En ese cine se ve muy bien la película porque la **pantalla** es muy grande.
espero que sea de su agrado	*espero que les guste*

COGNADOS

recto	marchar	pulso
yugular	multiplicar	comparar

AVANCES

A. Para completar.

Cuando llegué al gimnasio, la profesora me dijo: "_____ a nuestra clase". Primero nos mostró un video sobre ejercicios aeróbicos. La _____ era un poco pequeña, pero lo pudimos ver bastante bien. Después hicimos algunos ejercicios para calentar los músculos. "Hay que _____ las rodillas y el estómago debe estar hacia _____", nos dijo. Seguimos con ejercicios más fuertes y contamos los _____ cardiacos. Fue una clase muy buena.

ENFOQUE CULTURAL

Nowadays in Hispanic countries, it is not unusual to see office workers, business people, senior citizens, and students setting aside time for some kind of physical activity. This interest in physical well-being is reflected in the number of advertisements and articles dealing with this topic in Hispanic publications.

VISIÓN PANORÁMICA

A. ¿Cierto (C) o falso (F)?

1. _____ Hay cinco personas haciendo ejercicios aeróbicos.

2. _____ La profesora es joven y delgada.

3. _____ Ella está al frente de las alumnas.

4. _____ Ella cuenta del uno al cuatro cuando hace algunos ejercicios.

5. _____ Ella no baila en este video.

6. _____ Después de hacer ejercicios, la profesora se toma el pulso.

7. _____ Ella se toma el pulso por medio minuto.

8. _____ Cuando se toma el pulso, ella está haciendo ejercicios muy fuertes.

B. Para completar.

La profesora de ejercicios aeróbicos se llama _____. Ella tiene alumnas en este video. Cuando empieza los ejercicios, ella les dice a las alumnas que deben mantener esta posición: _____ recta, _____ hacia atrás, _____ adentro y _____ semidobladas. Después de hacer ejercicios y bailar, ella les muestra cómo se cuentan los latidos _____. Primero se deben tomar el pulso poniendo los dedos en la _____ o en la yugular. Después se debe multiplicar el total por _____.

C. Mi opinión. Write a brief paragraph that describes the aerobics class portrayed on the video. Is it similar or different from an aerobics class in the States? Would you benefit from an aerobics class?

_____

_____

_____

_____

_____

_____

_____

_____

_____

10 La comida

10.1 VERDURAS Y FRUTAS TROPICALES

DE ANTEMANO

In this clip, you will see a young woman discussing a variety of vegetables and fruits typical of the Caribbean with her Spanish friend. Are you familiar with any of them?

PALABRAS Y FRASES IMPORTANTES

raíz	Los árboles y plantas absorben el agua y los alimentos por las **raíces**.
tubérculo	Las papas, igual que otros **tubérculos** que se comen en muchos países hispanos, contienen carbohidratos.
batido	Yo hago los **batidos** con frutas, leche o agua muy fría y azúcar, pero mi hermana los hace con helado y leche.

COGNADOS

gimnasia rítmica	Olimpiadas	modesta
prohibitivo	retirar	

Vegetales y frutas típicos del Caribe que se muestran en el video:

boniato	malanga	ñame
yuca	mamey	mango
níspero	papaya	

AVANCES

A. Asociaciones.

1. papa   _____ gimnasia rítmica

2. árbol   _____ prohibitivo

3. fruta, leche y azúcar   _____ raíces

4. muy caro   _____ tubérculo

5. ejercicio   _____ batido

B. ¿Cierto (C) o falso (F)? Read the Enfoque cultural before doing this activity.

1. _____ No hay muchos vegetales y frutas diferentes en el mundo hispano.

2. _____ Las culturas indígenas contribuyen a que se coman más de ciertos vegetales o frutas.

3. _____ La yuca y el ñame son populares en Chile y Argentina.

4. _____ Los batidos de frutas topicales se toman mucho cuando hace calor.

5. _____ Los tubérculos y raíces que se comen tienen pocos carbohidratos.

6. _____ El betabel es otro nombre que se le da al maíz en México.

7. _____ "Palta" es aguacate en Argentina y Chile.

8. _____ En los Estados Unidos no se consiguen estos vegetales y frutas.

ENFOQUE CULTURAL

There is a great variety of fruits and vegetables in the Hispanic countries. In many cases, due to geographic conditions, climate or the influence of Indian and African cultures, some of these fruits and vegetables are only cultivated in certain regions or countries.

The names of some vegetables and fruits may change from one country to another. For example, the word for beet is **remolacha**, but in Mexico it is called **betabel**; an avocado is **palta** in Argentina and Chile, and **aguacate** in other Hispanic countries.

VISIÓN PANORÁMICA

A. ¿Cierto (C) o falso (F)?

1. _____ Eva Alcaraz Arango es la Campeona de Gimnasia Rítmica de Chile.

2. _____ Las raíces que se muestran en el vídeo se comen.

3. _____ Según Eva, los plátanos amarillos son muy pequeños.

4. _____ Victoria, la amiga de Eva, le muestra una clase de plátano que siempre se tiene que cocinar.

5. _____ Los mangos en España son muy caros.

6. _____ A Eva le encantan los mangos.

7. _____ Las papayas son muy grandes en España.

8. _____ Todas esas verduras y frutas se comen en España.

B. Para completar.

1. Victoria y Eva están en . . .
   a. la cocina.
   b. la universidad.
   c. el trabajo.

2. Ellas van con la lista de vegetales y frutas . . .
   a. a la biblioteca
   b. al supermercado.
   c. a la competencia.

3. Victoria muestra las siguientes frutas tropicales . . .
   a. plátanos, peras y manzanas.
   b. papayas, fresas y plátanos.
   c. plátanos, mangos y papayas.

4. Victoria va a usar el mamey para hacer . . .
   a. un batido.
   b. un postre.
   c. una ensalada de frutas.

C. Lo que Victoria desea o espera. Victoria tells two of her friends to improve their eating habits. What does she tell them?

Yo quiero   espero   pido   prohíbo

1. comer grasa y mantequilla

   _____

   _____

2. comprar muchas frutas y vegetales

   _____

   _____

3. beber poco café

   _____

   _____

4. preparar la comida en casa

   _____

   _____

5. tomar mucha agua

   _____

   _____

D. El menú de la semana. Plan a well-balanced menu for an entire week. Using fruits and vegetables from the video, complete the chart below.

	plato principal	vegetales	postre
lunes			
martes			
miércoles			
jueves			
viernes			
sábado			
domingo			

 10.2 EL MOLE POBLANO

DE ANTEMANO

In this segment, you will see how to prepare *mole poblano*, a famous Mexican dish.

PALABRAS Y FRASES IMPORTANTES

moler	Si quieres hacer hamburguesas tienes que **moler** la carne o comprar carne molida en el supermercado.
amargo	El chocolate **amargo** no tiene azúcar.
rallado	A los espaguetis les ponemos salsa de tomate y queso **rallado**.
cucharada (cda.)	Para medir cuando cocinamos, usamos tazas, **cucharadas** y cucharaditas.
pasas	Las **pasas** son uvas secas.
caldo	Para hacer **caldo** de pollo, cocinamos algunas verduras y el pollo en cinco o seis tazas de agua.
pintón	Un plátano **pintón** no está ni verde ni maduro.
pizca	Una **pizca** es la cantidad de sal u otro ingrediente que puedes tomar entre dos dedos.
ajonjolí	sesame (seeds)

AVANCES

A. Para completar.

1. Muchas personas comen el cereal con plátano o _____.

2. En la clase de cocina aprendí que tres cucharaditas es igual a una _____ y que una _____ es una cantidad pequeña.

3. El médico dice que debe tomar mucho líquido: agua, refrescos, jugo y _____.

4. Ahora hay unas máquinas eléctricas que pueden _____ los ingredientes de las recetas.

5. Ese chocolate tiene azúcar y para esta receta se necesita chocolate _____.

ENFOQUE CULTURAL

The word **mole** is derived from the Aztec word *molli*, which means a sauce flavored with chili. **Poblano** means from Puebla, a state and city to the east Mexico City. **Mole poblano** is one of the most famous and popular dishes in Mexico.

Chiles, known in other countries as **ajíes**, are very important ingredients in the preparation of food since the time of the Aztecs. There are at least 140 varieties of **chiles**, and some recipes, such as **mole poblano**, call for several different varieties.

VISIÓN PANORÁMICA

A. ¿Qué ingredientes se necesitan? As you watch the video, indicate which of the following ingredients are mentioned.

1. _____ un pollo

2. _____ chiles mulatos

3. _____ mostaza

4. _____ aceite

5. _____ ajo

6. _____ cebolla

7. _____ tomates

8. _____ tortillas

9. _____ aguacate

10. _____ chocolate

B. ¿Cierto (C) o falso (F)?

1. _____ El 5 de mayo se conmemora la batalla de Puebla.

2. _____ La batalla de Puebla fue una victoria importante para las tropas mexicanas.

3. _____ Para preparar el mole se necesita usar chocolate amargo.

4. _____ En esta receta se usa un plátano maduro.

5. _____ No es importante moler bien las tortillas.

6. _____ El caldo de pollo se pone después de las tortillas.

7. _____ La salsa se pone sobre el pescado.

8. _____ La receta es para 12 personas.

11

La salud y los médicos

11.1 EL SIDA

DE ANTEMANO

In this clip, you will watch a message about SIDA (AIDS) produced for Hispanic groups in the United States.

PALABRAS Y FRASES IMPORTANTES

infectado	Hay muchos niños y mujeres **infectados** con el virus HIV.
guardar silencio	Voy a hablar; no **guardaré silencio**.
folleto	Es mucho más pequeño que un libro, es un **folleto**.

COGNADOS

atacar	transmisión	virus
misterio	precaución	prevención
víctima		

ENFOQUE CULTURAL

Although family customs are changing, traditional social norms among Hispanic families still make it very difficult to discuss the question of AIDS. In this message, a grandmother tries to stress the seriousness of AIDS and the importance of AIDS education. Notice that instead of questioning the family structure, the message features the family matriarch to convince the viewer that a new attitude is necessary for the good of the entire family.

VISIÓN PANORÁMICA

A. ¿Cierto (C) o falso (F)?

1. _____ Es necesario que hablemos de estas enfermedades.

2. _____ El SIDA afecta a niños y mujeres.

3. _____ La transmisión de SIDA es un misterio.

4. _____ Podemos tomar medidas de prevención y precaución.

5. _____ La nieta es la vida y el tesoro de la familia.

6. _____ La abuela no quiere hablar sobre el SIDA.

7. _____ No tenemos que ser las víctimas del SIDA.

8. _____ Se puede pedir un folleto en español sobre el SIDA.

B. Con sus compañeros. With a partner, write the script for a short TV message offering health advice about a particular concern you have.

_____

_____

_____

_____

_____

_____

_____

_____

_____

C. Discusión. In small groups, draw up lists of suggestions for how to assist with AIDS awareness on the college campus.

_____

_____

_____

_____

_____

_____

_____

_____

_____

_____

DE ANTEMANO

In this segment, you will see interviews with a doctor and some beach-goers expressing their attitudes about the possible effects of too much sun.

PALABRAS Y FRASES IMPORTANTES

piel	Es importante usar cremas para proteger la **piel** de los efectos del sol.
daño	Los rayos del sol afectan la piel y producen **daños** irreparables.
bronceado	Va mucho a la playa porque le gusta estar **bronceado**.
grasoso	A muchas personas no les gustan las cremas **grasosas**.
quemar	Aquí el sol es muy fuerte y si una persona está al sol una hora, se va a **quemar**.

COGNADOS

acumulativo   irreparable   efecto

AVANCES

A. Para completar.

daño   piel   grasosas   bronceado   quema

Es muy importante que las personas se cuiden la _____. A todo el mundo le gusta tener un color _____ que pueden producir los rayos del sol. Muchas personas no usan cremas protectoras porque dicen que son _____. Por supuesto que es mucho más agradable tomar el sol sin ponerse crema en la cara, los brazos o las piernas, pero sin ninguna protección, la piel se _____ y es necesario recordar que los efectos del sol son acumulativos.

A. Para completar. Complete the following chart with the figures provided by La liga contra el cáncer.

Año	Nuevos casos de cáncer	Muertes

B. ¿Quién dijo esto?

1. Me duele, me afecta.   _____ First male interviewed

2. No me gusta ponerme las cremas.   _____ First female interviewed

3. No me preocupa en este momento.   _____ Second male interviewed

4. Van a ser mis pacientes un día.   _____ Second female interviewed

5. Quiero coger el sol y que me queme.   _____ Doctor

C. Consejos. You are a doctor. What is your advice about sunbathing?

_____

_____

_____

_____

_____

_____

_____

_____

_____

_____

12 *Los viajes*

12.1 PLANEANDO UNAS VACACIONES

DE ANTEMANO

In this episode, Ileana and Toni make plans for a trip to Argentina.

PALABRAS Y FRASES IMPORTANTES

volar	Para ir a Buenos Aires, podemos **volar** en un 747 o en un DC-10.
cantidad	Si quieren ir de Buenos Aires a Bariloche, sólo tienen que pagar una pequeña **cantidad** adicional.
incluir	Esta excursión **incluye** el pasaje, el hotel y el desayuno.
belleza	Todos dicen que el lago es muy bonito y que el paisaje es una **belleza**.
módico	*barato*
chiquilla	*niña*
es lo mismo	*es igual*

COGNADOS

monumento	ilusión	sorpresa
emergencia		

AVANCES

A. Opuestos.

1. mujer   _____ es muy feo

2. caro   _____ ilusión

3. realidad   _____ es diferente

4. es lo mismo   _____ chiquilla

5. es una belleza   _____ módico

ENFOQUE CULTURAL

Since Hispanic families are often very close, grandparents and uncles are typically available to assist parents when needed. Many Hispanic parents treat daughters differently than sons (some might even say they are *overprotective*), although this is changing in most countries.

VISIÓN PANORÁMICA

A. ¿Cierto (C) o falso (F)?

1. _____ Ileana y Toni van a visitar Colombia.

2. _____ Ileana vio a su hermana el año pasado.

3. _____ Toni tiene pasajes en la sección de no fumar.

4. _____ Ileana y Toni también van a visitar Bariloche.

5. _____ El hotel en Bariloche es muy caro.

6. _____ Bariloche es un lugar muy bonito.

7. _____ Isa también va en el viaje.

8. _____ Isa tiene diecinueve años.

9. _____ Al final, Ileana y Tony están muy contentos.

B. **De falso a verdadero.** Rewrite the five incorrect statements above so that they are then correct.

1. _____

2. _____

3. _____

4. _____

5. _____

C. **En la agencia de viajes.** Based on the video, answer the following questions as Toni would answer them.

1. Buenas tardes, señor. ¿Adónde quiere viajar usted?

   _____

2. ¿Viaja usted sólo o con otra persona?

   _____

3. ¿También va a viajar su hija?

   _____

4. ¿Prefiere usted la sección de fumar o de no fumar?

   _____

5. ¿Dónde prefiere sentarse, en la ventanilla o en el pasillo?

   _____

6. ¿Usted tiene amigos en Argentina?

   _____

7. Hay otras ciudades bonitas en Argentina. ¿Desea usted visitar otras ciudades argentinas?

   _____

8. Bariloche es un lugar precioso. ¿Usted quiere hacer una reservación para un hotel en Bariloche?

   _____

9. Aquí tenemos unos folletos de un hotel en Bariloche muy limpio, cómodo, y barato. ¿Le hago las reservaciones en este hotel?

   _____

10. ¿Le quiere llevar los folletos de Bariloche a su esposa?

    _____

DE ANTEMANO

Now watch a commercial for an airline giving its destinations in Central and South America. Pay special attention to the location of the cities.

PALABRAS Y FRASES IMPORTANTES

a partir de	Los vuelos directos empiezan el 3 de noviembre. A partir de esa fecha los pasajeros van a disfrutar de vuelos sin escalas con películas y comidas de primera.
comenzar	*empezar*
ampliar	*hacer más grande*

COGNADOS

exuberante	floral	legendaria
incomparable	pintoresco	puntualidad
hospitalidad		

VISIÓN PANORÁMICA

A. Asociaciones.

1. _____ exuberante
2. _____ romántico
3. _____ florales
4. _____ legendarias
5. _____ pintoresco

A. Latinoamérica
B. Tierras de la América Central
C. El continente suramericano.

B. Preguntas.

1. ¿De qué línea áerea es el anuncio?

2. ¿A partir de qué fecha empiezan a volar a Latinoamérica?

3. ¿De qué ciudad norteamericana van a salir los vuelos?

4. ¿Cuántos días a la semana van a tener los vuelos?

5. Además de que hablan español, ¿qué más puede esperar el cliente de esta aerolínea según el anuncio?

C. Destinos. Indicate the location of the following destinations on the map below.

Belice	Caracas	La Paz
Guatemala	Barranquilla	Río de Janeiro
San Salvador	Bogotá	São Paulo
Tegucigalpa	Cali	Asunción
San Pedro Sula	Quito	Santiago
San José	Guayaquil	Buenos Aires
Panamá	Lima	

América del Sur

0   600   1200

13

Fiestas y tradiciones

13.1 UNA BODA

DE ANTEMANO

In this episode Marta tells her aunt about her wedding plans.

PALABRAS Y FRASES IMPORTANTES

velo	La novia llevaba un **velo** y unas flores en la cabeza.
iglesia	La boda se va a celebrar en la **iglesia** San Juan de Letrán.
dama	Las **damas,** que siempre son amigas o familiares de la novia, entran primero en la iglesia.
matrimonio	En los países hispanos generalmente hay dos ceremonias: el **matrimonio** civil y el religioso.
notario	El **notario** es un abogado que certifica que se celebró el matrimonio civil.
testigos	En el matrimonio civil y el religioso hay **testigos** que firman por la novia y el novio.
luna de miel	Los novios van a ir en viaje de **luna de miel** a México.
pareja	*dos personas*
precioso	*muy bonito*

COGNADOS

decisión   altar   álbum

AVANCES

A. Cronolgía. Use numbers to indicate the logical sequence of events in an imaginary marriage.

1. _____ Fueron a pasar la luna de miel a Acapulco.

2. _____ Se conocieron en una fiesta.

3. _____ La boda civil fue el viernes en la notaría.

4. _____ Mandaron las invitaciones para la boda y la recepción.

5. _____ Salieron juntos unos dos años.

6. _____ Decidieron que la boda iba a ser en mayo.

7. _____ La recepción fue por todo lo alto.

8. _____ Un mes antes de la boda, contrataron una orquesta para la recepción.

9. _____ La ceremonia en la iglesia fue preciosa.

10. _____ Cuando la novia llegó con el padrino, el novio estaba al pie del altar.

B. Para completar.

1. En los paises hispanos puede haber un matrimonio _____ y un matrimonio _____.

2. Los amigos que firman los documentos en estas ceremonias son los _____.

3. La persona que certifica y legaliza un documento es el _____.

4. Las amigas de la novia que desfilan en la iglesia antes de la novia son las _____.

VISIÓN PANORÁMICA

A. Exclamaciones y preguntas. The following statements are taken from the skit. Indicate whether each statement is exclamatory (E) or a question (Q) by circling the appropriate letter. Then add written accent marks and punctuation as needed.

1. E Q   Qué bueno que estás aquí con nosotros

2. E Q   Qué impaciente

3. E Q   Ya decidieron cuando va a ser el matrimonio civil

4. E Q   Y dónde va a ser el matrimonio civil

5. E Q   Qué lindo es mi traje de novia

6. E Q   Cómo son los vestidos que van a llevar las damas

B. ¿Cierto (C) o falso (F)?

1. _____ La tía de Martica ve muchas telenovelas.

2. _____ La tía Caridad está feliz porque Gilberto es un muchacho muy rico.

3. _____ El matrimonio religioso va a ser un día antes del civil.

4. _____ Las damas de honor van a ser cuatro primas de Martica.

5. _____ Según la tía, la boda de Victoria en la telenovela fue bonita y elegante.

6. _____ La bode civil de Marta va a ser tan espectacular como la de Victoria.

7. _____ La mamá de Gilberto será la madrina de la boda.

8. _____ Marta ya tiene quien le tome las fotografías de la boda.

9. _____ La boda a a ser en la catedral.

10. _____ La madrina escogió el Club Campestre para la recepción de la boda.

C. De falso a verdadero. Rewrite four of the previous statements so that they become correct.

_____

_____

_____

_____

_____

D. Para completar.

1. ¿Ya me puedo probar el velo?
   a. ¡Ay, perdón!
   b. Y vino a la boda de Victoria.
   c. No, todavía no.

2. ¿De qué Victoria hablas?
   a. De la madrina de la boda.
   b. De la chica de la telenovela.
   c. De la hermana de Gilberto.

3. Estoy feliz por tu boda, pero me siento tan vieja.
   a. Sí, es verdad, ya eres bastante mayor.
   b. No, tú eres tan joven como la mamá de Gilberto.
   c. ¡Ay, tía! Pero si tú eres la tía más joven del mundo.

4. ¿Cómo son los vestidos que van a llevar las damas?
   a. Son cortos, de color azul, con flores en la cadera.
   b. Pero yo no voy a tener damas.
   c. Son largos, de color rosa.

5. ¿Ya tienes quién te saque las fotos?
   a. Sí, ya tengo el álbum de muestra.
   b. Sí, mi prima me recomendó al fotógrafo que tomó las fotos de su boda.
   c. No, no tengo a nadie. ¿Conoces a alguien bueno?

E. **Descripciones.** Write a short description of Marta and what she is going to wear at her wedding.

_____

_____

_____

_____

_____

Now write a short paragraph that describes the church as its location. You may use part of Marta's description or create your own.

_____

_____

_____

_____

_____

13.2 LOS SANFERMINES

DE ANTEMANO

You are about to watch the most dangerous part of the Sanfermines, **el encierro**, when a single firework goes off at 8:00 a.m. and bulls are let loose to run to the bullring. Ernest Hemingway describes the celebrations, which go on for several days, in his famous novel _The Sun Also Rises_.

PALABRAS Y FRASES IMPORTANTES

cohete	Cuando suene el **cohete** bajarán hasta la puerta del corral.
manada	_grupo de animales_

ENFOQUE CULTURAL

Pamplona is the capital of Navarra, a region in the northern part of Spain. The celebration of the **Sanfermines** is famous throughout Europe and receives many visitors from around the world.

VISIÓN PANORÁMICA

A. **¿Quién lo hace?** Here is a list of things you saw taking place in the video. Decide whether they are done by the **toros, gente,** or both **toros** and **gente,** Place a check mark in the appropriate column.

	toros	gente	toros y gente
Miran desde los balcones y ventanas.			
Corren por las calles de la ciudad.			
Aplauden con emoción.			
Tienen periódicos en las manos.			
Algunos se caen en la calle.			
Entran corriendo en la plaza de toros.			

B. Opiniones.

1. Working in small groups, each student should give his or her opinion of the **encierro.** Try to reach a consensus and share the group's conclusion with the rest of the class.

2. Change groups and discuss bullfights. Share your ideas with the rest of the class.

C. **Con sus compañeros.** Tell your partner that you are planning to be in Pamplona for San Fermín (July 6) because you want to see and participate in the **encierro.** Your partner will first ask you a) when you plan to leave; b) where you plan to stay (hotel reservations are almost impossible to get); and then your partner will try to dissuade you from participating in this dangerous (**peligroso/a**) activity.

DE ANTEMANO

In this segment, you will see Guadalajara, the second most important city in Mexico and one of the oldest cities in this hemisphere.

PALABRAS Y FRASES IMPORTANTES

tapatío	Un **tapatío** es una persona de Guadalajara.
mariachis	Los **mariachis** son los conjuntos musicales típicos de Guadalajara.
siglo	La conquista de México ocurrió en el **siglo** XVI.
peregrinar	Los españoles tuvieron que irse del valle y **peregrinar** de un lado a otro.
monja	Ella siempre fue muy religiosa y decidió dedicar su vida a Dios y ser **monja.**
antiguo	En ese museo no hay nada moderno; sólo tienen objetos **antiguos** de mucho valor.
piedra	Hay muchos edificios de **piedra** en la ciudad.

COGNADOS

fundador	convento	barroco
neoclásico	muralista	

AVANCES

A. Asociaciones.

1. convento   _____ tapatío

2. instrumentos musicales   _____ peregrinar

3. Guadalajara   _____ antiguo

4. del siglo XVI   _____ mariachis

5. cambiar de lugar   _____ monjas

VISIÓN PANORÁMICA

A. Para completar.

1. La ciudad de Guadalajara se fundó en . . .
   a. 1492.
   b. 1542.
   c. 1592.

2. La persona que fundó Guadalajara fue . . .
   a. un indígena.
   b. una mujer.
   c. un español.

3. Con motivo del aniversario de la fundación se inauguró . . .
   a. un museo.
   b. un teatro.
   c. el Palacio de Gobierno.

4. Un gran muralista tapatío es . . .
   a. Nuño de Guzmán.
   b. Enrique Moreno.
   c. José Clemente Orozco.

B. Una visita a Guadalajara. A friend wants to visit Guadalajara. Write a short paragraph telling your friend what you know about the city.

_____

_____

_____

_____

_____

Las vacaciones

DE ANTEMANO

In this segment you will view scenes of Machu Picchu, the lost city of the Incas.

PALABRAS Y FRASES IMPORTANTES

mitad	La **mitad** de 60 es 30.
escrito	Los incas hablaban pero no escribían; no tenían un lenguaje **escrito**.
perdida	A Machu Picchu le dicen "la ciudad **perdida**" porque no se sabía dónde estaba.
campesino	Las personas que viven y trabajan en el campo son los **campesinos**.
cima	La parte superior de una montaña es la **cima**.
moneda	En los Estados Unidos, además de las **monedas** de un centavo, hay otras de 50, 25, 10 y 5.
apuntar	*escribir*
con certeza	*con seguridad*

COGNADOS

misterio   original   existencia
inaccesible

AVANCES

A. Asociaciones.

1. detective   _____ cima
2. dinero   _____ misterio
3. lápiz   _____ apuntar
4. montaña   _____ moneda

B. Para completar.

campesino   inaccesibles   monedas   cima   mitad   perdida

Roberto estaba de vacaciones en casa de sus abuelos en el campo y un día decidió subir a la _____ de una montaña para sacar unas fotos. Después de caminar dos horas se sintió bastante cansado, tenía mucha sed, y pensó que era mejor volver a la casa, pero siguiendo un camino diferente. Cuando volvía vio a unos niños y a un _____ enfrente de su pequeña casa. Era un hombre de unos cuarenta años que lo saludó amablemente. Roberto le pidió un vaso de agua y el hombre, que se llamaba Pedro, le dijo que por qué no se sentaba y descansaba un rato. Mientras bebía el agua conversaron un rato. Los niños escuchaban la conversación atentamente y Roberto sacó su cámara de la mochila y les tomó unas fotos. Después Roberto siguió su camino por lugares casi _____. Cuando estaba muy cerca de la casa de sus abuelos, quiso tomar otras fotos, pero no tenía su cámara. En ese momento vio a Pedro que venía corriendo con la cámara en la mano y le decía: "Aquí está la cámara _____". Roberto quiso darle un pequeño regalo a Pedro. Sólo tenía veinte pesos y unas _____. Le dio las gracias a su nuevo amigo y trató de darle la _____ de su dinero. Pedro no lo quiso aceptar y le dijo: " Usted es mi amigo. Cuando estén las fotos de mis hijos, yo vengo a buscarlas. Ése es el mejor regalo que me puede dar".

ENFOQUE CULTURAL

Machu Picchu is located at an altitude of 7,000 feet in the Andes, about 50 miles from Cuzco, the capital of the Incas. It is maze of plazas, temples, and chambers connected by more than a hundred stairways carved out of blocks of solid rock. The city slopes toward the Urubamba river, a tributary of the Amazon, some 2,000 feet below.

VISIÓN PANORÁMICA

A. ¿Cierto (C) o falso (F)?

1. _____ No se sabe con certeza cuándo se construyó Machu Picchu.

2. _____ Los conquistadores españoles sabían que Machu Picchu existía.

3. _____ Los incas abandonaron Machu Picchu a principios del siglo XVII.

4. _____ Los españoles descubrieron la ciudad el siglo pasado.

5. _____ Un niño llevó al norteamericano Hiram Bingman a la ciudad perdida.

6. _____ No se sabe el nombre del niño.

DE ANTEMANO

Now visit the Galapagos islands, off the coast of Ecuador.

PALABRAS Y FRASES IMPORTANTES

isla	Puerto Rico y Cuba son **islas** situadas en el Caribe.
islote	Un **islote** es una isla pequeña.
amenaza	La contaminación es una **amenaza** muy seria para el presente y el futuro del mundo.
peligro	Hoy en día hay muchas especies de animales que están en **peligro** de extinción.
población	Las personas que viven en un lugar constituyen la **población** de ese lugar.
crecer	La población **crece** todos los años: en 1993 había 30.000 habitantes y ahora hay 40.000.

COGNADOS

lava	áera	extraordinaria
teoría	evolución	especies
continente		

AVANCES

A. Para completar.

población	islas	peligro	amenaza	lava	crecer

1. Si hay niños en la casa, es un _____ tener un revólver o una pistola en lugares donde los puedan ver o encontrar fácilmente.

2. La _____ volcánica formó esos islotes.

3. Hay playas muy bonitas en las _____ del Caribe.

4. Fumar es una _____ para la salud.

5. Es importante que la _____ del país reciba los cuidados médicos necesarios.

6. Los niños necesitan hacer ejercicio y recibir la alimentación adecuada para

   _____.

VISIÓN PANORÁMICA

A. Para completar. As you watch the video, fill in the blanks with the numbers given.

1. Fue aquí, en _____, donde el científico inglés Charles Darwin concibió su famosa teoría de la evolución de las especies.

2. A unas _____ millas del continente, _____ islas y _____ islotes forman el archipiélago.

3. Por su riqueza natural, el _____% de esa área fue declarado parque nacional.

4. La población habita el _____% del archipiélago.

B. ¿Cierto (C) o falso (F)?

1. _____ Algunas especies de animales sólo existen en las islas Galápagos.

2. _____ Ciertas especies de animales están en peligro de extinción.

3. _____ El turismo ayuda a proteger los animales que viven en las islas.

4. _____ La población crece muy lentemente en el archipiélago.

5. _____ El agua y la basura son dos de los problemas de Galápagos.

6. _____ La presentadora cree que el futuro de las islas es excelente.

LECCIÓN

15 *Los Hispanos en los Estados Unidos*

15.1 DESFILE PUERTORRIQUEÑO EN LOS ESTADOS UNIDOS

DE ANTEMANO

In this part of the video, you will watch scenes from a Hispanic parade in New York City.

PALABRAS Y FRASES IMPORTANTES

herencia	Los hispanos celebran con orgullo su **herencia** cultural.
trigésimo	*30*
meta	*objetivo*

VISIÓN PANORÁMICA

A. Para completar.

1. ¿Dónde tiene lugar este desfile?
   a. En Broadway
   b. En la Quinta Avenida
   c. En el Parque Central

2. ¿Qué se celebra en el Desfile Puertoriqueño?
   a. La coronacion de la Srta. Puerto Rico.
   b. La herencia cultural hispana.
   c. El aniversario de la fundación de Nueva York.

3. ¿Cómo se transmite este desfile a Puerto Rico?
   a. Por cable
   b. Vía Satélite
   c. Por radio

4. ¿En qué año fue tomado este video?
   a. En 1978
   b. En 1990
   c. En 1988

5. ¿Cómo está el tiempo?
   a. Está nublado y quizás llueva.
   b. La temperatura es de unos 60 grados.
   c. Hace sol y unos 80 grados.

6. En el emblema o logo del programa aparecen tres barcos. ¿Que cree usted que representan estos barcos?
   a. Los hispanos que continúan llegando a los Estados Unidos.
   b. Los tres barcos de Cristóbal Colon: La Pinta, la Niña y la Santa María.
   c. El agua que rodea la isla de Manhattan.

DE ANTEMANO

In this segment, you will see commercials from Spanish television in the United States, geared towards people whose relatives live in other countries.

PALABRAS Y FRASES IMPORTANTES

recuerdos	Cuando Juan era pequeño, pasaba los veranos con sus abuelos y tiene muy buenos **recuerdos** de esos años.
olvidar	La persona que tiene una actitud positiva piensa en las cosas buenas que le ha dado la vida y **olvida** las malas.
ahorrar	Alicia no gasta todo su sueldo; ella **ahorra** $50 cada mes y los deposita en su cuenta de ahorros.
amar	*querer*
regresar	*volver*

COGNADOS

suscribir(se)   infancia   distancia
secreto

AVANCES

A. Asociaciones.

1. periódico   _____ ahorrar

2. dinero   _____ amar

3. larga distancia   _____ suscribirse

4. familia   _____ llamar

5. recuerdos   _____ infancia

VISIÓN PANORÁMICA

A. **¿Cuál es el comercial?** As you watch the video, place a check mark in the appropriate column to indicate where the following phrases appear.

	AT&T	Western Union	MCI
del viejo y querido pueblo			
120 años uniendo familias			
la forma más barata de llamar			
llega a tiempo			
suscríbase ahora			
ayuda, calidad y experiencia			

B. **¿Qué tienen en común los tres comerciales?**

1. _____ Hablan de la familia o los amigos.

2. _____ Mencionan el costo.

3. _____ Las personas conversan por teléfono.

4. _____ Las personas envían dinero.

5. _____ Mencionan a los Estados Unidos.

6. _____ Muestran el amor familiar.

16

Los cambios de la sociedad

DE ANTEMANO

In this clip you will watch a series of interviews that feature women speaking about the role of women in society.

PALABRAS Y FRASES IMPORTANTES

encerrado	A las personas les gusta salir, no les gusta estar **encerradas** entre las cuatro paredes de la casa.
arrepentirse	Ella decidió no estudiar. Hoy lo siente mucho y se **arrepiente** de esa decisión.
desarrollar	Las personas tienen que estudiar y **desarrollar** sus intereses.
ejecutivo	Los empleados que ocupan puestos importantes en una compañía y pueden tomar decisiones son los **ejecutivos**.
cumplir	Antes las mujeres se casaban muy jóvenes, cuando **cumplían** 18 ó 19 años.

COGNADOS

contrato   dedicar   ocuparse
compromiso

AVANCES

A. Monólogos de Ileana y Ana: Sin sonido. With the sound turned off, determine your impressions of the actors in this video segment. Do you think they feel assertive, ambivalent, victimized? How does body language convey their attitudes?

_____

_____

_____

_____

_____

_____

VISIÓN PANORÁMICA

A. Para completar.

1. En el pasado, las mujeres se casaban generalment . . .
   a. antes de cumplir veinte años.
   b. cuando cumplían veinte años.
   c. después de cumplir veinte años.

2. Antes, las mujeres tenían de casarse . . .
   a. varios años después de casarse.
   b. después de terminar sus estudios.
   c. poco tiempo después de casarse.

3. Las jóvenes de hoy dicen que antes las mujeres estaban encerradas en . . .
   a. la escuela.
   b. la casa.
   c. el campo.

4. Las jóvenes de hoy creen que para que un matrimonio funcione . . .
   a. la mujer debe tener una carrera.
   b. la mujer y el hombre deben cooperar.
   c. el hombre debe pagar los gastos de la casa.

5. Las jóvenes de hoy creen que las tareas domésticas deben hacerlas . . .
   a. los hombres.
   b. otras personas.
   c. los hombres y las mujeres.

6. Según estas jóvenes, la educación y el cuidado de los hijos deben estar a cargo de . . .
   a. los abuelos.
   b. los esposos.
   c. la escuela.

B. Biografías. Sketch five short biographies of successful contemporary women. You may want to gather information about them in the library or assemble information in a small-group working session with some classmates. Give the date of their birth and (if they have died) their death.

I

Nombre: _____   Fechas: _____

Logros (accomplishments) _____

_____

_____

II

Nombre: _____ Fechas: _____

Logros (accomplishments) _____

_____

_____

III

Nombre: _____ Fechas: _____

Logros (accomplishments) _____

_____

_____

IV

Nombre: _____ Fechas: _____

Logros (accomplishments) _____

_____

_____

V

Nombre: _____ Fechas: _____

Logros (accomplishments) _____

_____

_____

C. **Viendo y escuchando.** Now turn the sound on. Place a check mark to indicate how you think the speaker felt when making the statement.

	RESIGNADA	MILITANTE	AGRESIVA	OPTIMISTA	FELIZ	SEGURA	RESENTIDA	CONSERVADORA
ILEANA Y yo haría lo mismo: ocuparse de los hijos, de mi esposo . . .								
No pensaba que existían otras posibilidades en la vida.								
El hogar era el lugar de la mujer en la sociedad.								
Isa dice que como soy tan joven, 39 años. . . ¿quién sabe?								
¡Ay, cómo cambian los tiempos!								
ANA Cuando me case, quiero seguir trabajando. Yo no quier pasar la vida como mi mamá.								
Sí, claro, quiero casarme. Y también deseo tener hijos.								
El matrimonio es un contrato.								
Y para que funcione, los dos tienen que cooperar.								

D. ¿Cierto (C) o falso (F)?

1. _____ Las mujeres de la familia de Ileana siempre se han ocupado de los hijos y de la casa.

2. _____ Isa nació cuando Ileana tenía 25 años.

3. _____ Ileana se arrepiente de lo que hizo.

4. _____ Isa cree que su mamá todavía puede tener oportunidades de hacer algo fuera de la casa.

5. _____ A Ileana le gustaba la ciencia cuando era joven.

6. _____ Ileana tiene 58 años.

7. _____ Ana piensa terminar su carrera antes de casarse.

8. _____ Ana quiere seguir trabajando después de casarse.

9. _____ Ana no quiere tener hijos cuando se case.

10. _____ Ana necesita poder desarrollar sus intereses para sentirse feliz.

E. Para completar.

1. (compartir) Ana será feliz en el matrimonio con tal que su esposo _____ las tareas domésticas.

2. (cambiar) A menos que las cosas _____ radicalmente, la vida de Ileana no _____ mucho.

3. (arrepentirse) Aunque Ileana no _____ de lo que hizo, Ana perfiere no hacer las cosas como ella.

4. (estar) Ana piensa tener hijos después que su carrera _____ establecida.

5. (funcionar) Ana dice que para que el matrimonio _____ los dos tienen que cooperar.

DE ANTEMANO

In this segment, Dr. Greer and the announcer speak about prenatal care, especially among Hispanic women.

PALABRAS Y FRASES IMPORTANTES

seguro	Los costos de los hospitales y médicos son muy altos en este país y por eso es muy importante tener **seguro** médico.
propensa	La persona que fuma, come alimentos con mucha grasa, no hace ejercicio y tiene la presión alta es más **propensa** a tener problemas circulatorios.
sangre	El paciente necesita una transfusión porque perdió mucha **sangre** en el accidente.
mensual	*cada mes*
palpar	*tocar*

COGNADOS

prenatal	básico	abdomen
orina	resto	

AVANCES

A. Para completar: ¿Qué le dice el médico al paciente?

sangre   presión   seguro   orina   palpar   propensa   mensual

1. Primero vamos a tomarle la _____. Por el historial médico de su familia y sus hábitos de vida, usted es _____ a tenerla alta.

2. Ahora le voy a _____ el abdomen.

3. Mañana debe ir al laboratorio para unos análisis de _____ y _____.

4. Es importante que venga a su visita _____.

5. No debe preocuparse porque su _____ paga sus visitas médicas y el 90% del costo del hospital.

VISIÓN PANORÁMICA

A. Sin seguro. Mark the comments that the doctor made regarding a woman without insurance.

1. _____ Está preocupada.

2. _____ Es pobre.

3. _____ No tiene auto.

4. _____ No le gusta ir al médico.

5. _____ Puede tener o no tener trabajo.

B. ¿Cierto (C) o falso (F)?

1. _____ Las hispanas son tres veces más propensas a no recibir cuidado prenatal.

2. _____ Las mujeres que esperan un hijo deben visitar al médico cada dos meses.

3. _____ Muchos niños hispanos mueren porque las madres no reciben cuidado prenatal.

4. _____ No es importante tomar la presión.

5. _____ Es necesario pesar a la mujer en las visitas médicas.